ISS DICH ZU LEBEN UND GESUNDHEIT

Weitere Bücher von Joseph Prince

Gib mir diesen Berg
Unaufhaltsamer Glaube
Die Heilkraft des Abendmahls
Iss sich gesund
Setze Gottes Kraft frei
Von der Gebundenheit zum Durchbruch
Heilungszusagen
Versorgungszusagen
Schluss mit negativen Gedanken
Verankert
Lass los und lebe
Gedanken für ein Leben des Loslassens
Das Gebet des Schutzes
Das Gebet des Schutzes – Andachten
Die Revolution der Gnade
Herrliche Gnade
Die Kraft des richtigen Glaubens
100 Tage in der Kraft des richtigen Glaubens
Zur Herrschaft bestimmt
Herrsche im Leben
Zur Herrschaft bestimmt – 365 Andachten
Das Eine, das zählt
Unverdiente Gunst
100 Tage der Gunst
Gesund und heil durch das Abendmahl
Die Benjamin-Generation
Dein Wunder liegt in deinem Mund
Zur richtigen Zeit am richtigen Ort
Geistliche Kampfführung

Weitere Informationen zu diesen Büchern und anderen Materialien findest du auf **JosephPrince.de**.

JOSEPH PRINCE

ISS DICH ZU LEBEN UND GESUNDHEIT

SETZE DIE KRAFT DES ABENDMAHLS FREI

Aus dem Englischen von
Gabriele Kohlmann

Grace today
VERLAG

Die amerikanische Originalausgabe erschien im Verlag Emanate Books unter dem Titel *Eat Your Way to Life and Health*. Published by arrangement with Thomas Nelson, a division of HarperCollins Christian Publishing, Inc. All rights reserved.

Die Deutsche Nationalbibliothek verzeichnet diese Publikation in der Deutschen Nationalbibliografie; detaillierte bibliografische Daten sind im Internet über https://www.dnb.de abrufbar.

Bibelzitate, sofern nicht anders angegeben, wurden der Schlachter Bibelübersetzung entnommen. Bibeltext der Schlachter, © 2000 Genfer Bibelgesellschaft. Alle Rechte vorbehalten. Alle Bibelübersetzungen wurden mit freundlicher Genehmigung der Verlage verwendet. Hervorhebungen einzelner Wörter oder Passagen innerhalb von Bibelzitaten wurden vom Autor vorgenommen.

ELB *Revidierte Elberfelder Bibel,* © 2008 SCM R.Brockhaus, Witten.
EÜ *Einheitsübersetzung der Heiligen Schrift,* © 2016 Kath. Bibelanstalt GmbH, Stuttgart.
GNB *Gute Nachricht Bibel,* © 2000 Deutsche Bibelgesellschaft Stuttgart.
HFA *Hoffnung für alle,* © by Biblica, Inc.®, hrsg. von Fontis.
NEÜ *Neue evangelistische Übersetzung,* © Karl-Heinz Vanheiden.
NGÜ *Neue Genfer Übersetzung* – Neues Testament und Psalmen, © 2011 Genfer Bibelgesellschaft.
NLB *Neues Leben Bibel,* © 2017 SCM R.Brockhaus, Witten.
ZÜB *Züricher Bibel,* © 2007 Verlag der Züricher Bibel beim Theologischen Verlag Zürich.

Zitate aus den folgenden Bibeln wurden aus dem Englischen übersetzt:
Amplified Bible (AMP), New American Standard Bible (NASB), New International Version (NIV), New King James Version (NKJV), New Living Translation (NLT)

Umschlaggestaltung und Foto: © 22 Media Pte. Ltd.
Corporate Design: spoon design, Olaf Johannson
Lektorat und Korrektorat: Thilo Niepel, Sonja Yeo
Satz: Grace today Verlag
Druck: CPI – Clausen & Bosse, Leck
Printed in Germany

3. Gesamtauflage 2021

Hardcover: ISBN 978-3-95933-130-2, Bestellnummer 372130
Paperback: ISBN 978-3-95933-223-1, Bestellnummer 372223
E-Book: ISBN 978-3-95933-131-9, Bestellnummer 372131
Hörbuch MP3-CD: ISBN 978-3-95933-132-6, Bestellnummer 372132
Hörbuch Audio-CD: ISBN 978-3-95933-133-3, Bestellnummer 372133
Hörbuch Download: ISBN 978-3-95933-134-0, Bestellnummer 372134

www.gracetoday.de

INHALT

EINLEITUNG

Wusstest du, dass du Gott um ein langes, gutes und gesundes Leben bitten kannst?

Bist du dir bewusst, dass Gott auch heute noch Menschen heilt? Und hast du dich jemals gefragt, ob geheilt zu werden Gottes Wille für dich ist?

Ich weiß nicht, womit du gerade konfrontiert bist, während du diese Worte aufnimmst. Vielleicht hat man bei dir oder einem Familienangehörigen eine lebensgefährliche Krankheit festgestellt und du bist vor lauter Schock, Angst und Hilflosigkeit immer noch ganz benommen. Oder vielleicht hast du bei einer Krankheit, die du schon für überwunden hieltest, einen Rückfall erlitten und findest dich nun damit ab, dass es wohl »Gottes Wille« sei.

Mein Freund (damit meine ich natürlich immer auch alle Leserinnen), wie auch immer deine Situation aussieht, gib nicht auf.

Nicht jetzt.

Und auch zu keiner anderen Zeit.

Es spielt keine Rolle, wie düster die Lage aus ärztlicher Sicht ist – Gott kann deine Situation immer noch umkehren. Er ist ein Gott der Wunder. Ganz gleich, welchem Riesen du heute gegenüberstehst: Gott ist größer.

Deine äußeren Umstände mögen entmutigend sein. Vielleicht bist du von Infusionsständern, Beatmungsgeräten oder anderen medizinischen Apparaten umgeben. Der Röntgenbericht, den du erhalten hast, der Knoten, den die Ärzte in deinem Körper gefunden haben, oder das wuchernde Mal auf deiner Haut mögen Unheil verkünden. Aber weißt du was? Du kannst diese Dinge *sehen*, und das bedeutet, dass sie *zeitlich* sind. Die Bibel sagt uns, »was sichtbar ist, das ist zeitlich; was aber unsichtbar ist, das ist ewig« (2Kor 4,18).

Es gibt einen Feind, der das Sichtbare benutzt, um dich in die Falle zu locken, damit er dich durch Angst und Entmutigung tyrannisieren kann. Aber ich glaube, der Herr hat dafür gesorgt, dass du dieses Buch in die Hände bekommst, weil er will, dass du deinen Blick auf ihn gerichtet hältst – den unsichtbaren Gott, der ewig ist. Er wird dich nie aufgeben oder verlassen. Und auch jetzt streckt er durch dieses Buch die Hand nach dir aus. Du hast einen Gott, der dich so sehr liebt, dass er am Kreuz sein eigenes Leben für dich gegeben hat.

Und doch haben die Menschen irgendwie der Lüge geglaubt, dass Kranksein manchmal Gottes Wille für uns sei. Es gibt sogar solche, die behaupten, Gott benutze Krankheit, um uns zu »züchtigen« oder uns eine Lektion zu erteilen. Diese Lügen haben seinem Volk das bluterkaufte Recht geraubt, an seiner göttlichen Gesundheit teilzuhaben. Und sie haben dazu geführt, dass viele Gläubige die Krankheit in ihrem Körper einfach akzeptieren.

Mein Freund, Gott ist *nicht* der Urheber von Krankheit, Leiden und Tod. Die zerstörerische Kraft von Krankheit und Tod wurde durch einen einzelnen Akt des Essens freigesetzt, als Adam und Eva vom Baum der Erkenntnis des Guten und des Bösen aßen. Gott jedoch wollte nie, dass der Mensch Krankheit und Schwäche erleidet. Tatsächlich war es nie Gottes Plan, dass der Mensch stirbt. Der Tod kam in die Welt, weil Adam gegen Gott sündigte, und der Lohn der Sünde ist der Tod (Röm 6,23).

Die gute Nachricht ist, dass unser wunderbarer Retter nicht nur für unsere Sünden gestorben ist – er hat auch den Preis für die Heilung unserer Krankheiten und Leiden mit seinem eigenen Körper bezahlt. Und dank dem, was er am Kreuz getan hat, können wir vertrauensvoll Heilung und göttliche Gesundheit erwarten. Die Bibel erklärt, dass »[uns] durch seine Striemen Heilung geworden [ist]« (Jes 53,5 ELB).

Wie können wir diese für uns bereitgestellte Gesundheit und Wiederherstellung empfangen? Ich glaube Folgendes: So wie Tod und Krankheit durch einen Akt des Essens kamen, hat Gott einen anderen Akt des Essens dazu bestimmt, den im Garten Eden verursachten Fluch umzukehren. Und ich glaube, dass auch Leben, Gesundheit und Heilung durch den einfachen Akt des Essens freigesetzt werden können.

Mit anderen Worten, *du kannst dich zu Leben und Gesundheit essen.*

Wovon ich spreche? Ich spreche vom Abendmahl.

Die Gemeinde Jesu hat die Wahrheiten hinter dem Abendmahl sehr vernachlässigt. Viele sehen es nur als Ritual oder Tradition an und machen nur wenige Male im Jahr oder höchstens einmal im Monat davon Gebrauch. Doch infolge dessen, was Gott uns als Gemeinde offenbart hat, feiern wir schon seit Jahren das Abendmahl jeden Sonntag. Viele unserer Gemeindeglieder nehmen das Abendmahl sogar täglich, und einige von ihnen mehrmals am Tag!

Seit ich vor mehr als zwei Jahrzehnten angefangen habe, das Evangelium der Gnade zu predigen – und vor allem, als ich zu lehren begann, dass Gott das Abendmahl zum Kanal für Heilung, Gesundheit und Wiederherstellung bestimmt hat –, habe ich Heilungszeugnisse von Menschen aus der ganzen Welt erhalten. Als immer mehr Menschen die Lehren über das Abendmahl in die Hände bekamen, begannen die Heilungszeugnisse nur so hereinzuströmen, und ich kann es kaum erwarten, einige davon in diesem Buch mit dir zu teilen. Ich bin mir sicher, dass die Wahrheiten in diesem Buch dich segnen werden – egal ob du ein medizinisches

Problem hast oder du einfach nur ein größeres Maß an Gesundheit erleben willst.

Interessanterweise denken viele Menschen, dass ein langes und gesundes Leben durch die richtige Ernährung zu erreichen ist. Aus diesem Grund löst ein Ernährungstrend den nächsten ab. Ständig wird uns gesagt, dass wir »gesunde Nahrungsmittel« wie zum Beispiel Gerstengras, Kokosöl und Spirulina brauchen, damit wir gesund bleiben. Ich war fassungslos, als ich entdeckte, dass allein die amerikanische Diätindustrie rund siebzig Milliarden Dollar Jahresumsatz mit dem Verkauf ihrer Produkte macht.[1] Hinzu kommen unzählige Unternehmen, die alle möglichen Abnehmstrategien, Nahrungsergänzungsmittel und Diätpläne zu pushen versuchen.

Versteh mich nicht falsch. Natürlich ist es sinnvoll, vernünftig zu essen, Lebensmittel sorgfältig auszuwählen und Exzesse zu vermeiden, die den Körper schädigen. Aber wir dürfen nicht unser ganzes Vertrauen auf Ernährungsstrategien, schicke Fitness-Tracker, Trainings-Apps und Superfoods setzen. Danken wir Gott für Ernährungswissenschaftler und Fitnesstrainer. Sie führen den gleichen Kampf. Doch unser Vertrauen müssen wir in die Erlösung setzen, die von Christus erkauft wurde, und nicht in die Schöpfung. Darauf werde ich in den folgenden Kapiteln näher eingehen.

Göttliche Gesundheit und langes Leben können nur von Gott kommen. Anders als die Superfoods, Diätmittel, Vitamine und Nahrungsergänzungsmittel, die Hersteller gewinnbringend zu verkaufen versuchen, wird Gottes Vorsorge für Leben und Gesundheit nicht in Flaschen und Dosen verkauft. Sie ist auch nicht in Ernährungsplänen oder Pillen zu finden. Sie wurde uns als Geschenk gegeben, kostete aber einen astronomisch hohen Preis, den der Sohn Gottes am Kreuz von Golgatha mit seinem eigenen Leben bezahlt hat.

Ich habe dieses Buch geschrieben, weil ich möchte, dass du durch das Abendmahl den vollen Nutzen all dessen empfängst, was der Herr dir am Kreuz erkauft hat. Ich möchte, dass du ohne den leisesten Zweifel weißt: Gott will, dass du geheilt, wiederhergestellt und gesund wirst. Du sollst erfahren, dass es Gottes Herzenswunsch ist, dich ein langes, gesundes und erfüllendes Leben genießen zu lassen.

Hier sind nur einige der Fragen, die ich dir in diesem Buch gern beantworten möchte:

- Ist es Gottes Wille, mich zu heilen?
- Habe ich Anspruch auf seine Heilungskraft?
- Was sollte ich tun, wenn ich krank bin?
- Bestraft mich Gott mit Leiden und Krankheiten?
- Welche Bedeutung hat das Abendmahl für mich?
- Kann Gott die Menschen heilen, die mir nahestehen?
- Wie kann ich ein langes, gesundes Leben führen?
- Was soll ich tun, wenn anscheinend nichts passiert?

Bei der Beantwortung dieser Fragen möchte ich dir nicht einfach nur von meiner persönlichen Meinung erzählen. Ich möchte dir ewige Verheißungen aus dem Wort Gottes zeigen. Ich möchte Zeugnisse aus der Bibel sowie von Menschen erzählen, die Heilung empfangen haben, obwohl Ärzte ihnen gesagt hatten, dass sie bald sterben würden oder ihre Krankheit unheilbar sei.

Was Gott für sie getan hat, kann er auch für dich tun.

Mein Freund, der Durchbruch zu deiner Heilung ist schon zu dir unterwegs, und ich kann es kaum erwarten, dass du jeden einzelnen Teil des Segens, den unser Herr Jesus für dich erkauft hat, erhältst und genießt. Ich will dir zeigen, wie du dich zu Leben und Gesundheit essen kannst.

1.

KOMM AN DEN TISCH

Dieses Buch ist kein gewöhnliches Buch.

Ich spüre sehr stark, dass Gott mich dazu beauftragt hat, uns als Kinder Gottes an einen Punkt zu bringen, an dem wir alle jeden Tag unseres Lebens in göttlicher Gesundheit verbringen können!

Ich glaube fest daran, dass der Herr mir den Auftrag gegeben hat, über die gesundheitsfördernde, lebenspendende und heilende Kraft des Abendmahls zu lehren, und ich kann es kaum erwarten, dir mehr davon zu erzählen.

Dies ist keine neue Offenbarung oder eine vorübergehende Modeerscheinung. Ich predige, lehre und praktiziere diese Einsichten, die der Herr mir gibt, seit nunmehr fast zwei Jahrzehnten. Wir haben eine Gemeinde mit mehr als dreiunddreißigtausend Menschen, die sich jeden Sonntag, verteilt auf mehrere Gottesdienste, an verschiedenen Orten versammeln. Jeden Sonntag, bei jedem Gottesdienst, auch bei unseren Kindergottesdiensten, nehmen wir gemeinsam als Gemeinde das Abendmahl.

Das Abendmahl ist nichts, was ich einfach nur lehre. Ich bin von dessen Wirksamkeit völlig überzeugt und mache deshalb selbst täglich davon Gebrauch. Es gibt Zeiten, in denen ich es sogar mehrmals am Tag nehme, und ich kann dir gar nicht sagen, wie sehr die Freiheit, das Abendmahl einfach empfangen zu dürfen, mich und meine Familie gesegnet hat.

Lass dir die volle Kraft des Abendmahls offenbaren

Ich habe in den letzten zwanzig Jahren viele Botschaften über das Abendmahl gepredigt. Aber am 7. April 2002 habe ich eine Predigt mit dem Titel »Gesund und heil durch das Abendmahl« gehalten, die ich als Meilenstein zu diesem Thema ansehe. Es war nicht einfach nur eine weitere Predigt. Die an diesem Tag enthüllten Wahrheiten führten zur Heilung und Veränderung unzähliger Leben auf der ganzen Welt und lösten eine Flut von Offenbarungen aus, deren Auswirkungen bis heute bei vielen Menschen anhalten.

Mein Freund, ich will nicht, dass *dir* diese Botschaft entgeht! Darf ich dich ein Stück in die Vergangenheit mitnehmen? Ich möchte dir die damalige Predigt schenken. Sie steht dir unter dem Link JosephPrince.com/eat zur Verfügung. Während du sie dir anhörst, möchte ich, dass du Folgendes weißt: Gott ist nicht durch Zeit oder Raum begrenzt. Du wirst eine Nachricht hören, die der Herr mir vor vielen Jahren *für dich* aufs Herz gelegt hat. Es war schon damals eine kraftvolle Botschaft, aber ich glaube, sie war noch nie so wichtig wie jetzt.

Die Offenbarung über das Abendmahl war nie wichtiger als jetzt.

Ob es nun das erste Mal ist, dass du mich über das Abendmahl lehren hörst, oder das hundertste Mal – ich bete, dass dein Leben revolutioniert wird, wenn der Herr dir seine Wahrheiten offenbart. Welche Krankheit oder Schmerzen du auch hast, möge deine Heilung heute beginnen, während du immer mehr darüber erfährst, wie du durch das Abendmahl an dem vollbrachten Werk Jesu teilhaben kannst.

Die Früchte, die die Lehre über das Abendmahl trägt, sind phänomenal. Seitdem ich angefangen habe, darüber zu predigen, sind Heilungszeugnisse aus der ganzen Welt hereingeströmt. Wenn du zu denen gehörst, die mir geschrieben haben, dann danke ich dir. Von ganzem Herzen sage ich *danke*. Es erfüllt mich mit Demut, dass du dir tatsächlich die Zeit genommen hast, um mir zu schreiben und mir dein Zeugnis zu erzählen. Ich mag vielleicht nicht in der Lage sein, jedem zu antworten oder jedes Zeugnis während meiner Predigten weiterzugeben, aber zu lesen, was der Herr für all diese Menschen und ihre Familien getan hat, segnet mich über alle Maßen. Und ich möchte, dass du weißt: Das Wort deines Zeugnisses hat auch anderen geholfen, den Feind in ihrem Leben zu überwinden (Offb 12,11).

Insbesondere möchte ich mich bei denjenigen bedanken, die mir Kopien ihrer Arztberichte, Scans, Röntgenaufnahmen und anderer medizinischer Unterlagen geschickt haben, welche die Heilung bestätigen, die der Herr in ihrem Leben bewirkt hat. Es freut mich zu wissen, dass ihr in der Gesundheit lebt, für die unser Herr Jesus bezahlt hat, damit wir sie genießen können. Noch mehr freut es mich, dass ihr seine Liebe zu euch auf so spürbare Weise erfahren habt.

Gesundheit ist der größte Segen

Würdest du zustimmen, dass abgesehen von dem Geschenk der Errettung – Jesus als unseren Herrn und Erlöser zu empfangen und vor dem ewigen Verderben gerettet zu werden –, *Gesundheit* der größte Segen ist, den wir empfangen können? Du kannst eine wundervolle Familie haben, aber wenn du das Bett hüten musst und das

Zusammensein mit ihnen nicht genießen kannst, ist es einfach nur traurig. Finanziell magst du dir vielleicht die neueste medizinische Behandlung oder die besten Chirurgen leisten können, aber kein Geld der Welt kann dir Gesundheit erkaufen.

Jesus ging nicht ständig auf dem Wasser oder stillte dauernd Stürme, aber er ***heilte*** *die ganze Zeit.*

Ich habe keinen Zweifel, dass Gott dich und mich seinen Segen der Gesundheit genießen lassen will. Als Jesus auf der Erde lebte, ging er nicht ständig auf dem Wasser oder stillte dauernd Stürme, aber eine Sache tat er die ganze Zeit über: *heilen.* In jedem Dorf, das er betrat, überall, wohin er ging, zog er umher und tat Gutes und heilte alle, die vom Teufel bedrängt waren (Apg 10,38).

Wir wurden beraubt!

Einer der Gründe, warum ich mit so viel Leidenschaft über das Abendmahl lehre, ist der, dass ich als junger Christ Opfer einer fehlerhaften, gesetzlichen Lehre wurde, die mich viele Jahre lang in Angst und Unfreiheit gefangen hielt. Ich wäre nicht überrascht, wenn manche sich gerade wiedererkennen, weil sie die gleichen Dinge gelehrt wurden.

Mir wurde beigebracht, mich selbst zu »prüfen«, bevor ich an den Tisch des Herrn käme, und ich wurde davor gewarnt, an der Abendmahlfeier teilzunehmen, wenn es in meinem Leben Sünde gebe, die mich unwürdig mache. Mir wurde gesagt, dass ich Gericht auf mich ziehen würde, wenn ich es dennoch täte. Ich würde schwach und kränklich werden und vielleicht sogar vorzeitig sterben. Infolgedessen hatte ich eine solche Angst vor dem Abendmahl, dass ich nie daran teilgenommen habe.

Ich war schließlich kein Dummkopf. Warum sollte ich ein Risiko eingehen? Ich *lebte* zwar nicht in Sünde, aber was, wenn es in meinem Leben eine Sünde gab, von der ich nichts wusste oder die ich vergessen hatte zu bekennen? Zu allem Überfluss wurde mir gesagt, dass ich nicht nur durch das, was ich tat, sündigen konnte, sondern auch durch das, was ich nicht tat. Dazu kamen noch die Sünden meiner Vorfahren, die auf mich übergehen konnten. Wie hätte ich da jemals wissen sollen, ob ich »würdig« genug war?

In der Gemeinde, in die ich früher ging, war es so, dass diejenigen, die gern am Abendmahl teilnehmen wollten, eingeladen wurden, nach vorne zu kommen. Ich weiß noch, wie wir den Weg bis vor den Altar gehen mussten. Ich war damals einer der Jugendleiter, also tat ich so, als ginge ich zusammen mit denen, die das Abendmahl empfingen, nach vorne. Nachdem ich dann einige Zeit dort gestanden hatte, ging ich zurück zu meinem Platz und ließ es so wirken, als hätte ich das Abendmahl bereits empfangen. Aber ich habe es nie genommen.

Warum? Weil ich Angst hatte.

Mir wurde mein Erbe geraubt, weil durch wohlmeinendes, aber falsches Predigen ein unsichtbarer Zaun um etwas gezogen wurde, das als *Quelle* der Gesundheit und Heilung und als Segen für das Volk Gottes gedacht war. Der Zaun wurde errichtet, als es hieß: »Komm nicht näher, es sei denn, du bist würdig.« Ich will nicht, dass du so beraubt wirst wie ich, und deshalb möchte ich, dass du selbst siehst, was das Wort Gottes sagt. Bist du bereit?

Fehlinterpretierte Bibelstellen führen zu falschen Überzeugungen

Wie sind diese falschen Glaubensvorstellungen entstanden? Sie resultieren aus einer Fehlinterpretation der Lehre des Apostels Paulus über das Abendmahl in seinem Brief an die Gemeinde in Korinth:

> 27 *Wer also unwürdig dieses Brot isst oder den Kelch des*
> *Herrn trinkt, der ist schuldig am Leib und Blut des Herrn.*
> 28 *Der Mensch prüfe aber sich selbst, und so soll er von dem*
> *Brot essen und aus dem Kelch trinken;* 29 ***denn wer unwürdig***
> ***isst und trinkt, der isst und trinkt sich selbst ein Gericht,***
> ***weil er den Leib des Herrn nicht unterscheidet.*** 30 ***Deshalb***
> ***sind unter euch viele Schwache und Kranke, und eine***
> ***beträchtliche Zahl sind entschlafen.*** — *1. Korinther 11,27–30*

Manche Leute haben die Verse 27 und 29 irgendwie falsch aufgefasst und geschlussfolgert, dass wir nicht am Abendmahl teilnehmen können, wenn wir wegen unserer Sünden »unwürdig« sind. Aber das Blut Jesu ist bereits für uns vergossen worden, und als Gläubige sind wir die Gerechtigkeit Gottes in Christus (2Kor 5,21). Wir sind vollkommen gerecht und würdig, nicht weil wir makellos wären, sondern weil *er* makellos ist.

Ich möchte hier klarstellen, dass ich eindeutig *gegen* Sünde bin. Aber wir müssen nicht perfekt sein, um an den Tisch des Herrn zu kommen. Wenn das eine Voraussetzung wäre, könnte *niemand* am Abendmahl teilnehmen! Du siehst dich vielleicht nicht als jemanden, der irgendwelche ernsthaften oder schweren Sünden begangen hat, aber Gott macht da keinen Unterschied – wenn du auch nur in einem Punkt sündigst, wirst du in allen Punkten für schuldig befunden (Jak 2,10). Aber danken wir Gott, dass wir auch dann, wenn wir versagen, »die Erlösung durch sein Blut, die Vergebung der Übertretungen nach dem Reichtum seiner Gnade« haben (Eph 1,7).

*Du musst nicht perfekt sein,
um an den Tisch des Herrn zu kommen.*

Die Verse 27 und 29 sagen zudem auch nicht, dass diejenigen, die *unwürdig* sind, nicht am Abendmahl teilnehmen können. Sieh genau hin. Paulus sprach über die *Art und Weise*, wie jemand am Abendmahl teilnimmt. Der Apostel schrieb an die Gemeinde in Korinth, die das Abendmahl respektlos behandelte. Die Leute dort aßen, um ihren Hunger zu stillen, ohne dabei an andere zu denken, und sie betranken sich sogar. Paulus beschrieb die Art und Weise, wie sie das Abendmahl nahmen:

> *Doch euch geht es offenbar gar nicht um das Abendmahl, wenn ihr zusammenkommt. Denn mir wurde berichtet, dass einige von euch, kaum seid ihr beisammen, sofort anfangen, ihr selbst mitgebrachtes Essen zu verzehren. Sie teilen es nicht mit den anderen, sodass manche hungrig bleiben; wieder andere betrinken sich. Ist das wirklich wahr? Könnt ihr denn nicht zu Hause essen und trinken? Oder wollt ihr der Gemeinde Gottes Schande machen und die Armen beschämen? — 1. Korinther 11,20–22 NLB*

Es ist ganz klar zu sehen, dass Paulus sie zurechtwies, weil sie das Abendmahl wie jede andere Mahlzeit behandelten, anstatt es in einer *Weise* zu feiern, die würdigte, was unser Herr Jesus damit beabsichtigt hatte. Sie sahen das Abendmahl als etwas Gewöhnliches, anstatt es als heilig und außergewöhnlich zu betrachten.

Was bedeutet das für uns heute? Auch wir nehmen auf unwürdige Weise am Abendmahl teil, wenn wir es der korinthischen Gemeinde gleichtun und die Elemente des Abendmahls (Brot und Wein) als *gewöhnlich, unbedeutend* und *wirkungslos* betrachten. Es bedeutet, dass wir die Elemente des Abendmahls als etwas Natürliches und Gewöhnliches behandeln und verkennen, welch eine mächtige, heilige Kraft wir da in unseren Händen halten dürfen. Wir missachten Brot und Wein und sind wie die Kinder Israels, die sich so sehr an das Manna gewöhnt hatten, mit dem Gott sie in seiner Gnade versorgte, dass sie das Brot vom Himmel als wertlos ansahen (4Mo 21,5). Gedankenlos essen wir das Brot und trinken den Wein oder Traubensaft, ohne die Bedeutung und Kraft zu schätzen, die in beidem enthalten ist.

Nimm nicht das Brot und den Wein zu dir, ohne deren Bedeutung und Kraft zu schätzen.

Vielleicht hast du nie wirklich verstanden, warum Christen das Abendmahl feiern, und du hast nur teilgenommen, weil es dir so gesagt wurde. Es ist für dich ein leeres Ritual, das deine Kirche einmal im Monat oder nur zu besonderen Anlässen wie dem Karfreitag organisiert. Vielleicht nimmst du abergläubisch daran teil – du probierst es aus, nur weil du Heilungszeugnisse von anderen gehört hast, und du hoffst, dass es seine »Magie« auch für dich entfalten kann. Oder vielleicht siehst du es als einen netten Brauch oder eine althergebrachte Tradition an, die die Christen einfach an die Wurzeln ihres Glaubens erinnert. Vielleicht siehst du, wenn du die Elemente in deinen Händen hältst, auch nur ein Stück Brot und etwas Saft oder Wein, und sonst nichts.

Falls du dich darin wiedererkennst, darf ich dir sagen, dass auch *du* beraubt wurdest? In der Bibel steht, dass Gottes Volk »aus Mangel an Erkenntnis« zugrunde geht (Hos 4,6). Dein Mangel an Erkenntnis darüber, worum es beim Abendmahl wirklich geht, richtet dich zugrunde, und du weißt es nicht einmal!

Wir haben die wahre Quelle der ewigen Jugend

Soll ich dir sagen, weshalb ich so eindringlich über das Abendmahl predige und warum ich selbst es jeden Tag nehme? Oder warum das Abendmahl in die DNA unserer Gemeinde fest eingebettet ist und warum ich glaube, dass es wirksamer ist als jedes Medikament, jede medizinische Maßnahme, jedes Antibiotikum und jede Chemotherapie, die zur Heilung des Körpers eingesetzt werden? Möchtest du wissen, warum ich glaube, dass das Abendmahl der sprichwörtliche »Jungbrunnen« ist, nach dem die Menschheit seit Generationen sucht, und warum ich glaube, dass jedes Mal, wenn wir es nehmen, unsere Jugend erneuert wird wie bei einem Adler (Ps 103,5)?

Jedes Mal, wenn wir das Abendmahl nehmen, wird unsere Jugend erneuert wie bei einem Adler.

Die Erde steht unter dem göttlichen Gericht, seit Adam gesündigt hat. Altern, Krankheit und Tod sind Teil dieses göttlichen Urteils. Die Realität ist, dass wir in einer gefallenen Welt leben und dass die Konsequenzen des göttlichen Urteils sich auf *alle* sterblichen Körper auswirken. Aber Gott wollte *nie*, dass seine Kinder etwas davon erleiden. Deshalb hat er seinen Sohn gesandt, um unsere Sünden und Krankheiten am Kreuz zu tragen. Und aus demselben Grund hat er das Abendmahl als Möglichkeit zur Verfügung gestellt, um dem göttlichen Gericht zu entkommen, das auf dieser Welt liegt, und um dessen Auswirkungen aufzuheben. Das Abendmahl ist ein übernatürlicher Kanal, durch den Jesu Heilung und Gesundheit in unseren Körper fließen können. Während die Welt immer schwächer und kränker wird, werden wir immer stärker und gesünder, wenn wir im Glauben das Abendmahl nehmen – davon bin ich fest überzeugt!

Es gibt einige, die 1. Korinther 11,27 falsch ausgelegt haben und sagen, dass Gott uns mit Krankheiten richten wird, wenn wir unwürdig sind und das Abendmahl nehmen. Es macht mich traurig, dass Menschen unserem liebenden Vater irrtümlicherweise vorwerfen, er würde uns Krankheiten auferlegen, obwohl er doch das allergrößte Opfer gebracht hat, um Krankheiten von uns *wegzunehmen*. Solche Zäune des falschen Glaubens ausgerechnet um den Kanal zu ziehen, den der Herr als Gegenmittel gegen Krankheit und körperliche Schwäche vorgesehen hat, ist doch eindeutig die Handschrift des Betrügers. Der Feind ist derjenige, der diese Barrieren errichtet hat, damit Gottes Volk aus Angst nicht von seiner Versorgung Gebrauch machen würde.

Das Abendmahl ist ein übernatürlicher Kanal, durch den seine Gesundheit in unseren Körper fließen kann.

Die Kirche zur Zeit der Apostel verstand sehr genau, wie kraftvoll das Abendmahl ist. Deshalb hat man es dort nicht nur ab und zu genommen. Die Bibel sagt uns, dass sie das Brot »in den Häusern« brachen (Apg 2,46). Wenn sie sich sonntags trafen, waren nicht Predigt und Lehre der Hauptgrund dafür. Aber sieh es dir selbst an:

> *Am ersten Tag der Woche aber, als die Jünger versammelt waren, um* ***das Brot zu brechen*** *... — Apostelgeschichte 20,7*

Zwar war der Apostel Paulus an jenem Wochenende als Gastredner anwesend, doch in erster Linie hatten sie sich versammelt, um das Brot zu brechen. Wenn den Menschen heute nur das Ausmaß der Kraft bewusst wäre, die im Abendmahl enthalten ist, wären sie wie die Kirche der damaligen Zeit. Sie würden das Abendmahl so oft wie möglich nehmen und dadurch so viele der Wohltaten Gottes in Anspruch nehmen wie nur möglich. Wir wurden beraubt, Leute! Es ist Zeit, aufzuwachen!

Nimm das Abendmahl mit einer Offenbarung von seinem vollbrachten Werk.

Wir sollten uns stets selbst prüfen, aber nicht, um nach Sünden zu suchen – denn die wurden vom Blut Jesu weggewaschen –, sondern um sicherzustellen, dass wir das Abendmahl in *würdiger Weise* nehmen, mit einer Offenbarung von seinem vollbrachten Werk. Wenn wir das Brot essen, sollten wir uns immer bewusst sein, dass wir damit an Jesu Körper teilhaben, der gebrochen bzw. zerschlagen wurde, damit unser Körper heil sein kann (1Kor 11,24; Jes 53,5).

Und wenn wir den Wein trinken, sollte uns bewusst sein, dass wir sein Blut empfangen, das zur Versöhnung und zur Vergebung *all* unserer Sünden vergossen wurde (Mt 26,28; Kol 2,13).

Er ist bei dir inmitten deiner Bedrängnis

»Aber wenn Gott will, dass wir gesund sind, und der Körper Jesu um unseretwillen zerschlagen wurde, warum gibt es dann Christen, die krank sind?« – Ich persönlich kenne Gläubige, und du sicherlich auch, die gegen schwere Krankheiten ankämpfen. Vielleicht sind sogar du oder einer deiner Angehörigen in diesem Moment von einer gesundheitlichen Krise betroffen.

Wenn du gegen eine Krankheit kämpfst, musst du unbedingt wissen, dass es in Ordnung ist, wenn du Zweifel und Fragen hast. Der Herr versteht die Verwirrung und den Schmerz, die du empfindest, und er will dich wissen lassen, dass er in all dem bei dir ist. Ich weiß, dass es schwer sein kann, ihm zu vertrauen, wenn man gewissermaßen durchs Feuer geht. Aber vertraue ihm weiterhin, mein Freund. Er *ist* jetzt, in diesem Moment, dein *überaus* bewährter Helfer (Ps 46,2). Halte deine Augen auf ihn gerichtet. Er ist treu, und er wird dich nie aufgeben oder verlassen (5Mo 31,6).

In Daniel 3 steht die Geschichte von drei Freunden (Schadrach, Meschach und Abed-Nego), die gefesselt in einen Feuerofen geworfen wurden, als sie sich nicht vor König Nebukadnezars goldenem Standbild niederwerfen wollten und sich weigerten, es anzubeten. Der Ofen war so glühend heiß, dass die Männer, von denen die drei dort hineingeworfen wurden, durch die Hitze umkamen. Doch der König sah die drei Freunde mitten im Feuer umhergehen, und er entdeckte bei ihnen einen vierten Mann, der »wie der Sohn Gottes« war (V. 25). Fassungslos rief der König sie heraus, und er und alle seine Bediensteten sahen, dass das Feuer keine Macht über sie hatte. Kein einziges Haar an ihnen war versengt, ihre Kleidung wies keinerlei Brandflecken oder andere Beschädigungen auf und sie rochen noch nicht einmal nach Rauch. Infolgedessen erkannte der König an, dass es keinen anderen Gott gab, der ein so mächtiger Retter war wie ihr Gott, und die drei Freunde wurden nicht nur freigelassen, sondern auch befördert.

Lieber Freund, dein Herr Jesus hat versprochen, dass *nichts* dir »in irgendeiner Weise schaden« wird (Lk 10,19). Und wenn du in widrige Umstände gerätst, wird er dich daraus befreien. So wie er bei Daniels drei Freunden im Feuer war, ist er auch *bei dir*. Ich bete im Namen Jesu, dass du aus dieser Bedrängnis sehr viel stärker hervorgehen wirst, als du es vorher warst. Ich erkläre, dass diese Krankheit *keine* Macht über dich haben soll und dass der Herr dich so vollständig davon befreien wird, dass du aus dem Ganzen ohne einen Hauch von Brandgeruch herauskommen wirst!

Du wirst aus dieser Bedrängnis sehr viel stärker hervorgehen, als du es vorher warst.

Wie du Schwäche und Krankheit entkommst

Ich möchte dir etwas mitteilen, von dem ich glaube, dass es uns helfen kann, mehr von Gottes Heilungskraft zu erleben. Der Apostel Paulus weist uns auf den Grund hin, warum viele Christen schwach und krank sind und sogar vorzeitig sterben. Ich sage nicht, dass die Krankheit eines jeden Gläubigen darauf zurückzuführen ist. Ich weise nur darauf hin, dass Gott in seinem Wort dies als *den* Grund anführt, warum viele Christen schwach, krank und entschlafen (vorzeitig tot) sind. Das ist eine gute Nachricht, denn es bedeutet, dass wir diesen Grund, sobald wir ihn kennen, vermeiden können.

> *Denn wer unwürdig isst und trinkt, der isst und trinkt sich selbst ein Gericht, weil er den Leib des Herrn nicht* **unterscheidet**. *Deshalb sind unter euch viele Schwache und Kranke, und eine beträchtliche Zahl sind entschlafen.*
> *— 1. Korinther 11,29–30*

Der von Paulus hervorgehobene Grund ist »den Leib des Herrn nicht zu unterscheiden«. Das Wort »unterscheiden« ist die Übersetzung des griechischen Wortes *diakrino*, das »einen Unterschied machen« bedeutet.[2] (Wenn du mehr über die in 1. Korinther 11,28–32 verwendeten griechischen Schlüsselbegriffe und ihre Bedeutung erfahren möchtest, lies bitte den Anhang.) Es gibt Leute, die erkennen, dass Jesu Blut zur Vergebung unserer Sünden vergossen wurde. Sie erkennen jedoch nicht, dass sein Körper deshalb zerschlagen wurde, damit unser Körper gesund sein kann. Es gibt aber auch diejenigen, die ohne Unterschied beides in einen Topf werfen und sowohl das Brot als auch den Wein als Zeichen der Sündenvergebung sehen.

Aber Jesus litt und starb nicht nur für unsere Vergebung. Er starb auch für unsere Heilung. David schrieb in Psalm 103,2–3 (NLB): »Lobe den Herrn, meine Seele, und vergiss all das Gute nicht, das er für dich tut. Er vergibt dir alle deine Sünden und heilt alle deine Krankheiten.« Derselbe Jesus, der die Vergebung *aller* unserer Sünden erkauft hat, hat auch *alle* unsere Krankheiten weggenommen. Hier keinen Unterschied zu machen und nicht zu erkennen, dass der Körper des Herrn zerschlagen wurde, damit unsere Krankheiten geheilt werden könnten, führt dazu, dass viele krank und schwach sind.

Wenn viele krank und schwach sind, weil sie den Körper des Herrn nicht richtig erkannt haben, dann ist davon auszugehen, dass auch das Gegenteil stimmt: Wer erkennt, dass Jesu Körper um unserer Gesundheit willen zerschlagen wurde, wird gesund und stark sein und ein langes, gutes Leben führen! Deshalb, mein Freund, schreibe ich dieses Buch. Im Abendmahl steckt eine solch enorme Heilkraft, aber sehr vielen Menschen wurde dieses Geschenk geraubt, weil sie entweder nichts davon wissen oder weil ihnen etwas Falsches darüber beigebracht wurde, zu welchem Zweck Gott das Abendmahl bestimmt hat.

---

*Derselbe Jesus, der die Vergebung **aller** unserer Sünden erkauft hat, hat auch **alle** unsere Krankheiten weggenommen.*

Jedes Mal, wenn wir am Körper des Herrn teilhaben, nehmen wir Gesundheit, Vitalität, Kraft und langes Leben in uns auf. Falls in unserem Körper Krankheit vorhanden ist, wird die Krankheit auf übernatürliche Weise vertrieben. Bei Altersschwäche und Gebrechlichkeit wird der Verfall rückgängig gemacht. Und wenn Schmerzen vorhanden sind, werden diese beseitigt. Die Resultate sind vielleicht nicht spektakulär und sofort sichtbar, aber sie sind gewiss und werden ganz sicher kommen. Und ich bete, dass du diese Erfahrung am eigenen Leib machen wirst.

Krebs nach Einnahme des Abendmahls verschwunden

Vor einigen Jahren fanden Ärzte im Hals meines Onkels einen riesigen Tumor. Eine Biopsie zeigte, dass es Krebs war. Er wurde dann zu einem weiteren, detaillierteren Scan geschickt und der Pathologe sagte ihm, dass sich der Krebs aggressiv in seinem ganzen Hals und hinter seiner Zunge ausgebreitet habe. Mein Onkel erzählte mir, dass er in dem Moment, als er hörte, was der Pathologe ihm sagte, die Hoffnung auf ein Überleben aufgab. Aber vor seiner Operation, bei der dieser Tumor entfernt werden sollte, besuchten ihn seine Töchter, die schon seit Jahren in unsere Kirche kamen, und sagten zu ihm: »Lass uns gemeinsam das Abendmahl nehmen, Papa. Lass uns beten und Gott glauben.«

Er erzählte später, dass er, als sie das Abendmahl nahmen, zum ersten Mal Hoffnung in seinem Herzen aufsteigen spürte. Er nahm das Abendmahl und glaubte, dass Jesus sein Heiler war, und vertraute darauf, dass der Körper Jesu in seinem eigenen Körper etwas bewirken würde – direkt dort auf der Krankenstation. Danach unterzog er sich der Operation und die Ärzte entfernten das Gewächs aus seinem Hals. Das Erstaunliche daran: Als sie an dem herausgenommenen Gewebe eine Biopsie vornahmen, fand sich in dem Tumor keine Spur von Krebs. Seine Ärzte fanden dafür keine Erklärung!

Jedes Mal, wenn wir am Körper des Herrn teilhaben, nehmen wir Gesundheit, Vitalität, Kraft und langes Leben in uns auf.

Mehrere Scans vor der Operation hatten bestätigt, dass das Gewächs in seinem Rachen krebsartig war. Die gemachten Tests zeigten sogar, dass sich der Krebs ausbreitete und dass er aggressiv war. Und trotzdem, als der Tumor entfernt wurde, war keine Spur von Krebs darin. Irgendwie hatte der Herr den Krebs auf übernatürliche Weise verschwinden lassen, und ich glaube, es geschah, als mein Onkel und seine Familie das Abendmahl nahmen.

Deshalb, wenn es Probleme mit deinem Körper gibt, und deine Ärzte dir eine negative Prognose stellen, hab keine Angst. Wir wissen vielleicht nicht, wie unsere Heilung zustande kommen soll, aber lasst uns auf das vollbrachte Werk Jesu vertrauen. »Bei Gott sind alle Dinge möglich« (Mt 19,26).

Auch wenn wir gerade erst begonnen haben, über das Abendmahl zu sprechen, bete ich, dass dieses Kapitel bereits einige deiner Fragen beantwortet hat und du jetzt begeistert darauf wartest, den vollen Nutzen des Abendmahls in Empfang zu nehmen. Du bist so geliebt. Lebe nicht so, als hättest du keinen Retter. Ganz gleich, welche Krankheit bei dir festgestellt wurde, verzweifle nicht. Jesus hat dafür bezahlt, dass du gesund sein kannst. Und er hat es dir leicht gemacht, nicht nur seine Liebe und Vergebung, sondern auch seine Heilungskraft zu empfangen.

Er hat es dir leicht gemacht, nicht nur seine Vergebung, sondern auch seine Heilungskraft zu empfangen.

Ich möchte dich an den Tisch des Herrn einladen. Der Tisch wurde nicht von menschlichen Händen gedeckt, die zaudern und versagen können, sondern von dem Einen, der vollkommen ist und dessen Hände für dich ans Kreuz genagelt wurden. *Er* bereitet diesen Tisch für dich vor den Augen deiner Feinde und lädt dich ein, an seinem für dich zerschlagenen Körper und seinem für dich vergossenen Blut teilzuhaben. Komm furchtlos an den Tisch und nimm alles im Glauben an und empfange deine Heilung.

Wenn du Jesus als deinen Herrn und Retter empfangen hast, bist du durch das Blut des Lammes würdig gemacht worden. Du wurdest von all deinen Sünden reingewaschen. Erlaube dem Feind nicht, dich noch länger zu berauben. Nimm das Abendmahl mit Danksagung an und sei dir dabei bewusst, dass du jedes Mal, wenn du es nimmst, in Christus gesünder, stärker und jünger wirst!

2.

NICHT SCHON WIEDER EINE NEUE DIÄT

Vielleicht hat dich dieses Buch angesprochen, weil du dachtest, dass ich mich darin für eine neue Art von Ernährung starkmache. Die Wahrheit ist, das tue ich tatsächlich! Aber das Essen und Trinken, von dem ich spreche, hat nichts mit natürlichem Essen und Trinken zu tun. Es geht auch nicht um die erlaubte Menge von Kohlenhydraten oder um die Frage, ob deine Nahrung aus Bio-Anbau stammen muss. In diesem Kapitel möchte ich dir mehr von diesem *übernatürlichen* Essen und Trinken erzählen und über den Schlüssel zu einem langen, gesunden Leben nach *Gottes Art*.

Worauf beruht deine Gesundheit?

Laut den Zentren für Krankheitsüberwachung und Prävention (CDC) waren im Zeitraum der Erhebung von 2015 bis 2016 siebzig Prozent der Erwachsenen in den Vereinigten Staaten im Alter von zwanzig Jahren und darüber übergewichtig oder fettleibig.[3] Das ist eine ziemlich erschreckende Statistik, wenn du mich fragst. Noch besorgniserregender ist, dass Fettleibigkeit mit einem Ansteigen dutzender chronischer Beschwerden und Krankheiten wie Diabetes, Herzerkrankungen, Krebs, Depressionen und sogar Unfruchtbarkeit in Verbindung gebracht wird.[4]

Vielleicht fragst du dich, wie du sicherstellen kannst, dass du ein langes und gesundes Leben führst. Darf ich dir sagen, dass die Jagd nach dem neuesten Diät-Trend oder der Kauf des aktuellsten Fitness-Trackers nicht die Antwort ist? Während einige Diätpläne tatsächlich zu Gewichtsabnahme führen können, nehmen viele Menschen umso stärker wieder zu, sobald sie ihre Diät beendet haben. Und was Aktivitäts- und Fitness-Tracker betrifft, erinnere ich mich, dass ich ganz zu Anfang dieses Trends in einem Elektronikfachgeschäft war und mich mit dem Besitzer unterhielt. Er sagte mir, die Nachfrage nach diesen Armbändern sei derartig hoch, dass ihm praktisch die Regale leergeräumt würden. Aber eine Umfrage zeigte, dass zwar jeder zehnte Amerikaner über acht Jahre einen solchen Tracker besitzt, mehr als die Hälfte von ihnen aber angab, ihn nicht mehr zu benutzen.[5]

Bitte versteh mich nicht falsch. Ich sage nicht, dass du nicht gesund essen oder keinen Sport treiben solltest. Natürlich solltest du das! Ich weise nur darauf hin, dass zwar jedes Jahr Milliarden von Dollar in die Märkte für Diätprodukte und Fitnessangebote fließen, die Erfolge aber durchwachsen und oft nur kurzlebig sind. Ich bin absolut für Fitnesspläne oder Geräte, die Menschen helfen können, ihre Gesundheitsziele zu erreichen. Ich persönlich achte auf eine gesunde Ernährung, und ich treibe auch regelmäßig Sport und gehe viel spazieren.

Aber darf ich dir sagen, dass wir als Gläubige im Hinblick auf unsere Gesundheit nicht von Diäten und Fitnesssystemen besessen oder abhängig sein sollten? Gott hat etwas Besonderes für seine Kinder vorgesehen, und zwar das Geschenk seiner göttlichen Gesundheit. Es ist eine *übernatürliche* Gesundheit, die nicht von dem abhängt, was wir essen, und auch nicht davon, wie oft wir ins Fitnessstudio rennen. Würde all das zu göttlicher Gesundheit und Lebenskraft führen, dann könnte jeder davon profitieren, auch Nichtgläubige!

Die einzige Garantie für göttliche Gesundheit

Viele Gläubige sehen bestimmte Lebensmittel und Ernährungsweisen als Schlüssel zur Gesundheit, und es gibt viele Bücher darüber, was man essen und was man nicht essen sollte. Zum Beispiel gibt es Gläubige, die sich dafür einsetzen, zu der Ernährungsweise zurückzukehren, nach der sich mutmaßlich Adam und Eva im Garten Eden ernährt haben. Das bedeutet, mehr Früchte, Körner und Samen zu essen, gerade so, als könnten wir in die Zeit vor dem Sündenfall Adams zurückkehren. Aber wir können nicht so tun, als wäre der nie passiert – denn das ist er!

Gott hat etwas Besonderes für seine Kinder vorgesehen – das Geschenk seiner göttlichen Gesundheit.

Andere sind Verfechter der mediterranen Kost, wie sie wohl auch unser Herr Jesus gegessen hat. Ich stimme zu, dass eine mediterrane Ernährung bekömmlich ist, aber wenn man darüber nachdenkt, hat sich jeder einzelne der Menschen, die Jesus geheilt hat, mediterran ernährt, und doch wurden sie immer noch krank. Auch viele andere Ernährungstrends kamen und gingen wieder. Deren Befürworter setzen sich für verschiedene Dinge ein, von kohlenhydratfreien Lebensmitteln über Intervallfasten bis hin zu veganer Ernährung. Leider garantiert eine bewusste Ernährung keine gute Gesundheit. Es ist möglich, dass ein Mensch ausschließlich das isst, was von Ernährungswissenschaftlern als das beste Bio-Superfood angesehen wird, und phänomenal diszipliniert sein tägliches Bewegungsprogramm absolviert, aber trotzdem unheilbar krank wird und sein Leben durch Krankheit verkürzt sieht. Warum ist das so? Weil die Schöpfung gefallen ist. Die Antwort findet sich nicht in der *Schöpfung*, sondern in der *Erlösung*!

Ich will hier keine bestimmten Ernährungsweisen oder Diäten miesmachen. Wenn du dich an einen gewissen Ernährungsplan hältst und er dir gut bekommt, dann preise den Herrn! Ich sage nur, dass wir uns nicht auf das verlassen können, was wir essen. Wir können nicht darauf vertrauen, dass bestimmte Lebensmittel uns gesund machen oder ein langes Leben ermöglichen. Es liegt keine Hoffnung in der Schöpfung. Ob es nun darum geht, sich an eine bestimmte Ernährung zu halten, pflanzliche Heilmittel zu verwenden oder Bio-Lebensmittel zu essen, sie alle kommen von dieser geschaffenen Welt. Diese Dinge können nützlich sein, aber sie können keine Gesundheit garantieren, weil die Erde gefallen ist.

Die Antwort findet sich nicht in der ***Schöpfung****,*
sondern in der ***Erlösung****!*

Die ganze Schöpfung seufzt und ist dem Tod und der Vergänglichkeit unterworfen (Röm 8,21–22). Die Bibel sagt uns sogar in Hebräer 13,9 (EÜ): »Denn es ist gut, dass durch Gnade das Herz gefestigt wird und nicht durch Speisevorschriften, die denen, die sich daran hielten, keinen Nutzen brachten.« Das Einzige, worauf wir unsere Herzen gründen sollten, ist *Gnade*, und die Gnade ist unser Herr Jesus höchstpersönlich. Die einzige Garantie ist das vollbrachte Werk unseres Herrn Jesus Christus.

Setze dein Vertrauen in die Erlösung, nicht in die Schöpfung

Solange wir uns darauf verlassen, dass Ernährung und Sport unsere Gesundheit erhalten, anstatt sie unserem Herrn anzuvertrauen, machen wir uns immer noch von der Schöpfung (von natürlichen Mitteln) abhängig und nicht von der Erlösung (von seinem übernatürlichen Werk). Wenn wir in übernatürlicher Gesundheit leben wollen, sollte unser Vertrauen trotz gesunder Ernährung und regelmäßiger Bewegung einem übernatürlichen Gott und der übernatürlichen Nahrung gelten, die er uns gegeben hat.

Der Mensch hat der Schöpfung jede Menge Forschung gewidmet und ganze Bibliotheken und Forschungszentren beschäftigen sich mit Fragen rund um die Entstehung der Erde und des Lebens. Aber weißt du, wie Gott über die Schöpfung denkt? Er spricht nur in einem einzigen Kapitel der gesamten Bibel über die Schöpfung.

Um etwas zu erschaffen, musste Gott nur sprechen. Aber um uns erlösen zu können, musste Gott ***bluten****.*

Was jedoch die Erlösung betrifft, sprach Gott im zweiten Buch Mose mehr als zehn Kapitel lang allein nur über die Blutopfer, Opfergaben und die Stiftshütte von Mose, denn bei all dem geht es um die Schönheit und die herrlichen Ruhmestaten seines Sohnes und um das Erlösungswerk, das er vollbringen würde.

Um etwas zu erschaffen, musste Gott nur sprechen. Aber um uns erlösen zu können, musste Gott *bluten*. Die Erlösung kostete Gott weitaus mehr, als wir uns je vorstellen können. Wenn wir glauben, wir könnten bezüglich unserer Gesundheit voll und ganz auf die

Schöpfung bauen, weißt du, was wir damit sagen? Den Segen der Gesundheit durch unsere Disziplin und guten Werke erreichen zu wollen, sagt im Grunde aus, dass das Kreuz nutzlos war und die Leiden Jesu vergebens waren. Aber das, mein Freund, stimmt nicht. Es gibt keine Hoffnung in der Schöpfung; nur im Kreuz liegt Hoffnung!

Die Nahrung, die Gesundheit und Wohlbefinden bringt

Ich möchte dir mehr über diese übernatürliche Speise und dieses übernatürliche Getränk erzählen, die wir zu uns nehmen dürfen. Es sind die einzigen Nahrungsmittel, die nicht auf die gefallene Schöpfung bauen und auch nicht von den Bemühungen des gefallenen Menschen abhängen. Wenn wir diese übernatürliche Nahrung essen und trinken, haben wir am Werk der Erlösung teil und nicht an der Schöpfung.

Unser Herr Jesus sagte in Johannes 6,51: »Ich bin das lebendige Brot, das aus dem Himmel herabgekommen ist. Wenn jemand *von diesem Brot isst*, so wird er leben in Ewigkeit. Das Brot aber, das ich geben werde, ist *mein Fleisch*, das ich geben werde für das Leben der Welt.« Das Wort »Leben« hier ist im Griechischen das Wort *zoe;* das gleiche Wort wird in der griechischen Übersetzung des Alten Testaments verwendet, wenn beschrieben wird, wie Gott Leben in Adam hineinhauchte (1Mo 2,7). Einerseits geht es bei *zoe* um das Leben, das in Gott ist, andererseits aber auch um das physische Leben, um Gesundheit, Vitalität und Wohlbefinden.[6] Die Nahrung, die Gott uns zum Essen gegeben hat, ist keine verderbliche Nahrung, sondern *lebendiges* Brot: Jesus, der vom Himmel kam und uns gegeben wurde, damit wir Leben haben.

Wenn du dich fragst, wie Jesus uns sein Fleisch zu essen geben kann, bist du in guter Gesellschaft, denn die Juden, die hörten, was Jesus sagte, stellten die gleiche Frage (Joh 6,52).

Die Nahrung, die wir haben, ist nicht verderblich. Sie ist ***lebendiges*** *Brot und gibt uns das volle Leben.*

Es gibt einige, die denken, dass Jesus nur vom Glauben an ihn sprach. Aber ich möchte deine Aufmerksamkeit darauf lenken, was unser Herr Jesus noch sagte: »Denn mein Fleisch ist wahre Speise, und mein Blut ist wahrer Trank. Wer mein Fleisch isst [*w.* zerkaut] und mein Blut trinkt, bleibt in mir und ich in ihm« (Joh 6,55–56 ELB).

Wusstest du, dass hier zwei verschiedene griechische Wörter für das Wort »isst« verwendet werden? Als Jesus sagte: »Wenn jemand von diesem Brot *isst*, so wird er leben in Ewigkeit« (Joh 6,51), wurde im Griechischen das Wort *phago* verwendet, der Oberbegriff für »essen«. *Phago* kann in physischem, aber auch in geistlichem Sinne verwendet werden, wenn es beispielsweise darum geht, sich von Christus zu nähren.[7] Als Jesus aber sagte: »Wer mein Fleisch *isst* und mein Blut trinkt, der bleibt in mir und ich in ihm« (V. 56), lautet das griechische Wort für »isst« *trogo* und bedeutet »kauen« oder »zerkauen«,[8] wie beim Essen von Nüssen.

Ein Kaugeräusch ist unmöglich zu vergeistigen. Jesus sprach hier nicht von geistlichem Essen oder Sich-Nähren. Er sprach von dem körperlichen Vorgang des Essens, vom Zerkauen mit den dazugehörenden Kaugeräuschen!

Um besser zu verstehen, worauf sich unser Herr bezog, schau dir an, was er in der Nacht, in der er verraten wurde, sagte, als er wusste, dass er sein Leben für uns opfern würde:

Als sie nun aßen, nahm Jesus das Brot und sprach den Segen, brach es, gab es den Jüngern und sprach: Nehmt, esst! Das ist mein Leib. Und er nahm den Kelch und dankte, gab ihnen denselben und sprach: Trinkt alle daraus! Denn das ist mein Blut, das des neuen Bundes, das für viele vergossen wird zur Vergebung der Sünden. — Matthäus 26,26–28

Worüber hat unser Herr Jesus gesprochen, als er das Brot brach, es seinen Jüngern gab und sagte: »Nehmt, esst! Das ist mein Leib«? Und worauf bezog er sich, als er ihnen den Kelch gab und sagte: »Trinkt alle daraus! Denn das ist mein Blut, das des neuen Bundes, das für viele vergossen wird zur Vergebung der Sünden«? Ja, sicher sprach er von seiner Kreuzigung, aber gleichzeitig führte er das Abendmahl, etwas physisch Greifbares ein.

Das Abendmahl ist die von Gott vorgegebene Methode oder Verabreichungsform, wie wir das endlose, heilige, jugendfrische, überwindende und dauerhaft gesunde Leben Jesu empfangen können, wenn wir »sein Fleisch essen und sein Blut trinken«. Die Bibel sagt uns, »die ganze Volksmenge suchte ihn anzurühren, denn Kraft ging von ihm aus und heilte alle« (Lk 6,19). Der Körper unseres Herrn Jesus strahlte solch göttliche Gesundheit, Kraft und Leben aus, dass das bloße Berühren des Saums seines Gewandes viele heilte (Mk 6,56). Kannst du dir vorstellen, welche Kraft wir einnehmen, wenn wir das Brot zu uns nehmen und den Wein trinken – seinen gebrochenen Körper und sein vergossenes Blut?

Sieh Jesus im Matzenbrot

Das Brot, das unser Herr Jesus verwendet hat, als er in der Nacht des Passahfestes das Brot brach und sagte: »Nehmt, esst! Das ist mein Leib, der für euch gebrochen wird« (1Kor 11,24), wird sicherlich ungesäuertes jüdisches Matzenbrot gewesen sein. Matzenbrot ist ein flaches, knuspriges Gebäck, das speziell für das Passahfest hergestellt wurde. Ich wollte das hervorheben, denn heute denken die meisten von uns an eine weiche, lockere Krume, wenn wir von Brot sprechen. Aber das ist nicht die Art von Brot, von der Jesus sprach.

Als unsere Gemeinde noch kleiner war, kauften wir Matzenbrot und brachen es für das wöchentliche Abendmahl in kleine Stücke. Während wir das Brot aßen, konnten wir die knackenden Kaugeräusche der anderen um uns herum hören, und ich glaube, damit hörten wir die Erfüllung dessen, was Johannes 6,56 beschreibt – wir hörten das Geräusch von *trogo*!

Jüdische Leiter, die gar nicht an Jesus glaubten, haben im Laufe der Jahrhunderte die Anweisungen zur Herstellung des Matzenbrotes weitergegeben. Wenn du dir die folgende Darstellung von Matzenbrot ansiehst, wirst du feststellen, dass es Streifen hat und durchbohrt und ver- bzw. angebrannt ist.

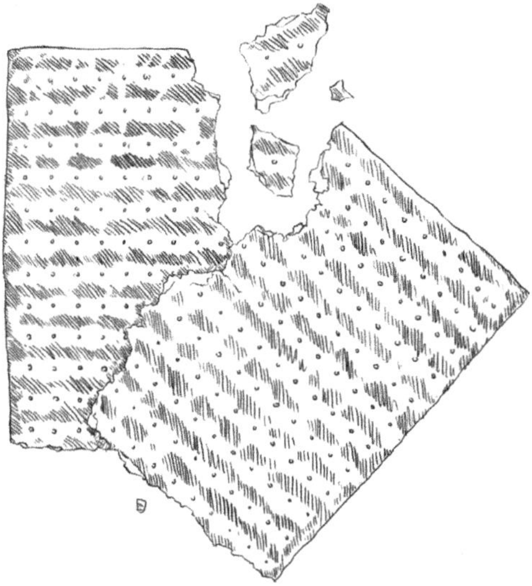

Das Matzenbrot ist eine praktische, visuelle Erinnerung daran, was Jesus für unsere Heilung erlitten hat.

Weißt du, warum das Matzenbrot so zubereitet wird? Ich glaube, der Herr hat es so angeordnet. Es sollte Streifen bekommen und durchbohrt und verbrannt werden, damit wir jedes Mal, wenn wir das Abendmahl nehmen, erneut daran erinnert werden, was Jesus für uns getan hat:

- *Gestreift* – weil wir durch seine Striemen geheilt sind, die er sich zufügen ließ, als die Soldaten ihn auspeitschten (Jes 53,5).
- *Durchbohrt* – weil seine Hände und Füße von den Nägeln, seine Seite vom Speer des Soldaten (Joh 19,34) und seine Stirn von der Dornenkrone durchbohrt wurden (Joh 19,2).
- *Verbrannt* – weil das Feuer von Gottes Gericht auf ihn fiel, als er unsere Sünden trug (Jes 53,4).

Er wurde für dich geschlagen und zerquetscht

Warum hat unser Herr Jesus das Brot und den Wein als die Elemente gewählt, die wir »zur Erinnerung« an ihn zu uns nehmen sollen (1Kor 11,24–25 NLB)?

Ich glaube, weil sie praktisch und visuell daran erinnern, was mit ihm geschehen ist, als er ans Kreuz ging. Sowohl Getreide als auch Trauben müssen einen Prozess der Zerkleinerung durchlaufen, bevor sie zu Brot oder Wein werden können.

Wer Wein trinken will, kann nicht einfach Trauben essen. Die Trauben müssen zuerst vom Stielgerüst getrennt und vollständig zerquetscht werden. Anschließend müssen sie an einem dunklen Ort fermentieren. Genau das ist auch mit unserem Herrn Jesus passiert.

Es ist wichtig, dass wir verstehen, welche Bedeutung der Körper des Herrn für unsere Gesundheit hat. Wenn du an seinem gebrochenen Körper teilhast, indem du das Brot isst, dann tu es nie hastig. Nimm es und sei dir dabei bewusst, was er für dich getan hat. Denke über den Prozess nach, den das Brot durchlaufen musste. Um zu der Zeit Jesu Brot herstellen zu können, mussten zuerst die Getreidehalme gedroschen werden. Dies geschah entweder durch Schlagen (Ri 6,11) oder mithilfe eines Dreschwagens (Jes 41,15). Welche Methode auch verwendet wurde, es war immer ein gewaltsamer Vorgang, bei dem der Weizen geschlagen, gequetscht und zerschnitten wurde, um das Getreide von den Halmen zu trennen. Aber das war noch nicht alles. Um Mehl zu erhalten, musste das Korn von einem Mühlstein zermahlen oder in einem Mörser zerstoßen werden. Danach musste das Mehl mit Wasser vermengt und zu Teig geknetet werden. Anschließend wurde es zu Teigfladen geformt und geklopft und schließlich über dem Feuer gebacken.

All dies ist ein Bild dafür, was mit unserem Herrn Jesus passiert ist. Er wurde brutal geschlagen, wieder und wieder wurde auf ihn eingedroschen. Nur so konnte er zum Brot des Lebens für dich und mich werden. Es fing im Garten von Gethsemane an, als eine große Meute kam, bewaffnet mit Schwertern und Keulen, um ihn zu verhaften (Mk 14,43). Er wurde gefesselt und zum Haus des Hohenpriesters gebracht, wo er von diesem und dem Sanhedrin verurteilt wurde. Sie verspotteten ihn, spuckten ihn an und schlugen ihn. Sie verbanden ihm die Augen und schlugen ihm ins Gesicht (Lk 22,63–64; Mk 14,65).

Jedes Mal, wenn du an seinem gebrochenen Körper teilhast, tu es in dem Bewusstsein, was er für dich getan hat.

Danach wurde er zu Pontius Pilatus geschickt, der ihn von römischen Soldaten brutal geißeln ließ (Mt 27,26). Der Film »Die Passion Christi« versucht, die Leiden darzustellen, die unser Herr Jesus durchmachte. Der Film wurde kritisiert, weil die Leute das Gefühl hatten, dass die Auspeitschungsszene zu gewalttätig wäre, aber die Wahrheit ist, dass sie der Realität nicht einmal annähernd gleichkommt. Die Bibel sagt uns, »so entstellt, nicht mehr menschlich war sein Aussehen, und seine Gestalt war nicht wie die eines Menschen« (Jes 52,14 ZÜB). Er war dermaßen verunstaltet, dass er als Mensch nicht mehr zu erkennen war. Und ich glaube, die Anwesenden mussten wegschauen und ihre Gesichter verbergen, weil sie es nicht ertragen konnten, auf seine groteske, zitternde Gestalt zu blicken (Jes 53,3).

Aber seine Tortur hörte damit nicht auf. Eine ganze Garnison von Soldaten versammelte sich um ihn herum und sie legten ihm ein scharlachrotes Gewand um seinen zerschlagenen Körper. Sie flochten eine Dornenkrone und rammten sie ihm auf den Kopf. Sie drückten ihm einen Stab in seine rechte Hand, verbeugten sich vor ihm und verspotteten ihn. Sie bespuckten ihn und nahmen den Stab und schlugen ihm damit immer wieder auf den Kopf, dabei trieben sie die Dornen mit jedem Schlag tiefer in sein Fleisch. Sie waren darauf aus, ihn restlos zu demütigen. Als sie es endlich satthatten, ihn zu verspotten, zerrten sie ihm das Gewand vom Körper und warfen ihm seine eigenen Kleider wieder über. Dann führten sie ihn weg, um ihn zu kreuzigen (Mt 27,27–31).

Wir werden uns nie ganz vorstellen oder wirklich verstehen können, welche schreckliche Folter, wie viel herabwürdigende Beschämung und qualvolle Schmerzen unser Retter um unseretwillen erlitten hat. Aber wusstest du, dass er die Macht gehabt hätte, seine Tortur zu beenden und seine Peiniger jederzeit zu überwältigen? Als die Truppen kamen, um ihn zu verhaften, sagten sie: »Wir suchen Jesus von Nazareth.« Die Bibel sagt uns, dass er vortrat und den großartigen Namen Gottes aussprach, der Mose offenbart worden war – ICH BIN (2Mo 3,14). Die Soldaten wichen daraufhin zurück und fielen zu Boden (Joh 18,5–6). Das ist Macht. Aber er *entschied* sich, sein Leben aufzugeben und all den Schmerz zu ertragen – für deine und meine Heilung. Das ist Liebe!

Unser Erlöser wollte nicht nur, dass du von deinen Sünden gerettet wirst. Wenn er nur das hätte erreichen wollen, dann hätte allein das Vergießen seines vollkommenen, sühnenden Blutes schon gereicht. Im Alten Testament, wenn die Kinder Israels ihre Opfertiere als Sühne für ihre Sünden zu den Priestern brachten, litten die Tiere nie. Sie wurden mit einer heute als Schechita bekannten

Methode getötet, die sicherstellte, dass sie schnell und möglichst schmerzlos starben.[9]

Unser Herr Jesus hingegen ist keinen schnellen, schmerzlosen Tod gestorben. Er litt wie kein anderer und ertrug Stunde um Stunde unvorstellbare Folterungen, bevor er schließlich starb. Sieh dir diesen Bibelvers an:

> *[Christus] der unsere Sünden an seinem Leib selbst an das Holz hinaufgetragen hat, damit wir, den Sünden abgestorben, der Gerechtigkeit leben; durch dessen Striemen ihr geheilt worden seid. — 1. Petrus 2,24* ELB

T. J. McCrossan, ein Gelehrter der griechischen Sprache, hob hervor, dass dieser Vers im griechischen Grundtext in Wirklichkeit so formuliert ist: »durch dessen Strieme ihr geheilt worden seid.« Er erklärte, dass für das Wort »Strieme« nicht der Plural, sondern der Singular benutzt wurde, weil Jesus ausgepeitscht wurde, bis kein einziges Stück Haut mehr auf seinem Rücken vorhanden war. Sein Rücken war eine einzige blutige Strieme, eine einzige riesige, klaffende Fleischwunde.[10] Nach einigen Berichten konnte die Geißelung so brutal sein, dass sogar die inneren Organe der Opfer sichtbar wurden.[11]

Mein Freund, Jesus liebt dich so sehr. Er ertrug all diese Folterungen, weil es ohne eine Bestrafung kein Wohlergehen und keine Gesundheit für dich geben konnte. Und er ließ zu, dass die erforderliche Bestrafung auf ihn selbst fiel (Jes 53,5). Ich glaube, dass die Heilung in deinem Körper schon begonnen hat, allein, weil du das hier gerade in dich aufnimmst und dir dabei bewusst ist, was er für dich getan hat. Welche Krankheit auch immer bei dir festgestellt wurde, Jesus ertrug sie auf seinem eigenen Körper, damit du sie nicht erleiden musst. Er hat alles erduldet – den unvorstellbaren

Schmerz, die völlige Erniedrigung. Und die Bibel sagt uns, warum: Es war »um der vor ihm liegenden Freude willen« (Hebr 12,2).

Welche Krankheit auch immer bei dir festgestellt wurde, Jesus ertrug sie auf seinem eigenen Körper, damit du sie nicht erleiden musst.

Freude? Worum ging es bei dieser vor ihm liegenden Freude, die ihm die Kraft gab, das Kreuz zu ertragen?

Es war seine Liebe zu dir! Es war die Freude, dich wohlauf zu sehen, dich vom Bauchspeicheldrüsenkrebs befreit zu sehen, dich befreit von Leukämie, von Gelenkrheumatismus, von ALS zu sehen. Wenn du gerade krank bist und vielleicht sogar in einem Krankenhausbett liegst, sag jetzt einfach: »Danke, Herr Jesus, du hast all das *für mich* durchgemacht.«

Der simple Akt des Essens kann den Fluch aufheben

Vielleicht denkst du: *Wie kann etwas so Einfaches, wie das Abendmahl zu nehmen, zu meiner Heilung führen? Es fällt mir schwer, das zu glauben!* Lass mich dir eine Frage stellen: Wie ist die Sünde in die Welt gekommen? Wie kamen Tod, Krankheit, Leiden und Schmerz in die Welt?

Es geschah durch den simplen Akt des *Essens.*

Gott wollte nie, dass der Mensch altert und krank wird. Gott wollte nie, dass der Mensch stirbt. Es war Adams Sünde, vom Baum der Erkenntnis von Gut und Böse zu essen, die den Tod auf den Plan rief. Die Bibel sagt uns, dass »durch einen Menschen die Sünde in die Welt gekommen ist und durch die Sünde der Tod, und so der Tod zu allen Menschen hingelangt ist, weil sie alle gesündigt haben« (Röm 5,12). Adams einer Akt des Essens war Auslöser für den Sündenfall des Menschen und für alle Flüche, die damit verbunden waren. Seinem einen Akt des Essens verdankt die Welt die Reise ohne Rückkehr in ein Land voller Leiden, Depressionen, Krankheiten und Tod.

Gott hasste es, dass die Sünde den Menschen zerstörte. In seiner großen Liebe zu dir und mir sandte Gott seinen eigenen Sohn. Unser Herr Jesus zog seine Göttlichkeit aus und wurde ein Mensch, damit er unsere gesamte Sünde auf seinem eigenen Körper tragen konnte. Und am Kreuz entfesselte Gott sein heiliges Gericht nicht über dich und mich, sondern über den Körper Jesu.

Krankheit und Schwäche haben ***kein Recht****, in unserem Körper zu sein, denn unser Herr Jesus hat bereits jede Krankheit auf seinem Körper getragen!*

Durch das Kreuz können wir ohne Furcht zu Gott kommen, weil wir wissen, dass *alle* unsere Sünden vergeben sind. Wegen des Kreuzes können wir die volle Sicherheit haben, dass Krankheit und Schwäche *kein Recht* haben, in unserem Körper zu sein, denn unser Herr Jesus hat bereits jede Krankheit auf seinem Körper getragen! Unser Herr Jesus hat jeglichen Fluch durch seinen Tod an einem anderen Baum (dem Kreuz) aufgehoben. Heute können wir alles, was Jesus am Kreuz erreicht hat, durch das Abendmahl empfangen – durch den simplen Akt des Essens.

Unterschätze den Akt des Essens nicht

Leider ist es gerade die Einfachheit des Abendmahls, die es vielen Menschen so schwer macht, an dessen Wirksamkeit zu glauben. Alles, was sie sehen, ist ein kleines Stück Brot und ein kleiner Becher Wein oder Saft. Sie können sich nicht vorstellen, wie etwas scheinbar so Unbedeutendes Krankheiten vertreiben oder ein langes Leben ermöglichen kann. Schließlich wurde es nicht nach jahrelanger akribischer Forschung von Wissenschaftlern in einem mit modernster Technologie ausgestatteten Labor hergestellt.

Auch wenn du dich medizinisch behandeln lässt, kannst du dem Herrn Jesus vertrauen und erwarten, dass er dich heilt.

Ich habe nichts gegen Medizin. Wenn dein Arzt dir Medikamente verschrieben hat, nimm sie bitte weiterhin ein. Aber auch wenn du sie nimmst oder dich behandeln lässt, kannst du trotzdem deinem Herrn Jesus vertrauen und erwarten, dass er dich heilt. Nimm das Abendmahl zusammen mit deinen Medikamenten. Medikamente werden von Menschen hergestellt und enthalten Warnhinweise, die alle möglichen Nebenwirkungen auflisten. Aber das Abendmahl wurde von Gott selbst gegeben, und die einzigen Nebenwirkungen sind die, dass du mit jeder Einnahme jünger und kräftiger wirst!

Gott benutzt schwache Dinge, um die Stärke der Starken zunichte zu machen

Wenn wir die Elemente des Abendmahls als unbedeutend und schwach abtun, vergessen wir, wie Gott vorgeht. Die Bibel sagt: »Was nach dem Urteil der Welt schwach ist, das hat Gott erwählt, um die Stärke der Starken zunichte zu machen« (1Kor 1,27 NGÜ). Immer wieder sehen wir, wie Gott die Feinde der Kinder Israels nicht durch militärische Gewalt, sondern durch scheinbar unbedeutende Dinge besiegt hat.

Gott benutzte Schleuder und Stein in der Hand eines Hirtenjungen, um Goliat, den mächtigen Superkrieger aus dem Heer der Philister, zu Fall zu bringen (1Sam 17,38–51). Er benutzte Hammer und Zeltpflock in den Händen einer wehrlosen Frau, um Sisera zu vernichten, den rücksichtslosen kanaanitischen Feldherrn, der die Kinder Israels zwanzig Jahre lang unterdrückt hatte (Ri 4,3–22). Er benutzte den Kieferknochen eines Esels in der Hand von Simson – einem einzelnen Mann –, um tausend Philister zu töten (Ri 15,15–16).

In gleicher Weise können die Elemente des Abendmahls, wenn du sie in deinen Händen hältst, unbedeutend und wirkungslos erscheinen. Dein Fleisch wird dir vielleicht sagen: »Das ist albern. Was kann dieses kleine Stück Brot schon ausrichten?« oder »Es ist sinnlos, sich Hoffnungen zu machen. Dir kann nichts helfen.« Aber hör nicht auf diese Lügen. Begehe nicht den Fehler, Brot und Wein zu verachten, denn Gott kann das, was so unbedeutend erscheint, benutzen, um Krankheiten, für die die Welt keine Heilung kennt, restlos zu zerstören.

Als eine heidnische Frau zum Herrn Jesus kam, um Heilung für ihre stark dämonisierte Tochter zu erbitten, bezeichnete er Heilung als »das Brot der Kinder«. Weißt du, was die Frau zu ihm sagte?

»Du hast recht, Herr, aber selbst Hunde dürfen die Krümel fressen, die vom Tisch ihres Herrn fallen.« Da sagte Jesus zu ihr: »Frau, dein Glaube ist groß. Deine Bitte soll erfüllt werden.« Und im gleichen Augenblick war ihre Tochter gesund (Mt 15,22–28 NLB).

Gott kann das, was so unbedeutend erscheint, benutzen, um Krankheiten, für die die Welt keine Heilung kennt, restlos zu zerstören.

Was glaubst du: Worauf weist das Brot der Kinder, das auf dem »Tisch des Herrn« bereitsteht, als Schattenbild hin? Auf das Abendmahl! Du und ich sitzen am Tisch des Herrn, weil wir Söhne und Töchter des allerhöchsten Gottes sind, und wir dürfen uns am Abendmahl frei bedienen. Wenn selbst die »Krümel«, die vom Tisch fielen, das Kind dieser Frau heilen konnten, wie viel mehr Heilung und Leben werden wir empfangen, wenn wir mit Jesus, der das Brot des Lebens ist, die volle Substanz haben.

Übernatürliche Genesung von Schlaganfall

Da wir darüber sprechen, wie wir uns zu Leben und Gesundheit essen können, möchte ich ein Zeugnis von Zach weitergeben, der in Singapur lebt. Er ist jemand, der fast täglich Sport treibt und nach eigenen Worten »auf seine Ernährung achtet«.

Eines Tages, während ich mich für die Arbeit fertigmachte, verlor ich plötzlich die Kraft in meinem linken Bein und linken Arm. Ich konnte meine Hose nicht anziehen und rutschte an den Schrank gelehnt zu Boden. Ich rief nach meiner Frau und sagte ihr, dass ich mich unwohl fühle.

Ich begann im Geist zu beten und rief zu Jesus um Hilfe. Auch meine Frau betete und erklärte, dass ich durch die Striemen Jesu geheilt bin!

Etwa fünf Minuten später kehrte die Kraft sowohl in mein Bein als auch in meinen Arm zurück. Ich konnte wieder aufstehen. Ich ging zum Sofa und setzte mich hin. Obwohl ich wieder Kraft in Bein und Arm hatte, spürte ich, dass mit meiner Motorik etwas nicht stimmte.

Meine Familie brachte mich ins Krankenhaus, wo ich mich einigen Tests unterzog. Der MRT-Scan zeigte, dass ich einen leichten Schlaganfall gehabt hatte. Ich verstand die Welt nicht mehr. Ich fragte mich: ***Wie kann das sein? Ich treibe fast täglich Sport und achte auf meine Ernährung.***

Ich wurde im Krankenhaus aufgenommen und auf die Station gebracht. Über der Tür meines Zimmers hing ein Kreuz. Ich blickte zum Kreuz und nahm das vollbrachte Werk Christi für mich in Anspruch und erklärte meinen Körper dank seines vollkommenen Werkes für gesund. Ich sprach meinen Anspruch auf das vollbrachte Werk Christi immer wieder aus.

Gemeinsam als Familie nahmen wir auch das Abendmahl*, und ich salbte mich mit Öl. Ich betete und beanspruchte Gottes Verheißungen aus Psalm 23,4–6.*

Am nächsten Tag konnte ich spüren, dass meine Kraft und meine motorischen Fähigkeiten zurückgekehrt waren. Als der Arzt morgens kam und mich untersuchte, bestätigte er, dass meine Kraft zu etwa 80 bis 85 Prozent zurückgekehrt war, und schickte mich zur Physiotherapie. Am dritten Morgen untersuchte mich der Arzt erneut und teilte mir mit, dass ich entlassen werden könne, da ich 95 Prozent meiner Kraft wiedererlangt hätte.

Bei meiner Nachuntersuchung wurde mir gesagt, ich könne zu meiner regelmäßigen Trainingsroutine zurückkehren. Nicht lange danach nahm ich an einem 18-Kilometer-Lauf teil und beendete ihn in etwas mehr als zwei Stunden.

Ich danke Gott für meine schnelle Genesung und Ihnen, Pastor Prince, dass Sie darüber lehren, das Abendmahl zu nehmen und das Salböl anzuwenden, um geheilt zu werden, und dass Sie Woche für Woche die Gnade predigen.

Ich gebe Jesus alle Ehre! Amen.

Zach erlitt einen Schlaganfall und machte die erschreckende Erfahrung, dass er in einer Körperhälfte die Kraft verlor. Ein Schlaganfall kann zu dauerhaften Schäden im Körper führen, aber gelobt sei der Herr, denn Zach erholte sich sehr schnell, und ich glaube fest daran, dass das dem Schutz und der Heilungskraft des Herrn zu verdanken war.

Ich möchte aber, dass du hier etwas Bestimmtes siehst: Zach war völlig perplex, dass er einen Schlaganfall erleiden konnte, obwohl er fast täglich Sport trieb und auf seine Ernährung achtete. Letztendlich konnte sich Zach nicht auf seine Ernährung und Bewegung verlassen. Er konnte nur zum Kreuz schauen und sich auf das vollbrachte Werk Christi verlassen. Und das ist auch unsere einzige Sicherheit! Ist dir aufgefallen, dass Zach sagte, sein Körper sei dank des vollkommenen Werkes Jesu gesund (und nicht wegen seines disziplinierten Lebensstils)?

Wenn du dich gerade mit einer Krankheit konfrontiert siehst, darf ich dich ermutigen, das Gleiche zu tun, was Zach getan hat? Ich freue mich natürlich, dass Zach so rasch genesen ist, aber wenn es bei dir nicht so sein sollte und deine Prognose unverändert düster ist, bleib trotzdem auf dem vollbrachten Werk Christi stehen. Sprich weiterhin sein Wort über dich selbst aus und danke dem

Herrn für seine Verheißungen. Lies selbst, an welchen Zusagen Zach sich nach seinem Schlaganfall festhielt:

Auch wenn ich durch das dunkle Tal des Todes gehe,
fürchte ich mich nicht, denn du bist an meiner Seite.
Dein Stecken und Stab schützen und trösten mich.
Du deckst mir einen Tisch vor den Augen meiner Feinde.
Du nimmst mich als Gast auf und salbst mein Haupt mit Öl.
Du überschüttest mich mit Segen.
Deine Güte und Gnade begleiten mich alle Tage meines Lebens,
und ich werde für immer im Hause des Herrn wohnen.
— Psalm 23,4–6 NLB

Sei dir gewiss, dass du selbst dann, wenn du durch ein dunkles Tal gehst und der Schatten des Todes über dir schwebt, keine Angst haben musst, denn der Herr ist *bei dir.*

Sieh, wie der Herr vor den Augen deiner Feinde den Tisch für dich deckt. Beachte dabei, dass der Herr dir den Tisch *in Anwesenheit* – nicht in Abwesenheit – deiner Feinde deckt. Der Apostel Paulus bezeichnete das Abendmahl als »Tisch des Herrn« (1Kor 10,21). Das heißt, selbst wenn die Symptome in deinem Körper und auch die Schmerzen noch da sind, will der Herr, dass du an seinen Tisch kommst und isst. Iss von allem, was unser Herr Jesus am Kreuz für dich getan hat, indem du das Abendmahl nimmst. Sein Körper wurde zerschlagen, damit deiner heil sein kann.

Fürchte dich nicht, denn der Herr ist bei dir.

Es liegt in der menschlichen Natur, *erst dann* ein Festessen zu bereiten und zu feiern, wenn wir sehen, dass unsere Probleme gelöst und unsere Feinde beseitigt sind. Aber Gott will, dass du es anders machst. Er liebt dich so sehr, und im Moment sagt er zu dir: »Ruh dich aus. Setz dich hin. Iss. Denn ich werde deine Schlacht schlagen. Ich werde deine Feinde besiegen!« Sieh mit jedem Bissen, den du isst, wie du übernatürlich kräftiger wirst. Sieh, wie der Tumor schrumpft und verschwindet. Sieh, wie seine Gesundheit in deinen Körper hineinfließt.

Hab keine Angst vor deinen Feinden. Sie mögen dich umzingeln, aber du kannst mit Freude vom Tisch des Herrn essen, in dem Wissen, dass dir seine Güte und Barmherzigkeit und seine unfehlbare Liebe alle Tage deines Lebens folgen werden! Wenn du das hebräische Wort für »begleiten« oder »folgen« in Psalm 23,6 nachschaust, wirst du sehen, dass es *radaf* lautet, und *radaf* bedeutet »nachjagen, verfolgen, nachgehen«.[12] Sieh, wie die Güte und Liebe deines Papa-Gottes dich verfolgen, wohin du auch gehst. Auch wenn du dich einer Operation, Chemotherapie oder einer Organtransplantation unterziehen musst, ist er immer für dich da. Im Operationssaal ist er da. Auf der Intensivstation ist er da. Hab keine Angst – er ist bei dir und deine Feinde haben *keine Macht* über dich!

3.

KEINE SCHWACHEN, KEINE KRANKEN

Ich bin überzeugt: Je tiefer du in das Thema eintauchst und je besser du die Heilkraft des Abendmahls verstehst, desto stärker wird dein Glaube und dein Wunsch, alles zu empfangen, was der Herr für dich hat. Mit wachsender Offenbarung kommt auch der Glaube. Der Glaube ist kein Kampf. Je mehr du Jesus erkennst, desto mehr Glauben wirst du haben. Ich bete in diesem Moment, dass du Jesus und all das, was er für dich am Kreuz getan hat, in einem neuen Licht sehen wirst, wenn ich dir gleich einige wunderbare und kraftvolle Wahrheiten in Zusammenhang mit dem Passahmahl enthülle. Ich weiß, dass sie deinen Glauben stärken werden, damit du deine Heilung empfangen kannst. Vielleicht wirst du erstaunt sein, wenn du entdeckst, dass das Passahmahl, das die Kinder Israels in Ägypten aßen, unsere heutige Abendmahlsfeier bildlich vorwegnahm – und dass beide auf das am Kreuz vollbrachte Werk hinweisen!

Eine Erinnerung an das erste Passahmahl

Als ich vor ein paar Jahren mit einigen meiner Pastoren in Israel war, wurde ich von einem lieben Freund dazu eingeladen, gemeinsam mit ihm und seiner Familie das jüdische Passahfest zu feiern.

Sie sind messianische Gläubige, die durch das Evangelium der Gnade vollständig verändert wurden, und es war ein großes Privileg für meine Pastoren und mich, mit ihnen am Passahmahl teilzunehmen. Die Tatsache, dass wir in Israel waren, machte es für mich noch außergewöhnlicher, und ich schätzte die Zeit sehr, die wir als Familie von Gläubigen miteinander verbrachten.

Bei diesem Passahmahl fiel mir besonders die Frage auf, die die Kinder am Tisch den Erwachsenen stellten: »Warum ist diese Nacht anders als alle anderen Nächte?« Sie folgten damit einer Tradition des jüdischen Volkes, mündlich überliefertes Wissen von Generation zu Generation weiterzugeben. Wichtiger noch, diese Frage bot den Älteren die Gelegenheit, der nächsten Generation zu erzählen, wie der Herr die Kinder Israels aus der Sklaverei und Gefangenschaft befreit hatte.

Je mehr du Jesus erkennst,
desto mehr Glauben wirst du haben.

Die Erwachsenen erzählten den Kindern, wie ihre Vorfahren Zeugen der verschiedenen Plagen wurden, die über Ägypten kamen. Wie sie erlebten, dass aus allen Flüssen, Teichen und Bächen Frösche hüpften, die das ganze Land Ägyptens bedeckten, oder dass der Staub zu Mücken wurde, die über die Ägypter herfielen, oder auch, wie Heuschreckenschwärme das Land verwüsteten und die gesamte Ernte auffraßen. Du kannst dir sicher das erstaunte Keuchen der Kinder und den begeisterten Ausdruck auf ihren Gesichtern vorstellen, als sie von dem Rettungsplan des Herrn zur Befreiung seines Volkes hörten, nachdem sich der Pharao wiederholt geweigert hatte, sie zu freizulassen (2Mo 7–11).

Dann erzählten die Erwachsenen den Kindern, wie der Herr die Israeliten angewiesen hatte, für jeden Haushalt ein makelloses Lamm auszuwählen. Der *Körper* des Lammes sollte gebraten und mit ungesäuertem Brot und bitteren Kräutern gegessen werden. Das *Blut* dieses Lammes sollte auf den Sturz und die beiden Türpfosten am Eingang ihrer Häuser gestrichen werden (2Mo 12,22). Ich habe mein Team gebeten, eine Zeichnung davon anzufertigen, wie die Israeliten das Blut aufgetragen haben müssen. Kannst du erkennen, dass das Blut, wenn es so aufgetragen wurde, ein Bild vom Kreuz ergab?

Das Auftragen des Lammblutes auf den Sturz und die zwei Türpfosten (obere Abbildung) ließ ein Bild des Kreuzes entstehen (untere Abbildung).

Die Älteren erzählten, wie der Todesengel um Mitternacht durch Ägypten ging und wie die Schreie der ägyptischen Unterdrücker überall im ganzen Land zu hören waren, als jeder erstgeborene Sohn – auch der des mächtigen Pharaos – getötet wurde.

Die Kinder hörten, wie sich ihre Vorfahren in ihren Häusern zusammenkauerten, während dies geschah. Einige von ihnen freuten sich und waren voller Erwartung, weil sie wussten, dass dies die Nacht war, in der sie endlich von jahrelanger erdrückender Sklaverei befreit würden. Andere wiederum hatten Angst, dass der Zerstörer auch ihre Häuser heimsuchen würde. Doch wie ihre Gemütsverfassung auch aussah, der Tod *ging* an ihren Häusern *vorbei*, sofern das Blut des Lammes auf ihren Türpfosten und Stürzen war. Noch in derselben Nacht gab der Pharao seinen starrsinnigen Widerstand auf und ließ die Kinder Israels endlich gehen. Und so begann ihr Auszug aus dem Land Ägypten. Sie waren frei.

Schattenbild gegenüber greifbarer Substanz

Jedes Jahr feiern Juden auf der ganzen Welt die Ereignisse in jener Nacht des ersten Passahfestes, als der Herr sie auf so mächtige Weise rettete. Dazu gehören ein sorgfältig zubereitetes Festmahl im Familienkreis und die Einhaltung bestimmter Traditionen. Aber weißt du was? Das Passahfest war nur ein *Bild* dessen, was unser Herr Jesus am Kreuz noch vollbringen sollte, wenn er die Menschheit aus der Sklaverei eines mächtigeren Pharaos – Satan – befreien würde!

Was die Kinder Israels hatten, war nur der Schatten. Was wir unter dem neuen Bund haben, der durch Jesu vergossenes Blut eingeführt wurde, ist die Substanz. Es war kein Zufall, dass unser Herr Jesus das Abendmahl in der Nacht einführte, in der er das Passahfest feierte (Mt 26,17–29; Mk 14,12–25; Lk 22,7–20). Der

Apostel Paulus bezeichnete ihn als »unser Passahlamm, Christus« (1Kor 5,7 ELB), weil sein Opfer am Kreuz die Erfüllung und die Fülle des Passahfestes war, das die Kinder Israels schon seit Generationen feierten.

»Warum ist diese Nacht anders als alle anderen Nächte?«

Wie ich schon erwähnte, fragen die Kinder jedes Jahr während der Passahfeierlichkeiten ihre älteren Verwandten: »Warum ist diese Nacht anders als alle anderen Nächte?«

Wenn du das Abendmahl nimmst, stelle dir die gleiche Frage: *Warum ist diese Nacht anders als alle anderen Nächte?*

Es mag vielleicht nicht Nacht sein, wenn du das Abendmahl nimmst. Aber wenn du es nimmst, erinnere dich daran, was passierte, als unser Herr Jesus ans Kreuz genagelt zwischen Himmel und Erde hing, abgelehnt von Menschen und verworfen von Gott. Als Jesus geboren wurde, wurde die Mitternacht zum hellen Mittag, als Engel den Himmel erfüllten und die Herrlichkeit Gottes überall leuchtete (Lk 2,8–11). Doch als Jesus für dich und mich am Kreuz hing, wurde der Mittag zur Mitternacht, weil Dunkelheit das Land bedeckte (Mt 27,45). Selbst wenn du eine dunkle Zeit durchmachst, sei unbesorgt. Dein Retter ging durch die Dunkelheit, damit du immer in seinem wunderbaren Licht stehen (1Petr 2,9) und sehen kannst, wie die Sonne der Gerechtigkeit aufgeht mit Heilung unter seinen Flügeln (Mal 4,2 NKJV).

Aufgrund dessen, was an diesem Tag am Kreuz geschah, kannst du Gott vertrauen, dass er dich von der Krankheit befreit, die dich gefesselt hält. Du kannst ungehindert den Segen eines Lebens in Fülle, Gesundheit und Kraft empfangen. Du kannst in dem Wissen ruhen, dass du mit seinem schützenden Blut gekennzeichnet und bedeckt bist und dass sich deiner Behausung keine Plage nähern darf. Du kannst das Vertrauen haben, dass derselbe Gott, der eine ganze Nation von Unterdrückung befreit hat, *für dich* kämpft. Und wenn Gott für dich ist, können sich keine Krankheit, kein Virus und kein medizinisches Problem gegen dich behaupten (Röm 8,31)!

Sieh in deiner dunklen Situation die Sonne der Gerechtigkeit aufgehen mit Heilung unter seinen Flügeln.

Geheilt durch das Essen des Lammes

Weißt du, was geschah, als die Kinder Israels das Passahlamm aßen? Gott befreite die Israeliten von massiver Unterdrückung und holte sie aus ihrer Gefangenschaft. Aber das war noch nicht alles. Er führte sie »sicher aus Ägypten heraus, mit Silber und Gold beladen; *nicht einmal Schwache oder Kranke gab es unter ihnen*« (Ps 105,37 NLB).

In 2. Mose 12,37 wird davon berichtet, dass etwa sechshunderttausend Männer in der Nacht des Auszugs Ägypten verließen. Rechnet man aber noch Frauen und Kinder dazu, wurden in dieser Nacht nach Schätzung von Gelehrten etwa zwei bis drei Millionen Israeliten freigelassen.[13]

Keiner von ihnen – nicht ein einziger – kam schwach oder krank aus der Gefangenschaft heraus!

Kein Kranker, keiner, der stolperte, nicht einer, dem es an Kraft fehlte oder der seine Beweglichkeit eingebüßt hätte, und das trotz all der jahrelangen harten und schweren Arbeit, die sie unter ihren Sklavenherren hatten ertragen müssen (2Mo 1,13–14). Im Gegensatz zu einigen filmischen Darstellungen des Exodus wurde niemand auf einer Trage hinausgebracht und keiner humpelte langsam aus Ägypten hinaus. Meine Bibel sagt, dass es *keine Schwachen oder Kranken* gab!

Übrigens, man muss nicht krank sein, um die Vorzüge des Abendmahls zu genießen. Selbst wenn dir körperlich nichts fehlt, kannst du vertrauensvoll ein größeres Maß an Gesundheit erwarten. Ob du das Abendmahl nun zur Heilung deines Körpers nimmst oder einfach nur allgemein zur Stärkung – eines solltest du erkennen: Du kannst im Glauben übernatürliche Gesundheit erwarten, wie sie die Kinder Israels erfuhren, als sie vom Passahlamm aßen. Diejenigen, die krank waren, kamen geheilt heraus. Diejenigen, die schwach waren, kamen gestärkt heraus. Und diejenigen, die schon kräftig waren, gewannen noch an Kraft hinzu!

Übernatürliche Gesundheit durch das Passahmahl

Ich möchte, dass du an die Knochenarbeit denkst, zu der die Israeliten gezwungen wurden, und an die Schläge und Peitschenhiebe, die sie erlitten haben. Ganz zu schweigen von der Mangelernährung durch das armselige Essen, das sie sich vermutlich irgendwie zusammenkratzen mussten. Dazu noch die erbärmlichen Lebensbedingungen, denen sie ausgesetzt gewesen sein müssen.

Glaubst du, dass es in einem solchen Volk von Sklaven auf natürliche Weise möglich gewesen wäre, dass alle stark und völlig gesund waren? Natürlich nicht. Und da es so viele waren, muss es auch ältere Sklaven gegeben haben. Wie ist es also möglich, dass die Bibel verzeichnen konnte, dass es »keine Kranken oder Schwachen« gab?

Ich gehe davon aus, dass in der Nacht des Passahfestes, als sie das gebratene Lamm aßen, etwas mit ihren Körpern passierte.

Ich glaube, dass viele von ihnen vor dieser Nacht schwach und kränklich *waren*. Aber dann *geschah etwas*, das alle Folgen der dauerhaften Überlastung des Bewegungsapparates, der Verletzungen durch Arbeitsunfälle sowie die Auswirkungen altersbedingter Beschwerden und diverser umständebedingter Infektionskrankheiten umkehrte. In dieser Nacht *geschah etwas*, das sie auf übernatürliche Weise gesund werden ließ. Die Kinder Israels wurden mit göttlicher Kraft für den vor ihnen liegenden Weg erfüllt, von dem Gott wusste, dass er lang sein würde. Und ich glaube, dass ihre Jugend erneuert wurde wie bei einem Adler (Ps 103,5; Jes 40,31).

Wenn das mit den Kindern Israels geschehen konnte, obwohl sie nur ein natürliches Lamm hatten (das Schattenbild des wahren Lammes Gottes, das du und ich haben), wie viel mehr noch sollten wir erleben, dass unsere Körper geheilt, unsere Kraft verjüngt und jede Schwäche umgekehrt wird, wenn wir das Abendmahl nehmen? Wir haben das *wahre* Lamm Gottes, die *Substanz* und die *Realität* dieses Schattenbildes, an das die Israeliten glaubten. Für uns sollte daher *noch viel mehr* gelten, dass wir keine Schwachen und Kranken unter uns haben!

Deine Freiheit ist in greifbarer Nähe. Durch das Abendmahl wirst du immer stärker und gesünder.

Es mag heute keine physischen Ketten geben, die dir deine Freiheit nehmen, und auch keine brutalen Sklavenhalter, die dich mit der Peitsche antreiben. Aber vielleicht hält dich seit Jahren eine chronische Krankheit gefangen. Vielleicht quälen dich wiederkehrende Symptome und bereiten dir anhaltende Schmerzen. Wenn du das Abendmahl nimmst, dann sieh dich selbst, wie du Jesus, das wahre Passahlamm, zu dir nimmst. Auch wenn du keine unmittelbaren Erfolge siehst, nimm es weiterhin. Nimm es in dem Bewusstsein, dass deine Freiheit in greifbare Nähe rückt. Und während du es nimmst, halte dir vor Augen, dass du dabei immer stärker und gesünder wirst.

Ein geheilter Rücken direkt nach Einnahme des Abendmahls

Dalene aus Pennsylvania erlebte die Heilkraft des wahren Lammes Gottes, als sie das Abendmahl nahm. Ich bete, dass dich ihr Zeugnis ermutigt:

Am Mittwoch bei der Arbeit bekam ich heftige Schmerzen im Rücken und mir wurde übel. Ich ging nach Hause und schlief den Rest des Nachmittags und die ganze Nacht hindurch bis spät am nächsten Morgen.

Als ich aufwachte, tat mein Rücken noch immer sehr weh, weshalb ich mir Ihr Predigtvideo über das Abendmahl ansah. Das baute meinen Glauben auf, sodass ich glauben konnte, dass diese Quälerei und die Schmerzen bereits von Jesus in seinem eigenen Körper getragen wurden.

Als ich das Abendmahl nahm, sah ich, wie Jesus mir das Brot gab und zu mir sagte: »Dies ist mein Körper.« Ich aß und stellte mir die Veränderungen in meinem Körper vor, während ich seine Heilung empfing. Ich sagte mir, wenn Israel durch ein gebratenes Lamm gestärkt und belebt werden konnte, wie viel sicherer war es dann, dass das Lamm Gottes eine Tochter

Gottes heilen würde. Mein Rücken wurde sofort geheilt, der Druck wich von mir und mir ging es wieder gut. Ehre sei Gott!

Die Gnadenbotschaft hat mein Leben in praktisch jedem Bereich verändert. Vielen Dank, dass Sie Gottes Botschaft predigen.

Preis dem Herrn!

Darf ich übrigens deine Aufmerksamkeit darauf lenken, dass Dalene sich ein Video mit einer Lehrbotschaft über das Abendmahl ansah, *bevor* sie es selbst nahm? Wenn du dir von Gott Heilung erwartest, möchte ich dich ermutigen, es wie Dalene zu machen und dir erst eine Lehrbotschaft über das Abendmahl anzusehen, bevor du es nimmst. Möge dein Glaube beim Zuhören oder Zuschauen so sehr aufgebaut werden, dass du *alles* empfangen kannst, was der Herr für dich getan hat. Und ich wünsche dir, dass du Heilung und Freiheit von jeglicher Bedrängnis erfährst.

Vergebung, Gerechtigkeit und Schutz durch sein Blut

Vor dem Passahmahl sagte Gott zu den Kindern Israels: »Und *wenn ich das Blut sehe*, dann werde ich verschonend an euch vorübergehen; und es wird euch keine Plage zu eurem Verderben treffen, wenn ich das Land Ägypten schlagen werde« (2Mo 12,13).

Vielleicht bist du beunruhigt, weil Ärzte bei deinem letzten Gesundheitscheck etwas Auffälliges festgestellt haben. Oder vielleicht sind einige deiner Verwandten einer bestimmten Krankheit erlegen und du hast Angst, dass du der Nächste sein könntest.

Mein Freund, du sollst eines wissen: *Du brauchst keine Angst zu haben.*

Unter den Kindern Israels hatten diejenigen, die in ihren Häusern zitterten, als der Todesengel durch das Land zog, unnötig Angst. Sie hätten sich die Tränen und Ängste ersparen können, nicht nur weil ihre Angst ohnehin nichts geholfen hätte, sondern weil das Blut des Lammes sich bereits auf ihren Türpfosten befand. Sie wurden nicht deshalb vor der Vernichtung bewahrt, weil sie Israeliten waren oder weil sie sich besonders gut verhalten oder etwas Bestimmtes getan hatten. Sie wurden nur dank einer Sache gerettet – dank dem Blut des Lammes. Genauso wurdest auch *du* durch das Blut des Lammes gerettet. Wenn du gläubig bist, kannst du auf das Blut an den Türpfosten deines Lebens vertrauen und zuversichtlich sein. Finde deine Ruhe im Lamm!

Außerdem war das Lamm, das auf Golgatha für dich gestorben ist, kein gewöhnliches Lamm. Es war das wahre Lamm Gottes, das die Sünde der Welt wegnimmt (Joh 1,29). Das Blut, das für dich vergossen wurde, war nicht das Blut eines natürlichen Lammes, sondern das königliche Blut, das durch Immanuels Adern fließt. Das Kreuz überdauert die Zeit, und an jenem Tag hat sein Blut dich von jeder Sünde befreit – vergangene, gegenwärtige und zukünftige. Nicht wegen deiner guten Taten, sondern wegen seines Blutes ist dir vollkommen vergeben (Eph 1,7).

Hör auf, dich wegen der Fehler und Versäumnisse in deinem Leben von seiner Heilung auszuschließen. Hör auf, den Lügen des Feindes zu glauben, du hättest es nicht verdient, geheilt zu werden, weil du so viel falsch gemacht hast oder weil du nicht oft genug in die Kirche gegangen bist. Wenn Gott dich ansieht, sieht er dich nicht in deinen Fehlern und Schwächen. Er sieht dich in seinem Sohn, weil du *in Christus* bist. Und weil du in Christus bist, bist du in dem Geliebten vollkommen angenommen (Eph 1,6), und *du bist bereits* mit jedem geistlichen Segen gesegnet (Eph 1,3). Das bedeutet, dass Gott dich selbst dann, wenn es in deinem Körper noch Symptome gibt, bereits als geheilt betrachtet. Wenn du das Abendmahl nimmst, fang an, dich so zu sehen, wie Gott dich sieht. Sieh dich selbst als geheilt, gesund und mit göttlicher Kraft und Leben erfüllt.

Jedes Mal, wenn du den Kelch des neuen Bundes nimmst, der in seinem Blut geschlossen wurde (1Kor 11,25), sei dir bewusst, dass das Blut Jesu unter dem neuen Bund »Besseres redet als das Blut Abels« (Hebr 12,24). Abels Blut rief nach Rache (1Mo 4,10). Das Blut Jesu ruft deine Erlösung (Eph 1,7; 1Petr 1,18–19), deine Rechtfertigung (Röm 5,9), deinen Sieg über den Feind (Offb 12,11) und noch so viel mehr aus!

Jesu Blut ruft deinen Sieg über den Feind aus.

Jesu Blut ist der Grund, weshalb Gott dir, als du Jesus als deinen Herrn und Retter annahmst, augenblicklich seine Gerechtigkeit zuerkannte. Es gibt zwischen dir und Gott keine Barriere mehr (Eph 2,13). Du kannst zuversichtlich zu Gott kommen. Du kannst dich ihm nähern, um Hilfe zu bekommen, wenn du sie brauchst (Hebr 4,16; 10,19–22). Egal, welche Herausforderungen du zu meistern hast, ob es deine Gesundheit, deine Emotionen, deine Finanzen oder deine Beziehungen sind, du musst sie nicht allein bewältigen. Der Schöpfer des ganzen Himmels und der Erde nennt dich sein eigenes kostbares Kind (Joh 1,12; 1Joh 3,1). Und wenn das Blut eines Tieres die Kinder Israels vor der Plage schützen konnte, *wie viel mehr* wird das heilige, sündlose Blut des Sohnes Gottes dich vor der Vernichtung bewahren und dich vor jeder Krankheit schützen? Ich sage damit nicht, dass du als Gläubiger nie krank werden wirst. Leider leben wir in einer gefallenen Welt. Aber wenn du krank wirst, hast du das bluterkaufte Recht, zu erklären, dass du durch die Striemen, die dein Retter ertragen hat, geheilt bist. Du hast das bluterkaufte Recht, Gesundheit und Wohlbefinden als dein Erbteil einzufordern.

Wie man vom Lamm isst

Liebst du es auch so, Jesus im Passahmahl zu entdecken? Ich bin fest davon überzeugt, je mehr du von ihm im Passahmahl siehst, desto stärker wirst du Heilung und Befreiung erleben. Blättere nicht achtlos durch das zweite Buch Mose, weil du es als historische Aufzeichnung eines Ereignisses betrachtest, das vor ein paar tausend Jahren geschah. Ich selbst liebe die kleinen Details, die der Heilige Geist festgehalten hat, und ich glaube, wenn du dir die Zeit nimmst, die Bibel zu erkunden, werden die Augen deines Verständnisses geöffnet und du wirst Offenbarungen von Jesus entdecken, die du noch nie zuvor gesehen hast.

Achte zum Beispiel auf Gottes Anweisungen, *wie* die Israeliten das Passahlamm essen sollten:

> *Und sie sollen das Fleisch in derselben Nacht essen: am Feuer gebraten, mit ungesäuertem Brot; mit bitteren Kräutern sollen sie es essen. Ihr sollt nichts davon roh essen, auch nicht im Wasser gekocht, sondern am Feuer gebraten, sein Haupt samt seinen Schenkeln und den inneren Teilen. — 2. Mose 12,8–9*

Die Kinder Israels wurden angewiesen, das Passahlamm *nicht roh* zu essen. Inwiefern betrifft das uns? Wenn wir das Abendmahl feiern, sollten wir uns nicht auf das Leben unseres Herrn Jesus in dessen Rohform konzentrieren, noch bevor er durch das Feuer von Gottes Gericht am Kreuz »verbrannt« wurde. Wir sollten ihn nicht als Baby in der Krippe sehen oder so, wie er in den Evangelien *vor* dem Kreuz festgehalten wurde. Ebenso wenig solltest du Jesus nur als moralische Leitfigur oder als großartigen Lehrer betrachten.

Es stimmt natürlich, dass er die Heilige Schrift auslegen konnte wie kein anderer, schließlich ist er ihr Autor. Aber er ist nicht nur ein Lehrer, sondern auch der fleischgewordene Gott. Er ist Immanuel, Gott mit uns. Und ja, er lebte ein makelloses Leben, aber es war nicht sein makelloses Leben, was uns rettete. Das taten sein Opfer und sein Tod am Kreuz. Mit anderen Worten, wir müssen ihn »am Feuer gebraten« sehen. Genau damit sollten wir uns beschäftigen, wenn wir das Abendmahl nehmen.

Du hast das bluterkaufte Recht, Gesundheit und Wohlbefinden als dein Erbteil einzufordern.

Sieh, wie Jesus um deinetwillen litt

Den Kindern Israels wurde auch gesagt, sie sollten das Lamm »nicht im Wasser gekocht« essen (V. 9).

Ich verstehe das so, dass wir das, was Jesus für uns am Kreuz getan hat, nicht verwässern oder säubern bzw. zensieren sollten. Viele traditionelle Filme und Gemälde von Jesus am Kreuz zeigen ihn sehr sauber aussehend, mit kleinen Wunden und nur ein paar Tropfen Blut.

Aber das stimmt überhaupt nicht mit dem überein, was mit unserem Herrn Jesus wirklich gemacht wurde. Solche Darstellungen beschönigen, was er für dich und mich tatsächlich durchgemacht hat. Als er am Kreuz hing, war sein Gesicht wegen der Peitschenhiebe und Schläge, die er erlitten hatte, bis zur Unkenntlichkeit entstellt, wie die Bibel sagt. Er sah nicht mehr wie ein Mensch aus (Jes 52,14), er war so verunstaltet, dass es nichts Schönes mehr an ihm gab (Jes 53,2).

Denke beim Abendmahl über Jesu Opfer und seinen Tod am Kreuz nach.

Kein Film kann jemals darstellen, wie Jesus am Kreuz tatsächlich aussah. Das ist einfach unbegreiflich. Wann immer du das Abendmahl nimmst, stell dir Jesus am Kreuz vor und denk darüber nach, wie er um deiner Vergebung und Heilung willen litt. Mach dir bewusst, wie verunstaltet und entstellt er war, damit du in jeder Hinsicht herrlich sein kannst.

Jesus ertrug das Feuer von Gottes Gericht

Gott sagte den Kindern Israels auch, sie sollten das Lamm »am Feuer gebraten« essen. Das ist ein Bild vom Feuer des Gerichts Gottes, das über Christus kam. Das nächste Mal, wenn du das Abendmahl nimmst und das Brot in der Hand hältst, sieh seinen Körper am Kreuz, »verbrannt« und mit unseren Krankheiten geschlagen, sieh, wie Gott seine heilige Vergeltung und seinen gerechten Zorn über unsere Sünden im Körper seines Sohnes entfesselt. Die Sünde musste bestraft werden, und Jesus nahm alles auf sich, damit du und ich die Strafe nicht ertragen müssen.

Am Kreuz hat Jesus unsere Sünden nicht einfach nur *genommen*, sondern er *wurde* zur Sünde, damit wir in ihm zur Gerechtigkeit Gottes werden könnten (2Kor 5,21). Er nahm auch unsere Leiden und trug unsere Krankheiten an seinem eigenen Körper (Jes 53,4; Mt 8,17). Jeden Tumor, jede Krebszelle, jede Missbildung, jede rheumatische Arthritis und jede andere Art von Krankheit nahm er am Kreuz auf sich selbst.

Und als Jesus am Kreuz hing, rief er: »Mich dürstet!« (Joh 19,28). Weißt du, warum er Durst hatte? Weil das Feuer von Gottes heiliger Vergeltung und seines gerechten Zorns auf ihn fiel. Er kam unter das Gericht Gottes, damit du und ich *niemals* unter das Gericht Gottes kommen würden (Röm 5,9–11). Weil unsere Sünden im Körper unseres Stellvertreters bestraft wurden, wäre es ungerecht, wenn Gott dieselben Sünden zweimal bestrafen würde. Heute sind Gottes Heiligkeit und seine Gerechtigkeit auf unserer Seite und fordern unsere Rechtfertigung, fordern unsere Vergebung, fordern unsere Heilung und fordern unsere Befreiung.

Jesus kam unter das Gericht Gottes, damit du und ich als Gläubige das ***niemals*** *müssen.*

Erwarte körperliche Befreiung, wenn du das Abendmahl nimmst

Ich finde es auch so toll, auf welche Weise die Kinder Israels das Passahlamm nach Gottes Anordnung essen sollten:

> *So sollt ihr es aber essen: eure Lenden umgürtet, eure Schuhe an euren Füßen und eure Stäbe in euren Händen.*
> *— 2. Mose 12,11*

Warum mussten sie mit dem Gürtel um die Hüfte, Sandalen an den Füßen und dem Stab in der Hand essen? Gott sagte ihnen damit, dass sie noch während sie das gebratene Lamm aßen, schon *bereit* für ihre *körperliche* Befreiung sein sollten.

Genauso sollten wir das Abendmahl im Glauben und voller Erwartung nehmen. Wir sollten erwarten, dass unser Wunder geschieht, dass unsere Befreiung bevorsteht. Die Israeliten machten es so, und sie kamen heraus, ohne dass einer von ihnen krank oder schwach gewesen wäre. Ich möchte erleben, wie das in meiner Gemeinde, bei dir und jedem anderen geschieht. Wir sind vielleicht noch nicht an dem Punkt angekommen, dass wir »keine Schwachen« mehr unter uns finden, aber ich glaube, wir sind auf dem Weg dorthin.

Selbst wenn du eine Krankheit oder Schmerzen in deinem Körper hast, nimm im Glauben das Abendmahl, danke dem Herrn dafür, dass du bereits geheilt *bist*, und erwarte, dass sich deine Heilung vollständig entfalten wird. Ich glaube, dass wir jedes Mal, wenn wir das Abendmahl nehmen, ein Stück gesünder und kräftiger werden!

Mach dich bereit für einen Neuanfang

Ich habe schon probiert, das Abendmahl auf diese Weise zu nehmen, aber es hat nicht funktioniert. Wenn das deine Gedanken sind, dann habe ich ein Wort für dich.

Es gibt einen Feind in deinem Leben, der dich in deiner Krankheit versklavt halten will. Der Feind will dich in einem Zustand der Verzweiflung halten. Du sollst dich so sehr auf deine Enttäuschungen konzentrieren, dass du Gottes Verheißungen für dich nicht ergreifen kannst. Das hat er auch den Kindern Israels angetan. Als Mose den Israeliten ankündigte, dass Gott sie aus ihrer Knechtschaft retten würde, »hörten [sie] nicht auf ihn«, wie die Bibel sagt, »weil sie so hart arbeiten mussten und jeglichen Mut verloren hatten« (2Mo 6,6–9 NLB).

Wenn du im Glauben das Abendmahl nimmst, erwarte, dass sich deine Heilung voll entfalten wird.

Aber du weißt, wie die Geschichte weiterging. Gott ließ sie nicht im Stich, obwohl sie sich weigerten, zuzuhören. Er wusste, dass sie sich in einem Zustand der Verzweiflung befanden, weil sie so lange unter dem Joch der Sklaverei gelitten hatten. Willst du wissen, wodurch die Kinder Israels Gott dazu brachten, sie auf so mächtige Weise zu retten? Ich möchte, dass du es selbst liest:

> *Und die Kinder Israels seufzten über ihre Knechtschaft und schrien. Und ihr Geschrei über ihre Knechtschaft kam vor Gott. Und Gott erhörte ihr Wehklagen, und Gott gedachte an seinen Bund mit Abraham, Isaak und Jakob. — 2. Mose 2,23–24*

Die Kinder Israels wurden dermaßen geschunden, dass sie nur noch ächzen und stöhnen konnten. Sie waren zu ausgelaugt, um schöne Gebete zu formulieren. Und wie die Bibel uns sagt, *erhörte Gott ihr Wehklagen* und erinnerte sich an seinen Bund mit Abraham, Isaak und Jakob.

Ich erzähle dir das, weil ich dich wissen lassen möchte, dass du keine beeindruckenden Glaubensbekenntnisse ausarbeiten musst und auch nicht erst etwas für Gott tun musst, bevor er dich hört. Jeder verzweifelte Ton gelangt zum Thron. Ein einfacher Seufzer von dir wird den Thronsaal deines Abbas im Himmel erreichen. Wenn schon das Seufzen der Kinder Israels den Bund aktivieren konnte, den Gott mit ihren Vorfahren geschlossen hatte, wie viel mehr wird dann dein Hilferuf erreichen, du Kind des Allerhöchsten!

Vielleicht hält dich dein körperlicher Zustand schon so lange gefangen, dass du nicht mehr zu hoffen wagst, denn, so meinst du, wer nicht hofft, kann auch nicht enttäuscht werden. Vielleicht denkst du, dass deine Gebete sowieso chancenlos sind, weil du einfach nicht »genügend Glauben« hast. Du hast vielleicht gehört, dass du frei von Zweifel im Herzen beten musst (Mk 11,23), aber wenn du an die Größe deines Tumors denkst oder an die Anzahl deiner Thrombozyten oder daran, wie weit sich die Krankheit ausgebreitet hat, dann steigt ganz automatisch Angst in dir auf.

Also hast du einfach mit dem Beten aufgehört. Hast aufgehört, zu hoffen. Aufgehört, zu glauben.

Wenn dir das nur allzu bekannt vorkommt, darf ich dich dann bitten, dem Herrn eine weitere Chance zu geben?

Jeder verzweifelte Ton gelangt zum Thron.

Als Gott den Israeliten erklärte, wie sie das erste Passahfest halten sollten, sagte er: »Von nun an soll dieser Monat der erste Monat des Jahres für euch sein« (2Mo 12,2 NLB). Dies zeugt von einem Neuanfang.

Vielleicht hattest du nie eine Offenbarung darüber, wie sehr der Herr Jesus gelitten hat, um für deine Heilung zu bezahlen. Vielleicht war dir nie bewusst, welche Kraft das Abendmahl enthält. Aber ich bete, dass das, was du hier erfährst, die Augen deines Verständnisses dafür öffnen wird, wie überwältigend groß seine Kraft für dich ist, und dass du verstehen wirst, dass dieselbe Kraft, die

Christus von den Toten auferweckt hat, auch für dich wirksam ist (Eph 1,18–20).

Ich möchte dich ermutigen, heute einen Schritt des Glaubens zu tun. Mach diesen Tag zum ersten Tag deines Neubeginns. Wenn du dein Vertrauen in das Lamm setzt, das für dich getötet wurde, fängst du noch einmal ganz neu an. Vergiss das, was war. Vergiss die Misserfolge und Enttäuschungen der Vergangenheit.

Dieselbe Kraft, die Christus von den Toten auferweckt hat, wirkt auch bei dir.

Ich möchte dich einladen, dein Vertrauen noch einmal ganz neu dem Einen zu schenken, der sein Leben für dich gegeben hat. Nimm das Brot und sage: »Danke, Herr Jesus. Du hast deinen Körper hingegeben und zerschlagen lassen, damit meiner heil sein kann. Ich erkenne, dass durch die Hiebe, die auf deinen Rücken fielen, mein Körper von Kopf bis Fuß geheilt ist.«

Dann nimm den Becher in die Hand und sage: »Herr Jesus, danke für dein kostbares Blut, das mich von jeder Sünde reingewaschen hat. Heute nehme ich das volle Erbe des Gerechten in Anspruch, das auch Schutz, Heilung, Gesundheit und Versorgung umfasst.«

Wenn du zum Tisch des Herrn kommst, vertraue darauf, dass du erlebst, was die Israeliten erlebten: Nachdem sie vom gebratenen Lamm gegessen hatten, kamen sie heraus, ohne dass einer von ihnen schwach oder krank gewesen wäre. Mein Freund, ich glaube mit dir an deinen Durchbruch. Der Feind will dich versklavt halten, aber der Herr will dich befreien!

4.

NICHT GEGEN DICH, SONDERN FÜR DICH

Ich habe dir nun schon einige Wahrheiten gezeigt und ich bete, dass sie in deinem Herzen ein Feuer entzünden. Möglicherweise fragst du dich aber, ob die Krankheit, gegen die du ankämpfst, doch irgendwie von Gott kommt. Vielleicht denkst du, dass er dich für etwas, was du getan hast, bestraft und dir damit eine Lektion erteilen will.

---

*Es ist **niemals** sein Plan, dass du oder dir nahestehende Menschen an Krankheiten leiden.*

Doch das sind Lügen und wenn du sie geglaubt hast, dann bist du dem Satan zum Opfer gefallen, der der große Verführer und der Vater der Lüge ist (Offb 12,9; Joh 8,44). Seine Vorgehensweise ist es, dich zu täuschen, und seine Hauptstrategie besteht darin, dich davon zu überzeugen, dass Krankheit tatsächlich von Gott kommt. Ich möchte dich in aller Deutlichkeit wissen lassen, dass dein himmlischer Vater dich liebt und dass er dich gesund sehen will. Er will nicht, dass dein Leben durch Krankheit verkürzt wird, und es war und ist *niemals* sein Plan, dass du oder dir nahestehende Menschen irgendwelche Krankheiten oder Leiden ertragen müssen.

Gott ist nicht darauf aus, dich zu vernichten

Ich möchte, dass du dir über Folgendes völlig im Klaren bist: Es gibt einen Feind, der dich vernichten will. Unser Herr Jesus sagte: »Der Dieb kommt nur, um zu stehlen, zu töten und zu verderben« (Joh 10,10). Satan ist ein Mörder (Joh 8,44) und ein Dieb, der darauf aus ist, dich zu bestehlen. Als Satan Adam und Eva im Garten Eden täuschte, kam die Sünde in die Welt. Aber wir Menschen verloren nicht nur unsere gerechte Stellung. Wir verloren auch unsere Beziehung zu Gott und unsere Zuversicht, dass sein Herz für uns schlägt. Stattdessen kamen Furcht und Verdammungsgefühle auf und raubten uns den Glauben und unser Vertrauen in einen guten Gott.

Und genau wie Satan Adam und Eva bestohlen hat, will er dir deine Gesundheit, deine Jugend und deine Freude stehlen. Er will jeden gehegten Traum zerstören und dich aus den Armen der Menschen in deinem Leben reißen. Er will dich töten, weil er weiß, dass auf deinem Leben eine Berufung und Bestimmung liegt, die nur du erfüllen kannst. Deshalb versucht er auf jede erdenkliche Weise, dich auszulöschen.

Wenn dir oder deinen Angehörigen Gesundheit, Finanzen oder familiäre Beziehungen geraubt werden, steckt *nie* Gott dahinter. Der Mensch wurde dazu geschaffen, alles zu genießen, was Gott zur Verfügung gestellt hat, und dazu gehört auch Gesundheit. Unser Herr Jesus sagte:

> *Ich bin gekommen, damit sie das Leben haben und es im Überfluss haben. — Johannes 10,10*

Kannst du sehen, wie er zu dir steht? Der Dieb kommt, um zu stehlen, zu töten und zu zerstören, aber unser Herr Jesus ist gekommen, um dir Leben zu geben und nicht einfach nur Leben, sondern »Leben im Überfluss«! Als Jesus das sagte, bezog er sich nicht nur auf das biologische Leben. Das griechische Wort für »Leben« an dieser Stelle lautet *zoe* und es geht dabei um die höchste Form des Lebens; es geht um das Leben, wie Gott es lebt.[14] Ihm reicht es nicht, dass du einen Puls hast und atmest. Er will sehr viel mehr für dich, und er ist gekommen, um dir eine Lebensqualität zu geben, wie Gott selbst sie besitzt, ein Leben, das über das normale menschliche Leben hinausgeht.

Jesus kam, um dir Leben zu geben. Und nicht nur Leben, sondern überfließendes Leben.

Wenn dir gesagt wurde, dass du jung sterben wirst oder nicht mehr lange zu leben hast, sollst du wissen, dass du diese Diagnose nicht akzeptieren musst. Danken wir Gott für Ärzte, die ihr Leben der Linderung von Schmerzen und Leiden gewidmet haben, aber bei allem Respekt: Ärzte haben nicht das letzte Wort in unserem Leben – das letzte Wort hat der allmächtige Gott.

Er ist das Alpha und das Omega, der Erste und der Letzte (Offb 22,13). Er kann jede düstere Diagnose, jedes Todesurteil außer Kraft setzen – und in seinem Wort hat er Folgendes versprochen:

Ich sättige ihn mit langem Leben und lasse ihn mein Heil schauen. — Psalm 91,16 ELB

Gott will nicht, dass du jung stirbst. Und er will auch nicht, dass du zwar ein langes, aber erbärmliches Leben führst. Er möchte, dass du ein langes, erfülltes Leben voll seiner Güte, Gesundheit und seines Friedens führst. Wenn du mit der Lebenslänge, die dir vorausgesagt wurde, nicht zufrieden bist, sag es ihm. Und übrigens, als er erklärte: »Ich sättige ihn mit langem Leben und lasse ihn mein Heil schauen«, war das hebräische Wort für »Heil« an dieser Stelle *Jeschua*, also der Name Jesu.[15] Gott wird dich mit einem langen, erfüllten Leben sättigen, bei dem du alle Segnungen genießt, die du in Christus hast, und das schließt Gesundheit, Wohlbefinden und Versorgung mit ein. Wie auch immer deine Umstände vielleicht gerade aussehen, halte trotzdem an seinen Verheißungen fest.

Gott will, dass du ein langes, zufriedenes Leben führst, das voll seiner Güte, Gesundheit und seines Friedens ist.

Jesus hat das Herz des Vaters für dich offenbart

Woher weißt du, dass es Gottes Wille ist, dich zu heilen? Sieh dir einfach an, was Jesus während seines irdischen Dienstes getan hat. Wenn wir Jesus betrachten, erkennen wir das Herz unseres himmlischen Vaters für uns, denn Jesus sagte: »Wer mich gesehen hat, hat den Vater gesehen« (Joh 14,9).

Was sehen wir Jesus durch alle Evangelien hindurch unermüdlich tun?

Und Jesus durchzog ganz Galiläa, lehrte in ihren Synagogen und verkündigte das Evangelium von dem Reich und heilte alle Krankheiten und alle Gebrechen im Volk. Und sein Ruf verbreitete sich in ganz Syrien; und sie brachten alle Kranken zu ihm, die von mancherlei Krankheiten und Schmerzen geplagt waren, und Besessene und Mondsüchtige und Lahme; und er heilte sie. — Matthäus 4,23–24

Und es kamen große Volksmengen zu ihm, die hatten Lahme, Blinde, Stumme, Krüppel und viele andere bei sich. Und sie legten sie zu Jesu Füßen, und er heilte sie. — Matthäus 15,30

Als aber die Sonne unterging, brachten alle, die Kranke hatten mit mancherlei Gebrechen, sie zu ihm, und er legte einem jeden von ihnen die Hände auf und heilte sie. — Lukas 4,40

In zahlreichen Berichten hält die Bibel fest, wie unser Herr Jesus »umherzog und Gutes tat und *alle heilte*, die vom Teufel überwältigt waren« (Apg 10,38). Er machte die Lahmen gehend und die Blinden sehend. Er öffnete taube Ohren. Er heilte Leprakranke. Er erweckte sogar Tote auf.

Und weißt du, was unser Herr Jesus über all das, was er tat, sagte? Er sagte: »Was ich zu euch gesprochen habe, das stammt nicht von mir. Der Vater, der immer in mir ist, vollbringt durch mich seine Taten« (Joh 14,10 GNB).

Dein himmlischer Vater möchte, dass du von jeder Krankheit vollständig geheilt bist.

Jesus sagte, dass *der Vater* derjenige sei, der (durch ihn) überall, wohin er ging, wunderbare Heilungswunder wirke. Kannst du erkennen, dass dein himmlischer Vater wirklich möchte, dass du von jeder Krankheit vollständig geheilt bist?

Der Teufel mag den Menschen das Vertrauen in einen guten Gott geraubt haben, doch als Jesus kam, stellte er nicht nur das Bild eines guten Gottes wieder her, sondern offenbarte uns Gott auch als liebenden Vater.

Dein Vater möchte, dass du geheilt bist

Als Vater schmerzt es mich immer, wenn meine Kinder krank sind. Meine erstgeborene Tochter Jessica ist jetzt erwachsen, aber als Baby hatte sie eine fiebrige Virusinfektion und ich erinnere mich, dass mir ihr jammervolles Weinen damals das Herz brach. Ich weiß noch, wie ich sie die ganze Nacht lang auf dem Arm hielt und für sie betete, während ich in ihrem Zimmer auf und ab ging. Solange sie krank war, fand ich keine Ruhe.

Ich wusch ihren fiebrigen Körper immer wieder mit einem Schwamm ab. Ich sang leise für sie, um sie zu beruhigen. Ich hasste das Fieber, das mein Baby vor Schmerzen krampfen ließ. Ich hätte alles getan, um ihr Unwohlsein zu lindern. Hätte ich ihr Fieber nehmen und es meinem eigenen Körper auferlegen können, hätte ich das gerne getan, damit sie keine Schmerzen hätte leiden müssen.

Was ich fühle, wenn es meinen Kindern nicht gutgeht, ist nur eine mikrokosmische Reflexion dessen, was unser himmlischer Vater für uns empfindet, wenn es uns nicht gut geht. Er will, dass wir voller Gesundheit und Leben sind. Er hasst Krankheiten und Leiden wegen dem, was sie uns antun. Aber es gibt einen Unterschied: Er war in der Lage, unsere Krankheiten zu nehmen und sie auf den Körper Jesu zu legen, als er am Kreuz hing, sodass wir sie nicht ertragen müssten. Das sagt uns die Bibel:

»Er hat unsere Gebrechen weggenommen und unsere Krankheiten getragen«. — Matthäus 8,17

Warum hat unser Herr Jesus das getan? Weil er uns so sehr liebt. Er konnte nicht ruhen, bis er unsere Erlösung, unsere Gesundheit und unser Wohlbefinden gesichert hatte. Schließlich, als er jede Sünde, jede Krankheit und jedes Leiden auf seinem eigenen Körper ertragen hatte, rief er: »Es ist vollbracht!« (Joh 19,30), und ruhte.

Er gibt dir Heilung als Geschenk

Jesaja 53,5 sagt uns, dass wir durch die Striemen Jesu geheilt sind. Jeder Hieb, den er ertrug, als er gegeißelt wurde, diente unserer Heilung. Er ließ freiwillig eine Wunde nach der anderen in seinen Körper reißen, damit du und ich gesund sein können. Glaube niemals der Lüge des Feindes, Gott wolle, dass du krank bist, oder Gott sei nicht bereit, dich zu heilen. Am Kreuz hat unser Herr Jesus ein für alle Mal gezeigt: Er will, dass du gesund bist.

Jeder Hieb, den er ertrug, diente unserer Heilung.

Die Bibel sagt uns sogar, dass es dem Herrn gefiel, ihn zu »zermalmen« (Jes 53,10 NASB). Ich fragte mich immer, inwiefern es dem Herrn gefallen haben konnte, seinen eigenen Sohn zu zermalmen. Eines Tages zeigte der Herr es mir: Meine Frau Wendy und ich waren in einem Einkaufszentrum und der Parkplatz, auf dem unser Auto stand, lag ein gutes Stück entfernt. Wir kauften an diesem Tag sehr viel ein und bevor wir uns versahen, hatten wir die Hände voll mit Einkaufstüten. Unterdessen war meine kleine Jessica, die damals süße zwei Jahre alt war, müde geworden und wollte getragen werden. Ich nahm sie mit einem Arm hoch, und sie war so erschöpft, dass sie fast augenblicklich an meine Schulter gelehnt einschlief.

Während wir zurück zu unserem Auto liefen, spürte ich, wie mein Arm einschlief, und mir wurde klar, dass das Auto viel weiter weg stand, als ich dachte. Es fühlte sich an, als würde mein Arm von einer Million Nadeln durchstochen, und ich wusste, dass ich den brennenden Schmerz stoppen konnte, indem ich Jessica einfach absetzte und sie den Rest des Weges zu Fuß gehen ließ. Aber sie schlief so tief und fest, dass ich mich nicht dazu überwinden konnte, sie abzusetzen. Ich liebte sie so sehr, dass ich bereit war, meinen Arm »zermalmen« zu lassen, damit mein kleiner Liebling weiter schlafen konnte.

Und plötzlich begriff ich, inwiefern es Gott gefallen konnte, Jesus zu zermalmen, der im selben Kapitel als der »Arm des Herrn« bezeichnet wird (Jes 53,1). Es gefiel dem Herrn wegen seiner großen Liebe zu dir und mir, seinen eingeborenen Sohn zu zermalmen. Nur so konnte Gott uns aus Sünde und Krankheit retten, und er entschied sich aus freien Stücken, seinen Sohn aufzugeben.

Heute kannst du die volle Gewissheit haben, dass Gott dich heilen will. Die Bibel sagt uns:

> *Er, der sogar seinen eigenen Sohn nicht verschont hat, sondern ihn für uns alle dahingegeben hat, wie sollte er uns mit ihm nicht auch alles schenken? — Römer 8,32*

Gott hat uns bereits das Beste des Himmels geschenkt, als er uns seinen geliebten Jesus gab. Was sind schon unsere vergänglichen Nöte, wenn er uns doch bereits ein Geschenk von ewigem Wert gemacht hat? Ganz gleich, was du brauchst, sei es finanzielle Versorgung oder Heilung für deinen Körper, verglichen mit dem Geschenk seines Sohnes ist das alles sehr viel unbedeutender. Wieso also sollte er dir mit ihm nicht auch diese Dinge schenken? Gott wird dir seine Heilungskraft nicht vorenthalten. Tatsächlich hat er den Preis für deine Heilung bereits bezahlt. Deine Aufgabe ist nur, weiter zu glauben und zu vertrauen, bis du deine Heilung voll entfaltet siehst.

Es ist nie Gottes Wille, dass du krank bist

Gott ist ein guter Gott, und er liebt uns so sehr. Deshalb kann ich nicht verstehen, warum es Leute gibt, die lehren, dass Gott uns durch Krankheit manchmal eine Lektion erteilen will oder dass wir »tüchtig beten« müssen, um Heilung von ihm zu bekommen. Kannst du dir vorstellen, dass ein irdischer Vater seinem eigenen Kind Leid zufügt? Musst du dazu überredet werden, die Schmerzen deines Kindes zu lindern? Es gibt sogar einige Leute, die behaupten, dass krank zu sein manchmal Gottes Wille für uns ist. Aber wenn ihre eigenen Kinder krank werden, tun sie alles, was in ihrer Macht steht, damit ihre Kinder wieder gesund werden. Wenn es wirklich Gottes Wille wäre, dass wir krank sind, wäre die Bemühung um Genesung ein bewusster Versuch, Gottes Willen zu entkommen!

Er hat den Preis bereits bezahlt. Deine Aufgabe ist nur, weiter zu glauben, bis du deine Heilung voll entfaltet siehst.

Wenn irdische, fehlbare Eltern das Beste für ihre Kinder wollen, wie viel mehr dann unser himmlischer Vater? Er will, dass wir stark und gesund sind und das Leben genießen. Unser Herr Jesus sagte es so: »Wenn nun ihr, die ihr böse seid, euren Kindern gute Gaben zu geben versteht, wie viel mehr wird euer Vater im Himmel denen Gutes geben, die ihn bitten!« (Mt 7,11).

Du wirst *kein* Beispiel dafür finden, dass Jesus einen Menschen angesehen und gesagt hätte: »Komm mal her. Du bist zu gesund. Hier hast du ein wenig Lepra.« Jesus hat auch zu niemandem gesagt: »Mein Vater bestraft dich, deshalb bist du krank.« Weißt du, warum? Weil Gott uns *keine* Krankheiten oder körperlichen Beschwerden gibt.

Jesus lehrte uns zu beten: »Dein Wille geschehe, wie im Himmel, so auch auf Erden« (Mt 6,10). Glaubst du, dass es im Himmel Tod oder Verfall gibt? Gibt es Krankenhäuser oder Friedhöfe im Himmel? Wenn Krankheit, Leiden und Tod Gottes Wille wären, wäre der Himmel voll davon. Aber wir wissen, dass er das nicht ist. Hören wir also auf zu glauben, dass Krankheit Teil von Gottes Willen ist. Sollte es in deinem Körper irgendein gesundheitliches Problem geben, möge diese Wahrheit jetzt in dein Herz eingebrannt werden: *Gott will, dass du gesund bist!*

Hör auf zu glauben, dass Krankheit Teil von Gottes Willen ist. Gott will, dass du gesund bist!

Ein Junge wird von Skoliose geheilt

Ich möchte ein wertvolles Zeugnis mit dir teilen. Es kommt von Caleb, einem Vater aus Texas, der meinem Team geschrieben hat:

Bei meinem jüngsten Sohn wurde eine Skoliose festgestellt. Das Röntgenbild zeigte, dass seine Wirbelsäule in einer 17-Grad-Kurve verkrümmt war. Als wir diese Nachricht erhielten, stiegen Angst, Zweifel, Wut, Traurigkeit, Sorge und Verdammungsgefühle in unseren Herzen auf. Wir machten uns auch Gedanken über mögliche Behinderungen unseres Sohnes und eventuell notwendig werdende Operationen.

Als Pastor kämpfte ich mit meinen christlichen Überzeugungen. Dennoch konnte ich die liebevolle Umarmung und den Frieden des Herrn spüren, als ich für meinen Sohn betete. Auch meine Gemeinde betete für ihn, und wir glaubten gemeinsam, dass der Herr ihn heilen könne und würde.

Der Arzt überwies ihn an ein Kinderkrankenhaus und vereinbarte dort einen Termin für uns. Im Glauben beschlossen wir, den Termin als Bestätigung wahrzunehmen, dass die Heilung bereits begonnen hatte. Obwohl sich Zweifel, Verurteilung und Angst in unsere Herzen einschlichen, proklamierten wir immer wieder das vollbrachte Werk des Kreuzes und nahmen weiter das Abendmahl.

Während des Termins untersuchte die dortige Ärztin meinen Sohn und machte weitere Röntgenaufnahmen. Dann sagte sie: »Ich habe eine gute Nachricht für Sie!«, und zeigte uns die Röntgenbilder, auf denen **keine** *Spur von einer Skoliose zu sehen war. Die Wirbelsäule unseres Sohnes hatte sich begradigt. Der Herr hatte ihn geheilt! Es liegen wahrhaftig Sieg und Macht im Kreuz!*

Wir verteilen jetzt Exemplare von Pastor Prince' Buch »Die Kraft des richtigen Glaubens« an jedes neue Mitglied unserer Gemeinde. Wir glauben, dass Wunder geschehen, wenn wir uns mit der guten Nachricht des Evangeliums füllen.

Ich konnte mich wirklich gut in Caleb hineinversetzen, als ich las, was er emotional durchmachte, als er von der Skoliose seines Sohnes erfuhr. Ich glaube, dass alle liebenden Eltern in Aufruhr gerieten, wenn beim eigenen Kind eine Krankheit diagnostiziert würde, die zu einer lebenslangen Behinderung führen könnte. Alle Eltern möchten, dass es dem eigenen Kind gut geht und es ein vollwertiges Leben führt, und genau das wünscht sich unser himmlischer Vater auch für uns.

Dein himmlischer Vater möchte, dass du gesund bist und ein vollwertiges Leben führst.

Trotz seiner Ängste und Unsicherheiten tat Caleb das Beste, was er für seinen Sohn tun konnte. Er proklamierte immer wieder das vollbrachte Werk des Kreuzes und nahm weiter das Abendmahl. Und sein Sohn wurde geheilt, einfach so, ohne dass etwas Spektakuläres geschehen wäre. Es dröhnte keine Stimme vom Himmel und es gab auch keine Erdbeben auslösende Machtdemonstration.

Caleb, wenn ich mir die Kopien der Röntgenbilder deines Sohnes ansehe, die eine vollkommen geheilte und normale Wirbelsäule zeigen, freue ich mich mit dir. Vielen Dank, dass du mir nicht nur dein Zeugnis aufgeschrieben hast, sondern auch Kopien der Röntgenbilder deines Sohnes mitgeschickt hast, die einmal die Skoliose bei der ersten Diagnose zeigen und dann die begradigte Wirbelsäule beim Folgetermin. Der Feind versuchte, deinen Sohn zu zerstören, aber der Herr hat ihn vollständig geheilt. Ich bete, dass der Herr deinen Sohn in seinem weiteren Leben als ein mächtiges Zeugnis seiner göttlichen Heilungskraft gebraucht, um dadurch viele Menschen zu ermutigen.

Sei in seiner Liebe verwurzelt

Mein Freund, wenn du eine schlechte Nachricht erhalten hast, ist es nur natürlich, dass du Angst hast. Caleb empfand schließlich auch Angst, Zweifel, Wut, Traurigkeit, Sorge und Verdammungsgefühle, und wie er schrieb, kämpfte er sogar mit seinen christlichen Überzeugungen. Der Herr erwartet nicht, dass du nie erschüttert wirst. Aber halte trotz deines Gefühlschaos deine Augen auf Jesus gerichtet und rufe immer wieder sein vollbrachtes Werk über deine Situation aus, so wie Caleb es getan hat.

Halte deine Augen auf Jesus gerichtet und rufe immer wieder sein vollbrachtes Werk über deine Situation aus.

Vielleicht bist du gerade wütend auf Gott, weil er zugelassen hat, dass jemand, den du liebst, ernsthaft krank geworden ist. Vielleicht fühlst du dich hilflos und ohnmächtig, weil du keine Möglichkeit siehst, das Leiden zu lindern. Oder vielleicht bist du selbst an ein Krankenhausbett gefesselt und hast Angst. Jedes Mal, wenn du in deinem Bett zu weiteren Untersuchungen gerollt wirst, bist du im Ungewissen, was die Ärzte finden werden, und du schreist innerlich: »Gott, warum passiert das mit mir? Wo bist du?«

Ich weiß – wenn man auf die eigenen körperlichen Symptome oder die eines geliebten Menschen blickt, wenn die Krankheit einfach nicht wegzugehen scheint, obwohl man doch von ganzem Herzen gebetet hat, fällt es vielleicht schwer zu glauben, dass Gott wirklich heilen kann. Oder vielleicht glaubst du ja, dass er heilen kann, aber du zweifelst daran, dass er es auch will. Vielleicht hast du die Hoffnung aufgegeben, weil du denkst, wenn er dich oder den Menschen, den du liebst, heilen wollte, dann hätte er es längst getan.

Wenn es das ist, was du gerade fühlst, möchte ich dich ermutigen, *von seiner Liebe zu dir zu zehren*. Die Zweifel in deinem Kopf schreien vielleicht so laut, dass es dir schwerfällt, überhaupt noch an ihn zu glauben. Aber ich bete, dass du einen neuen Blick auf die Breite, Länge, Tiefe und Höhe der Liebe deines Erlösers zu dir werfen kannst (Eph 3,18–19). Ich bete, dass dein Herz in seiner Liebe fest verwurzelt und gegründet wird, auch dann, wenn du die Dinge mit dem Verstand nicht begreifen kannst. Wenn du auf diese Weise sicher in seiner Liebe verankert bist, wirst du erleben, dass er unendlich viel mehr tun wird, als du je erbitten oder auch nur hoffen könntest (Eph 3,20).

---

*Wenn du sicher in seiner Liebe verankert bist,
wirst du erleben, dass er unendlich viel mehr tun wird,
als du je erbitten oder auch nur hoffen könntest.*

Erlaube dem Feind nicht, deinen Glauben zu erschüttern. Lass nicht zu, dass er dir weitere Lügen auftischt. Er ist ein besiegter Feind und egal, was er dir antun wollte, Gott wird das Böse zu seiner Ehre zum Guten für dich wenden. Das Wort Gottes erklärt, dass *keine gegen dich geschmiedete Waffe erfolgreich sein wird*

(Jes 54,17). Und selbst wenn die Waffe, die der Feind gegen dich einsetzt, Krankheit heißt, glaube fest daran, dass sie nicht die Macht hat, dich zu besiegen.

Du hast einen himmlischen Vater, der dich so sehr liebt, dass er seinen eigenen Sohn für dich aufgab. Der Teufel will, dass du enttäuscht bist und dich von Gott abwendest, aber, mein Freund, genau *jetzt* ist die Zeit, dich ihm mehr denn je zuzuwenden. Jetzt ist die Zeit, deinem Retter zu vertrauen. Jetzt ist die Zeit, deine Autorität als Kind des allerhöchsten Gottes auszuüben und jede biblische Verheißung über Gesundheit und langes Leben für dich in Anspruch zu nehmen, die Jesus mit seinem Tod für dich erkauft hat!

5.

KEIN PLATZ FÜR FURCHT

Im Laufe der Jahre habe ich vielen kostbaren Menschen gedient. Dabei habe ich immer wieder erlebt, wie sich bei manchen Angst einschlich, wenn sie eine schlimme Diagnose erhielten oder wenn ihnen nahestehende Menschen schwer krank wurden. Wenn du jemanden kennst, dem es so geht, kannst du diese Person mit dem Bibelvers aus 2. Timotheus 1,7 ermutigen. Dort steht: »Gott hat uns nicht einen Geist der Furcht gegeben, sondern einen Geist der Kraft, der Liebe und der Besonnenheit.« Dank dem, was Jesus am Kreuz getan hat, müssen wir nicht in Furcht verharren, sondern dürfen dem Herrn vertrauen, dass er uns an einen Punkt bringt, an dem es in unseren Herzen keinen Platz für Furcht gibt, weil wir wissen, dass seine vollkommene Liebe jede Furcht aus unseren Herzen vertreibt (1Joh 4,18).

Seine vollkommene Liebe vertreibt jede Furcht aus unseren Herzen.

Ich verstehe, dass es beängstigend sein kann, zu erfahren, dass du oder jemand, der dir nahesteht, eine Krankheit hat. Vielleicht hast du in deinem Körper gerade einen Knoten entdeckt, der vorher nicht da war. Oder du kannst besorgniserregende Symptome wie etwa einen festsitzenden Schmerz, verschwommenes Sehen oder wiederkehrende Übelkeit nicht länger ignorieren. Vielleicht sind deine Gedanken völlig außer Kontrolle geraten und du malst dir die schlimmsten Dinge aus, während du auf die Ergebnisse einer weiteren Reihe von MRT-Scans, Blutanalysen oder anderen dir unverständlichen Tests wartest.

Vielleicht hast du bereits eine Diagnose erhalten und sie ist schlimmer als das, was du dir vorgestellt hast. Jetzt fühlt es sich an, als würdest du keine Luft mehr bekommen, und du versuchst dein Bestes, um nicht in Panik zu geraten, aber es ist so schwer. Fragen, auf die du keine Antwort hast, rasen dir immer wieder durch den Kopf und ständig kommen neue Fragen hinzu.

Was, wenn ich die gleiche Krankheit habe, an der meine Mutter gestorben ist?

Wie soll ich nur die Behandlungskosten aufbringen?

Wer soll sich um meine Kinder kümmern?

Wie viel Zeit bleibt mir noch?

Was wird mit mir geschehen, wenn ich mich dieser Behandlung unterziehe? Werde ich alle meine Haare verlieren? Wie sehr wird mich das Ganze verändern?

Warum? Warum ich?

Vielleicht hast du ja sogar Freunde und Familienmitglieder, die dir zu versichern versuchen, dass alles wieder gut wird, aber ihre Worte klingen hohl in deinen Ohren. Wie sollten sie auch verstehen? Wie können sie sagen, dass alles in Ordnung kommt? Sie sind ja nicht diejenigen, die Mühe haben, sich auch nur den Namen des eigenen Kindes zu merken. Sie sind nicht diejenigen, deren Körper aufgeschnitten werden muss. Sie sind nicht diejenigen, die sich der Bestrahlung aussetzen müssen. Sie sind nicht diejenigen, die hilflos zusehen müssen, wie das eigene Kind ein weiteres Mal in den OP-Saal gerollt wird.

Wie können sie dir sagen, dass du dir keine Sorgen machen und Glauben haben sollst, wo sie doch keine Ahnung haben, wie es sich anfühlt, von eiskaltem Grauen erstickt zu werden, wenn nach allem Beten und Glauben statt der erhofften guten eine weitere schlechte Nachricht kommt? Wie können sie dir sagen, dass du keine Angst haben sollst, wenn sie nicht wissen, wie es ist, einen weiteren Chemotherapie-Zyklus durchlaufen zu müssen? Oder wie es ist, so viel Kraft zu verlieren, dass man es kaum noch schafft, sich aufzusetzen?

Deine Symptome sind real.
Aber die Kraft Gottes ist noch viel realer.

Angst kann dich wie ein Tsunami überrollen. Sie kann dich lähmen. Sie kann dazu führen, dass du wütend wirst. Wütend auf das Leben. Auf Gott. Auf jeden.

Vielleicht weißt du ja genau, was ich meine. Wenn es so ist, darf ich dich bitten, weiterzulesen? Ich glaube, der Herr hat ein Wort für dich.

Konzentriere dich auf Gottes Verheißungen, nicht auf die Krankheit

Der Tumor, der Dialyseapparat und die Ernährungssonde sind real. Aber es ist enorm wichtig, dass du Folgendes weißt: Die Kraft Gottes ist noch viel realer. Weißt du, was passiert, wenn du ein Zehn-Cent-Stück nimmst und es ganz dicht vor dein Auge führst, während du das andere Auge geschlossen hältst? Dieser kleine

Zehner erscheint so groß, dass er den Blick auf alles andere versperren kann. Solange du dich auf diese Münze konzentrierst, bist du praktisch blind. Mein Freund, genau das versucht der Feind gerade mit dir zu machen.

Der Feind möchte, dass du dich intensiv auf die Krankheit konzentrierst, die verheerende medizinische Diagnose, das unaufhörliche Piepen der Monitore um dich herum und den sterilen Geruch des Krankenhauszimmers. Er möchte, dass du dich ganz auf die Ängste und Fragen fokussierst, die ständig in deinem Kopf alles andere übertönen. Solange du nichts anderes sehen kannst als deine Schmerzen, deine Angst, deine Enttäuschung und dein Leiden, hat er die Oberhand.

Solange du nur deine Schmerzen und dein Leiden sehen kannst, hat der Feind die Oberhand.

Und weißt du, warum der Feind so versessen darauf ist, dich ganz auf deine Herausforderung konzentriert zu halten? Weil er Angst hat, dass du sonst erkennst, dass er bereits besiegt wurde.

Die Bibel sagt uns, dass unser Herr Jesus am Kreuz alle Mächte und Gewalten entwaffnet, sie zu einem öffentlichen Spektakel gemacht und über sie triumphiert hat (Kol 2,15). Der Feind wurde entwaffnet. Er wurde seiner Waffen gegen dich beraubt – dazu zählen auch alle Arten von Krankheiten und Leiden. Du brauchst ihn nicht zu fürchten, Kind des Allerhöchsten!

Der Teufel wird weiterhin versuchen, dich zu täuschen und von dieser Wahrheit abzulenken. Er wird dich auch weiter dazu bringen wollen, dass du dich auf die zeitlichen, sichtbaren Dinge um dich herum konzentrierst. Er will nicht, dass du die Dinge siehst, die ewig sind, wie etwa die Engel, denen befohlen wurde, auf dich aufzupassen und dich auf all deinen Wegen zu behüten (Ps 91,11). Oder auch das Wort Gottes, das unvergänglich ist (Mt 24,35), und verkündet, dass du durch seine Striemen *geheilt bist* (Jes 53,5).

Der Feind wurde entwaffnet. Du brauchst ihn nicht zu fürchten, Kind des Allerhöchsten!

Mehr sind mit dir als gegen dich

Die Bibel berichtet, was geschah, als Israels Feinde versuchten, den Propheten Elisa während seines Aufenthalts in der Stadt Dotan gefangen zu nehmen. Ein großes Heer mit Pferden und Wagen kam bei Nacht und umzingelte die Stadt. Als Elisas Diener morgens aufstand und nach draußen ging, verzweifelte er bei diesem Anblick und rief: »Was sollen wir tun?« (2Kö 6,14–15).

Lies am besten selbst, was als Nächstes geschah:

> *Er [Elisa] aber sagte: Fürchte dich nicht! Denn zahlreicher sind die, die bei uns sind, als die, die bei ihnen sind. Und Elisa betete und sagte: HERR, öffne doch seine Augen, dass er sieht! Da öffnete der HERR die Augen des Dieners, und er sah. Und siehe, der Berg war voll von feurigen Pferden und Kriegswagen um Elisa herum. — 2. Könige 6,16–17* ELB

Es mag sich anfühlen, als wärst du von einem gewaltigen Heer von Symptomen, schlechten Nachrichten und vielleicht auch finanziellen Belastungen umzingelt. Aber, lieber Freund, fürchte dich nicht, denn die, die *bei dir* sind, sind *so viel zahlreicher* als die, die bei ihnen sind.

In diesem Moment bete ich, dass der Herr deine Augen öffnet, damit du die Legionen von Engeln sehen kannst, die um dich herum aufgestellt sind. Wende deinen Blick von deinen Feinden ab. Die Fähigkeit deiner Feinde, dir etwas anzutun, ist nichts im Vergleich zur Größe deines Gottes und seiner Macht, dich zu retten. Blicke weg vom Feind, damit du die alles übertreffende Größe der Kraft Gottes siehst, die für dich wirksam ist. Dieselbe mächtige Kraft, die unseren Herrn Jesus aus dem Grab aufstehen ließ, dieselbe Kraft, die ihn zur Rechten Gottes in den himmlischen Orten setzte – hoch über jedes Fürstentum und jede Gewalt, Macht und Herrschaft und jeden Namen, der genannt wird, nicht allein in dieser Weltzeit, sondern auch in der zukünftigen (Eph 1,19–21) –, diese Kraft wirkt auch *für dich* und deine Angehörigen!

Die Fähigkeit deiner Feinde, dir etwas anzutun, ist ***nichts*** *im Vergleich zu Gottes Macht, dich zu retten.*

Hat das menschliche Papillomavirus einen Namen? Hat die bakterielle Meningitis einen Namen? Hat die Parkinson-Krankheit einen Namen? Dann müssen sie sich Jesus beugen, der zur Rechten des Vaters sitzt, hoch über allen Krankheiten. Und wie er ist, so bist auch du in dieser Welt (1Joh 4,17).

Wie man jede Angst loswird

Während du auf den Biopsiebericht über die beim Scan entdeckten Zellen wartest oder du den dunklen Fleck auf deinem Röntgenbild betrachtest, überkommt dich unwillkürlich Beklommenheit. Du versuchst, dich selbst zu beruhigen, aber die Angst lässt dich einfach nicht los. Weißt du, warum? Weil du Angst nicht mit Vernunft wegbekommst. Angst ist nicht logisch.

Du kannst Angst nur auf eine Weise loswerden – sie muss aus deinem Leben vertrieben werden. Und die Bibel sagt uns, wie das geht:

In der Liebe gibt es keine Furcht, denn Gottes vollkommene Liebe vertreibt jede Angst. — 1. Johannes 4,18 NEÜ

Du vertreibst die Angst, indem du dich der vollkommenen Liebe Gottes aussetzt. Erlaube seiner Liebe, dich immer wieder zu überfluten und jede Angst zu vertreiben. Die Bibel spricht davon, dass wir uns in der Liebe Gottes bewahren sollen (Jud 21). Anstatt dich auf den Schmerz in deinem Körper zu konzentrieren oder auf die Krankheit, die deinen Angehörigen leiden lässt, bleibe im Schutz seiner Liebe. Denke immerzu an die unfehlbare, unerschöpfliche und vollkommene Liebe deines himmlischen Vaters.

Du vertreibst die Angst, indem du dich der vollkommenen Liebe Gottes aussetzt.

Du hast einen Gott, der dich so sehr liebt, dass er seinen Sohn ans Kreuz gegeben hat, um dort für dich zu sterben. Das, mein

Freund, ist der Grund, warum du immer die felsenfeste Gewissheit haben kannst, dass du von ihm geliebt wirst. Die Bibel definiert seine Liebe zu uns so:

> *Gottes Liebe zu uns zeigt sich darin, dass er seinen einzigen Sohn in die Welt sandte, damit wir durch ihn das ewige Leben haben. Und das ist die wahre Liebe: Nicht wir haben Gott geliebt, sondern er hat uns zuerst geliebt und hat seinen Sohn gesandt, damit er uns von unserer Schuld befreit.*
> *— 1. Johannes 4,9–10 NLB*

Das Kreuz ist ein ewiger Beweis für die Liebe Gottes zu dir. Das Kreuz ist das Maß dafür, wie sehr er dich liebt. Du darfst seine Liebe niemals nach deinen Umständen beurteilen. Der Teufel kann deine Umstände attackieren, aber er kann niemals das Kreuz angreifen. Wende die Augen von deinen Lebensumständen ab und richte sie aufs Kreuz. Dort wurde Gottes Liebe zu dir ein für alle Mal bewiesen!

Wie du in seiner vollkommenen Liebe bleibst

Ich weiß, dass es sehr schwer sein kann, Gottes Liebe zu dir zu spüren, wenn du mit verschiedenen Symptomen in deinem Körper kämpfst, sich Arztrechnungen häufen und du dir Sorgen um deine Zukunft machst. Wir leben in einer Welt, in der wir von unseren fünf Sinnen beherrscht werden. Und deshalb ist es manchmal gar nicht so leicht, an die Liebe einer Person zu glauben, die man nicht sehen, berühren oder hören kann. Aber um von der Liebe Gottes zu uns überzeugt zu sein, können wir uns nicht auf Gefühle und äußere (veränderliche) Umstände verlassen. Es ist so wichtig, dass wir unseren Blick fest auf unseren Herrn Jesus richten, dessen Liebe zu uns vollkommen ist, sich nie ändert und nie versagt.

Darf ich dir einige Dinge mitteilen, die du tun kannst und von denen ich glaube, dass sie dazu beitragen werden, in seiner Liebe zu bleiben?

Beurteile Gottes Liebe zu dir niemals nach deinen Umständen.

Anstatt dir vom Feind weitere Lügen auftischen zu lassen, die nur deine Ängste schüren, möchte ich dich ermutigen, dir immer wieder Botschaften anzuhören, die Gottes Liebe zu dir in deinem Bewusstsein halten. Umgib dich mit seiner Liebe, damit sie jede Angst vertreibt. Jedes Mal, wenn der Feind versucht, dich mit Ängsten zu attackieren, lass eine Predigt laufen, in der die Güte des Herrn und seine Liebe zu dir großgemacht wird. Anstatt dich den Machenschaften des Feindes hinzugeben, höre dir einfach immer weiter Predigten an, in denen es um das vollbrachte Werk Jesu geht.

Wann immer sich Angst einzuschleichen versucht, suche dir einen ruhigen Ort, wo du das Abendmahl nehmen und währenddessen darüber nachsinnen kannst, wie sehr der Herr dich liebt. Sprich mit deinem Retter. Nimm das Brot in die Hand und sage ihm: »Danke, Herr Jesus, du liebst mich so sehr, dass du deinen Körper hast zerschlagen lassen, damit mein Körper heil sein kann. Ich empfange jetzt deine Unversehrtheit, deine Kraft und deine göttliche Gesundheit.« Während du den Becher hebst, sage: »Danke für dein kostbares Blut, das mich von jeder Sünde gereinigt hat. Ich kann jetzt furchtlos zu deinem Thron der Gnade kommen, weil ich weiß, dass ich völlig gerecht bin und dass meine Gebete viel erreichen!«

Wenn du das Abendmahl nimmst, »verkündest du den Tod des Herrn« (1Kor 11,26) und erinnerst den Teufel und seine Kohorten an ihre demütigende Niederlage am Kreuz (Kol 2,15). Du verkündest dem Feind, dass er *kein* Recht hat, deinen Körper mit Symptomen oder Krankheiten zu belasten, weil dein Herr Jesus bereits alle Krankheiten und Schmerzen auf seinem eigenen Körper getragen hat.

Anstatt im Internet Artikel zu lesen, die dir sagen, wie schlimm dein Zustand noch werden kann, oder deine Untersuchungsergebnisse ständig aufs Neue zu studieren, lies Zeugnisse, die von der Liebe und Treue des Herrn berichten.[16] Lies Bibelverse, in denen es um seine Liebe und seine Heilungszusagen geht. Stärke dich durch das Wort Gottes und bleib in seiner Liebe.

Die Bibel sagt uns: »Und wir haben die Liebe *erkannt und geglaubt*, die Gott zu uns hat. Gott ist Liebe, und *wer in der Liebe bleibt, der bleibt in Gott* und Gott in ihm« (1Joh 4,16). Es reicht nicht aus, Verse *über* seine Liebe zu kennen. Sinne so lange über sie nach, bis du wirklich *glaubst*, dass er dich liebt. Wenn wir uns die Liebe Gottes im Bewusstsein halten, bleiben wir in Gott. Mit anderen Worten, wir machen ihn zu unserer Wohnstätte. Darin liegt so viel Kraft, denn wenn der Herr deine Wohnstätte ist, befindest du dich an einem Ort der Sicherheit und des Schutzes.

Stärke dich durch das Wort Gottes
und bleibe in seiner Liebe.

Lies Psalm 91 und sprich über dich aus, dass dir nichts Böses zustoßen wird und dass kein Unheil dein Haus bedrohen darf. Wenn du in ihm bleibst, wird der allmächtige Gott zu deiner Zuflucht und

Festung. Es spielt keine Rolle, wie viele Menschen an der Krankheit gestorben sind, die bei dir diagnostiziert wurde. Tausend können zu deiner Seite und zehntausend zu deiner Rechten fallen, aber dich selbst wird es nicht treffen (Ps 91,7). Und selbst wenn du bereits in Schwierigkeiten steckst, ist der Herr mit dir und wird dich erlösen.

Halte deinen Blick auf den Einen gerichtet, dessen Liebe niemals aufhört

Nimm dir Zeit, den Herrn anzubeten, *besonders dann,* wenn es sich anfühlt, als stünden deine Chancen überwältigend schlecht. Tu das, was König Joschafat tat, als seine Feinde sich zusammenschlossen und eine gewaltige Armee aufbauten, um Israel zu vernichten. Joschafat wusste, dass Israel im Natürlichen keine Chance hatte, den Kampf zu gewinnen. Aber er entschied sich, etwas zu tun, was auch du und ich für die Zeiten lernen müssen, in denen wir von unseren Feinden belagert werden. Er wandte sich an den Herrn und rief: *»Wir wissen nicht, was wir tun sollen, aber unsere Augen sind ganz auf dich gerichtet«* (2Chr 20,12 NLB). Joschafat setzte anschließend keine Kommandotruppen an die Spitze seiner Armee, sondern Lobpreis-Sänger. Und die sangen: »Dankt dem Herrn, denn *seine Liebe hört niemals auf*!« (2Chr 20,21 GNB).

Anstatt wegen ihrer Feinde zu verzweifeln, entschieden sie sich, ihren Blick auf den Herrn zu richten, ihm zu danken und von seiner Liebe zu singen. Dies geschah lange vor dem Kreuz Jesu. Wie viel mehr können du und ich von seiner Liebe singen, die unfehlbar ist und niemals aufhört!

Und weißt du, was passiert ist? Der Herr besiegte die Feinde Israels, indem er sie aufeinander losgehen ließ. Die Truppen Joschafats mussten keinen Finger rühren, geschweige denn kämpfen. Stattdessen waren ihre Feinde bereits tot, als sie schließlich dorthin kamen, wo ihr Schlachtfeld hätte sein sollen. Sie mussten nur noch Ausrüstung, Kleidung und wertvolle Gegenstände als Beute einsammeln. Wie die Bibel berichtet, war die Beute sogar so groß, dass sie drei Tage brauchten, um alle Güter zusammenzutragen. Was dieser Bericht schildert, ist unglaublich stark, und ich hoffe, dass du die Einzelheiten in 2. Chronik 20,1–30 selbst nachlesen wirst.

Möge es, im Namen Jesu, auch dir so ergehen. Wenn du angesichts deiner Herausforderungen überwältigt bist und nicht weißt, was du tun oder gar, wie du dich fühlen sollst, wende dich einfach an den Herrn und sage ihm: »Herr, ich weiß nicht, was ich tun soll, aber meine Augen sind ganz auf dich gerichtet.« Das ist die wirkungsvollste Haltung, die du einnehmen kannst – mit Augen, die nicht auf deine Feinde, sondern auf deinen Retter gerichtet sind. Wenn du dich auf seine Liebe konzentrierst, die niemals aufhört, wird der Herr selbst deinen Kampf für dich führen (2Chr 20,15). Mögest du dir seiner vollkommenen Liebe so sehr bewusst sein, dass jede Angst aus deinem Leben vertrieben wird. Und mögest du aus dieser Krise sehr viel stärker hervorgehen, als du es warst, bevor deine Feinde versuchten, gegen dich zu kämpfen!

Der Herr selbst wird deinen Kampf für dich führen.

Gottes Liebe lässt der Angst keinen Raum

Dein himmlischer Vater kümmert sich um jedes kleinste Detail in deinem Leben. Es gibt nichts, was zu schwer oder zu unbedeutend für ihn wäre. Ob es sich nun um einen einfachen Pickel oder um eine beunruhigende Wucherung in deinem Körper handelt – wenn es dir wichtig ist, dann ist es auch für deinen Papa-Gott wichtig. Unser Herr Jesus sagt uns: »*Und auch die Haare auf eurem Kopf sind alle gezählt.* Habt deshalb keine Angst« (Lk 12,7). Ich finde das einfach erstaunlich – dein Abba liebt dich so sehr, dass er sich die Zeit nimmt, die Haare auf deinem Kopf zu zählen!

Ich liebe meine Tochter Jessica und meinen Sohn Justin sehr, aber ich habe nie nachgezählt oder festgehalten, wie viele Haare sie auf dem Kopf haben. Anscheinend haben die meisten Menschen im Durchschnitt etwa hunderttausend Haarfollikel und verlieren zwischen fünfzig und hundert Haare pro Tag.[17] Selbst wenn ich also versuchen würde, die Haare auf den Köpfen meiner Kinder zu zählen, würden sich die Zahlen ständig ändern. Doch der Herr weiß genau, wie viele Haare jeder von uns zu jedem beliebigen Zeitpunkt auf dem Kopf hat.

Jedes noch so kleine Detail an deinem Körper ist ihm wichtig.

Wie viel wichtiger wird es ihm deiner Meinung nach also sein, wenn dein Körper von einer Krankheit angegriffen wird, die dir deine Gesundheit raubt? Lieber Freund, er liebt dich so sehr, und jede einzelne deiner Zellen, jedes Gewebe und jedes Organ in deinem Körper sind ihm wichtig. Hab keine Angst, denn der Herr selbst – derjenige, der die Vögel der Luft ernährt und die Blumen des Feldes kleidet – kümmert sich um dich (Mt 6,25–33). Jedes Mal, wenn du dich fürchtest, wende dich seiner vollkommenen Liebe zu, die jede Angst vertreibt.

Gott wünscht sich, dass es dir gut geht und du gesund bist

Beim Schreiben dieses Buches hat der Herr sehr eindringlich über Heilung zu mir gesprochen. Er hat mich zu einem Vers geführt, von dem ich glaube, dass er seinen Willen für uns klar zum Ausdruck bringt. Er wurde von dem Jünger geschrieben, den Jesus liebte, dem Jünger, der als Augenzeuge erlebte, wie Jesus alle, die zu ihm kamen, heilte. Es ist der Jünger, der sich an Jesu Brust lehnte und seinen Herzschlag der Liebe kannte:

> *Mein Lieber, ich wünsche dir in allen Dingen Wohlergehen und Gesundheit, so wie es deiner Seele wohlgeht!*
> *— 3. Johannes 1,2*

Ich möchte, dass du Folgendes siehst: Johannes schrieb an den vielgeliebten, gläubigen Gajus. Johannes wusste, dass es Gajus' Seele bereits gutging. Wenn du Jesus in dein Herz eingeladen hast, um dein Herr und Erlöser zu sein, dann hast du das Geschenk des ewigen Lebens empfangen und kannst dir ganz und gar sicher sein, dass der Himmel dein Zuhause ist (Röm 10,9–11). Mit welchen Herausforderungen du im Äußeren auch konfrontiert sein magst, deine Seele, die ewig lebt, hat bereits aufzublühen begonnen. Aber Johannes reichte es nicht zu wissen, dass sich Gajus' Seele gut entwickelte. Johannes betete, dass Gajus »in allen Dingen Wohlergehen und Gesundheit« haben würde. Mit anderen Worten, du kannst beten, dass dein äußerer, physischer Körper so gesund wird, wie es deine Seele in Christus bereits ist.

Du kannst sicher sein: Es ist Gottes Wille, dass du gesund bist, weil sein Wort es verkündet. Und da es sein Wille ist, dass du »Gesundheit hast«, lass dir nicht durch menschliche Traditionen oder

Meinungen weismachen, dass es manchmal sein Wille sein kann, dass du krank bist. Lass dich nicht von den Vermutungen und Theorien der Menschen dazu bringen, die Lüge zu glauben, dass Gott möglicherweise will, dass du diese Krankheit in deinem Körper erträgst, damit du lernst, ihm mehr zu vertrauen oder geduldiger zu sein. Aufgrund dessen, was Jesus auf Golgatha getan hat, können wir sicher sein, dass Krankheit *nie* von Gott kommt. Heilung hingegen schon!

Woher ich weiß, dass Jesus will, dass wir in Gesundheit leben? Weil die Bibel es mir sagt.

Kehre zu der Schlichtheit eines Kindes zurück, das erklärt: »Jesus liebt mich, ganz gewiss, denn die Bibel sagt mir dies.« Woher weiß ich also, dass Jesus will, dass wir in seiner Gesundheit und Unversehrtheit leben? Weil die Bibel es mir sagt.

Warum werde ich nicht automatisch geheilt?

Du fragst dich vielleicht: *Wenn Gott mich liebt und es sein Wille ist, mich zu heilen, warum werde ich dann nicht automatisch geheilt? Warum muss ich überhaupt beten oder das Abendmahl nehmen?*

Mein Freund, wir wissen, dass es Gottes Wille ist, dass *alle* gerettet werden und das ewige Leben empfangen, das der Welt als Geschenk gegeben wurde (Joh 3,16). Aber niemand wird »automatisch« gerettet, weil wir nämlich alle die Wahl haben, Gottes Angebot anzunehmen oder es abzulehnen. Gott ist ein Gentleman, und er wird niemandem seine Erlösung aufzwingen. Er wird uns seine

Gaben nicht aufzwingen. Er wird uns seinen Segen nicht aufzwingen. Er wird uns seine Gesundheit und Güte nicht aufzwingen.

Wenn wir beten und das Abendmahl nehmen, setzen wir unseren Glauben aktiv frei und bringen ihn mit dem Willen Gottes, dem Wort Gottes und der Kraft Gottes in Einklang. Wir betteln Gott nicht an, uns zu heilen. Wir versuchen nicht, ihn zur Heilung unserer Angehörigen zu überreden. Wir wissen bereits, dass er heilen will. Beim Gebet geht es darum, eine Vertrauensbeziehung zu ihm aufzubauen. Wenn wir beten und das Abendmahl nehmen, empfangen wir seine Liebe zu uns und nehmen seine Heilkraft in unseren Körper auf. Sprich noch heute mit Gott (denn genau das ist Gebet) über deine gesundheitlichen Herausforderungen und lass dir von ihm die Zuversicht und das Vertrauen ins Herz legen, dass er dich gesund haben will.

Heilung von Alzheimer nach regelmäßiger Einnahme des Abendmahls

Ich möchte gern das Zeugnis von Kathy mit dir teilen, deren Mann Marcus nach der Diagnose Alzheimer aufgefordert wurde, »seine Angelegenheiten zu regeln«. Nach Angaben der *Alzheimer's Association* ist die Alzheimer-Krankheit die sechsthäufigste Todesursache in den Vereinigten Staaten. Es handelt sich um eine fortschreitende Erkrankung, die sich mit der Zeit verschlimmert und für die es keine Heilbehandlung gibt.[18] Ich kann nur erahnen, welche Hilflosigkeit und Angst Marcus und Kathy beim Erhalt der Diagnose empfunden haben müssen. Aber sieh selbst, was der Herr für sie getan hat:

Vor einigen Jahren, während einer Routineuntersuchung nach einer Hirnblutung, sagte uns Marcus' Ärztin, dass Marcus viel größere Fortschritte gemacht habe, als sie es erwartet hätte. Basierend auf seinem neuesten Gehirnscan und den Scans, die während seines Krankenhausaufenthalts vierzehn Monate zuvor gemacht wurden, erklärte sie uns jedoch, dass Marcus an Alzheimer erkrankt sei. Dann sagte sie uns, dass Marcus »seine Angelegenheiten regeln« und anfangen solle, seinen dauerhaften Rückzug aus dem Berufsleben zu planen.

Das war natürlich erst mal ein Riesenschock für uns – wir waren beide nicht bereit oder willens, das zu akzeptieren. Aber dann haben wir die Situation wirklich ganz an Gott übergeben. Über den Weg, den der Herr mit uns gegangen ist, gäbe es viel zu erzählen. Dazu gehört auch, dass das, was Sie lehren, die Dinge bestätigte, die wir von ihm zu hören glaubten.

Unser Papa-Gott gab uns Glauben, Hoffnung und einen solchen Frieden in jenen dunklen Zeiten, in denen wir anfingen, ihm wirklich in jedem Aspekt unseres Lebens zu vertrauen. Verschiedene Bibelstellen und Ihre Botschaften über das Abendmahl brachten uns dazu, das Abendmahl regelmäßig zu Hause zu nehmen. Wir glauben, dass unsere Zukunft sich ab diesem Zeitpunkt aufzuhellen begann.

Hast du mitbekommen, wie Marcus und Kathy reagiert haben? Marcus' Diagnose war ein großer Schock für beide. Aber sie haben die Diagnose nicht einfach akzeptiert. Sie füllten sich mit Bibelstellen, hörten immer wieder Predigten und begannen, regelmäßig zu Hause das Abendmahl zu nehmen.

Kathy schrieb, dass sich ihre »Zukunft aufzuhellen begann«, als sie all das taten. Gut möglich, dass sie während dieser Zeit weiterhin Symptome bemerkten, aber sie blieben weiter dran. Und wenn sie heute zurückblicken, wissen sie, dass ihr Durchbruch begann, als sie anfingen, regelmäßig das Abendmahl zu nehmen. Die Heilung geschah nicht sofort und vollständig, aber da *begann* sie.

Wenn wir das Abendmahl nehmen, setzen wir unseren Glauben aktiv frei und bringen ihn in Einklang mit Gottes Willen, Wort und Kraft.

Kathy schrieb weiter, dass bei Marcus viereinhalb Jahre später ein weiteres MRT gemacht wurde, und so reagierte seine Neurochirurgin, als sie den Scan sah:

Als sie sich den Scan genau anschaute, wirkte sie ziemlich perplex, bevor sie sagte: »Ich sehe ein kerngesundes Gehirn. Es gibt keine Anzeichen von Alzheimer. Ich werde diese Diagnose komplett aus Ihrer Patientenakte entfernen.«

Was für Menschen unmöglich ist, ist für unseren Gott möglich (Lk 18,27)! Anstatt zu degenerieren, wurde Marcus' Gehirn »kerngesund«, und er wurde von der Diagnose Alzheimer vollständig befreit. Halleluja!

Was für Menschen unmöglich ist, ist für unseren Gott möglich.

Welche Diagnose du von deinem Arzt auch erhalten haben magst, fülle dein Herz immer wieder mit Bibelstellen. Höre dir so oft es nur geht Botschaften über das vollbrachte Werk des Herrn und das Abendmahl an. Rufe dir immer wieder unseren Herrn Jesus und seine Liebe zu dir ins Gedächtnis. Jedes Mal, wenn die Angst dich zu verzehren droht, laufe erneut in seine liebevollen Arme und lass seine Liebe jegliche Angst vertreiben. Und selbst wenn du noch nicht siehst, dass dein Durchbruch geschieht, kämpfe weiter den guten Kampf des Glaubens, weil du in deinem Herzen weißt, dass Gott dich liebt und will, dass du gesund bist. Was er für Marcus getan hat, kann er auch für dich tun!

6.

ER HAT DIE RECHNUNG BEZAHLT

Wenn bei dir oder einem Familienmitglied eine Krankheit festgestellt wurde, ist die Wahrscheinlichkeit hoch, dass du auch mit Kosten konfrontiert wirst, die deine Krankenversicherung nicht übernimmt. Und medizinische Leistungen sind teuer. Weltweit werden die Gesundheitskosten voraussichtlich weiter in die Höhe schnellen. Analysen aus dem Jahr 2016 haben ergeben, dass Amerika im Vergleich zu anderen Hochlohnländern wie Australien fast doppelt so viel für die Gesundheitsversorgung ausgegeben hat.[19] Im Jahr 2017 beliefen sich die gesamten Gesundheitsausgaben in Amerika auf 3,5 Billionen US-Dollar bzw. 17,9 Prozent des US-Bruttoinlandsproduktes.[20]

Möglicherweise reicht dein Gehalt gerade so aus, um deine monatlichen Lebenshaltungskosten zu decken, und was bei dir diagnostiziert wurde, hat deine Finanzen belastet. Du hast deinen Dispo-Kredit ausgeschöpft, um die Kosten oder Eigenanteile der Krankenhausaufenthalte, Medikamente und notwendigen Untersuchungen zu bezahlen, die nicht von deiner Krankenkasse übernommen werden, und deshalb steckst du jetzt in Schulden. Vielleicht bist du selbstständig und es läuft nicht so gut, und jetzt kannst du dir die Beiträge deiner Krankenversicherung nicht mehr leisten. Und deine Krankenkasse will wegen der Rückstände keine weiteren Leistungen mehr übernehmen. Zu den Sorgen wegen deiner gesundheitlichen Beschwerden kommt jetzt noch die mindestens genauso große Sorge hinzu, was dich die Behandlung kosten könnte, weshalb du erst gar nicht zum Arzt gehst.

Lieber Freund, sei nicht bestürzt wegen der Kosten und offenen Rechnungen. Der Herr ist nicht nur *Jahwe Rapha*, der Herr, dein Heiler, er ist auch *Jahwe Jireh*, der Herr, dein Versorger. Die Bibel verspricht, dass er »aus dem Reichtum seiner Herrlichkeit in Christus Jesus jedes Bedürfnis großzügig und vollständig erfüllen *wird*« (Phil 4,19 AMP). Ich bete, dass der Druck, der dich wegen deiner finanziellen Situation belastet, abgelöst wird von einem starken Bewusstsein für die unerschöpfliche Fülle seiner Versorgung. Fühl dich niemals so, als müsstest du mit diesem Druck ganz allein fertigwerden und dich um die ganzen zusätzlichen Rechnungen kümmern, während du gleichzeitig dafür sorgst, dass deine Familie Essen auf dem Tisch und Kleidung am Körper hat. Sei unbesorgt, denn dein himmlischer Vater weiß, dass du all diese Dinge brauchst (Mt 6,32). Lass deine Sorgen los und halte deine Augen auf ihn gerichtet. Er wird sich um dich kümmern.

Es spielt keine Rolle, wie lange der Zustand schon anhält

Wusstest du, dass in der Bibel die Geschichte einer Frau festgehalten ist, die wegen ihrer chronischen Erkrankung in ernsten finanziellen Schwierigkeiten steckte (Mk 5,25–34)? Sie litt an einem »Blutfluss« – also an ständigen Blutungen, und das schon seit geraumer Zeit. Wir wissen nicht, wodurch dieser Zustand hervorgerufen wurde. Ihre abnormalen Blutungen könnten durch Myome, eine Schilddrüsenunterfunktion oder sogar Krebs in den Fortpflanzungsorganen verursacht worden sein.

Was auch immer die Ursache war: Wir wissen, dass es ein schrecklicher Zustand war, der ihr seit zwölf langen Jahren viel Qual bereitete. Wir wissen auch, dass sie auf ihrer Suche nach Heilung bei vielen verschiedenen Ärzten gewesen war, durch deren Hände sie viel Leid ertragen musste. Im Laufe der Jahre gab sie ihr gesamtes Vermögen aus, um für ihre Behandlungen zu bezahlen, aber besser ging es ihr nicht. Ihr Zustand verschlechterte sich sogar.

Der Herr ist nicht nur dein Heiler, sondern auch dein Versorger. Er wird sich um dich kümmern.

Vielleicht kannst du dich mit der misslichen Lage dieser Frau identifizieren. Möglicherweise kämpfst auch du schon seit Jahren gegen eine Krankheit und dieser Kampf hat deine Ersparnisse vollständig aufgebraucht, weil du dich allen möglichen Behandlungen unterzogen hast, die nach Expertenmeinung zur Besserung deines Zustands führen sollten. Du hast so viele Tests und Untersuchungen hinter dir, dass du den Überblick verloren hast. Aber alle Behandlungen sind fehlgeschlagen, und geblieben sind dir nur ein wachsender Schuldenberg und ein Gesundheitszustand, der sich trotz deiner Bemühungen weiter verschlechtert hat.

Vielleicht bist du an einem Punkt angelangt, an dem du diese Versuche satthast und zu müde bist, um noch weiter zu hoffen. Die Krankheit hat deinen Körper verwüstet und du hast weder den Willen noch die Mittel, um weiterzukämpfen.

Wenn diese Beschreibung auf dich zutrifft, dann sollst du wissen, dass diese Worte dich nicht zufällig erreichen. Ich glaube, der Herr wollte es so, weil er dich liebt. Gib nicht auf. Selbst wenn du von einem Spezialisten zum nächsten gewandert bist und erfolglos verschiedene Behandlungen ausprobiert hast, gibt es noch Hoffnung!

Und auch wenn du denkst, dass du bereits alles über die Geschichte dieser Frau weißt, pass bitte trotzdem genau auf. Ich habe die Geschichte viele Male studiert und gepredigt und dachte, ich würde sie in- und auswendig kennen. Aber der Herr fing an, meinen Blick immer wieder auf einen bestimmten Satz zu lenken, bis ich etwas sah, das mir zuvor nie aufgefallen war.

Selbst wenn du von einem Spezialisten zum nächsten gewandert bist und erfolglos verschiedene Behandlungen ausprobiert hast, gibt es noch Hoffnung!

Ich glaube wirklich, dass dir das, was ich dir gleich zeige, dazu verhelfen wird, deinen Durchbruch sowohl in körperlicher als auch in finanzieller Hinsicht zu empfangen. Hier ist der Bericht des Apostels Markus:

> *Diese Frau hatte von Jesus gehört. Sie kämpfte sich durch die Menge in seine Nähe und berührte den Saum seines Gewandes. Denn sie sagte sich: »Wenn ich nur seine Kleider berühre, werde ich gesund.« Und im selben Augenblick hörte die Blutung auf, und sie spürte, dass sie geheilt war! Jesus merkte sofort, dass eine heilende Kraft von ihm ausgegangen war. Er wandte sich um und fragte: »Wer hat meine Kleider berührt?« Seine Jünger sagten zu ihm: »Die Menschen umdrängen dich von allen Seiten, wie kannst du da fragen: ›Wer hat mich berührt?‹« Aber er schaute weiter umher, um festzustellen, wer es gewesen war. Zitternd vor Angst trat die Frau auf ihn zu,*

denn sie wusste, was mit ihr geschehen war. Sie warf sich ihm zu Füßen und sagte ihm, was sie getan hatte. Und er sagte zu ihr: »Tochter, dein Glaube hat dich gesund gemacht. Geh in Frieden. Du bist geheilt.« — Markus 5,27–34 NLB

Wenn du dir von Gott schon eine Zeit lang Heilung erwartest, denkst du vielleicht: *Wenn ich Jesus nur mit eigenen Augen sehen oder mit eigenen Ohren hören könnte, dann würde ich bestimmt geheilt.* Der Apostel Lukas berichtet, dass »große Volksmengen zusammen[kamen], um ihn zu hören und durch ihn von ihren Krankheiten geheilt zu werden« (Lk 5,15). Diese vielen Menschen hörten Jesus persönlich und wurden geheilt. Sie hörten und sie wurden geheilt.

Aber in dem Bericht des Apostels Markus über die Frau mit dem Blutfluss heißt es nicht: »Diese Frau hörte Jesus«, sondern: »Diese Frau hatte *von* Jesus gehört«. – Halleluja! Das bedeutet, dass wir den gleichen Glauben haben können wie diese Frau, indem wir allein etwas *von* bzw. *über* Jesus hören.

Wir mögen Jesus nicht persönlich sehen oder hören, wie es die Menschen auf dem Berg der Seligpreisungen oder in der Synagoge in Kapernaum konnten. Aber allein schon *von* Jesus zu hören, kann uns den gleichen Glauben und Heilungsdurchbruch empfangen lassen wie diese Frau – auch dann, wenn die Krankheit in unserem Körper schon seit Jahren vorhanden ist und wenn Ärzte und teure Behandlungen versagt haben!

Es ist wichtig, was du über Jesus hörst

Was, glaubst du, hat diese Frau über Jesus gehört, das eine solche Wirkung hatte?

Zwölf Jahre lang hatte sie geblutet. Nach dem levitischen Gesetz war sie »unrein«. Wer sie berührte – oder auch nur etwas, worauf sie gesessen hatte –, galt ebenfalls als unrein (3Mo 15,19–25). Das bedeutet, dass sie zwölf Jahre lang gemieden und geächtet worden war. Zwölf Jahre lang durfte sie niemanden berühren, damit sie ihn nicht beflecken würde. Kannst du dir vorstellen, ein Leben zu führen, bei dem du jeden Tag schmerzlich daran erinnert wirst, wie beschmutzt, unrein und ausgeschlossen du bist?

Aber dann hörte sie etwas über Jesus.

Sie hörte etwas, das in ihrem erschöpften Herzen Hoffnung aufsteigen ließ und ihr den Glauben gab, dass sie gesund gemacht würde, wenn sie einfach nur seine Kleidung berührte.

Sie hörte etwas, das ihr den Mut und die Entschlossenheit gab, ihren geschwächten Körper durch eine wogende Menschenmenge zu drücken, obwohl das levitische Gesetz es ihr verbot, jemanden zu berühren.

Vor allem hörte sie etwas, das sie vertrauen ließ – dass sie trotz der Tatsache, dass sie unrein war, Heilung empfangen konnte. Und genau das sollst auch du heute über unseren Herrn Jesus hören.

Trotz der Tatsache, dass du unrein bist, trotz der Tatsache, dass du versagt hast, trotz der Tatsache, dass es Sünde in deinem Leben gibt, *kannst du Heilung empfangen*!

Lass nicht zu, dass menschliche Traditionen dich von deinem liebenden Retter fernhalten. Komm zu ihm, so wie du bist. Du musst nichts tun, um dich zu qualifizieren. Du brauchst dich nicht zu reinigen, bevor du dich ihm nähern darfst. Du brauchst dich nicht aus der Ferne nach seiner Berührung sehnen und dir wünschen, du wärst gut oder rein genug für ihn. Komm zu ihm mit all deinen Sünden und all deinen Lasten – er wird dich rein machen. Derselbe Jesus, der seinen Körper für deine Heilung geopfert hat, hat auch sein Blut für deine Vergebung vergossen. Komm einfach zu ihm!

Du hast Anspruch auf jeden Segen

Als ich vor Jahren anfing zu predigen, sprach ich darüber, warum Christen nicht geheilt werden. Einer meiner damaligen geistlichen Helden hatte gesagt: »Mit Gott ist alles in Ordnung und mit seinem Wort ist auch alles in Ordnung. Wenn du von Gott nichts empfängst, ist bei dir etwas nicht in Ordnung.« Also habe ich das auch meiner Gemeinde so beigebracht. Ich wollte, dass die Menschen in meiner Gemeinde geheilt und gesund sind, und deshalb lehrte ich sie eine Liste von Gründen, warum sie ihre Heilungen nicht erhielten, aber diese Liste wurde immer länger.

Komm zu ihm, so wie du bist. Er wird dich rein machen.

Eines Tages, als ich wirklich sehr nachdrücklich über dieses Thema lehrte, hörte ich die Stimme des Heiligen Geistes in meinem Inneren sagen: »Hör auf, mein Volk zu disqualifizieren!«

Ich war traurig, dass der Herr so etwas zu mir sagte, und ich antwortete ihm: »Aber Herr, ich liebe dein Volk. Ich will, dass die Menschen gesund sind.« Und der Herr sagte: »Dann hör auf, mein Volk zu disqualifizieren.« Ich entgegnete: »Aber Herr, ich disqualifiziere die Menschen nicht. Ich versuche, sie für deine Heilung tauglich zu machen.«

Während ich das zum Herrn sagte, wurden mir die Augen geöffnet, und ich tat Buße.

Ich kann niemanden für Heilung tauglich machen und es zu versuchen, ist auch gar nicht nötig. Gott *hat* uns durch das Blut seines Sohnes bereits tauglich gemacht.

Lass mich dir zeigen, was das Wort Gottes darüber sagt:

Dem Vater danksagend, der euch ***tauglich gemacht hat*** *zum Anteil am Erbe der Heiligen im Licht; er hat uns gerettet aus der Macht der Finsternis und versetzt in das Reich des Sohnes seiner Liebe.* ***In ihm haben wir die Erlösung, die Vergebung der Sünden.*** *— Kolosser 1,12–14*

Heute können du und ich dem Vater danken, der uns tauglich gemacht *hat.* Wir *sind bereits* berechtigt, an jedem Segen teilzuhaben. Und nicht nur das, er hat uns auch aus der Macht der Finsternis *gerettet* und uns in das Reich des Sohnes seiner Liebe versetzt. Findest du es nicht auch toll, wie die Bibel es ausdrückt? Wir sind jetzt im Reich des Sohnes seiner Liebe, und das bedeutet, dass der Teufel uns nicht mehr in der Hand hat. Er hat *keine* Macht über uns. Er hat nicht die Autorität, uns unserer Gesundheit zu berauben.

Gott hat uns durch das Blut seines Sohnes bereits für jeden Segen tauglich gemacht.

Egal, welche Sünde du begangen hast, egal, welche Fehler du gemacht hast – hör auf, dich selbst zu disqualifizieren und für untauglich zu erklären. Nichts, was du tust, hat die Macht, das vollbrachte Werk Christi wegzuschwemmen.

Vielleicht denkst du, du hättest es nicht verdient, geheilt zu werden. Vielleicht meinst du, dass du diese Krankheit in deinem Körper zu Recht hast. Schließlich hast du dich entschieden, deinen Körper jahrelang mit all dem ungesunden Junkfood vollzustopfen. Und dich ausreichend bewegt oder Sport getrieben hast du auch nicht. Im Grunde ist diese Krankheit das Ergebnis deiner schlechten Entscheidungen.

Sage ich, dass du dich nicht gesund ernähren und dich nicht um deinen Körper kümmern solltest? Auf keinen Fall. Was ich damit sagen will, ist: Selbst wenn du Fehler gemacht hast, musst du dich nicht für untauglich erklären. Darum geht es bei der Gnade – *Gnade ist für diejenigen, die sie nicht verdient haben!*

Mit Gott ist alles in Ordnung, mit seinem Wort ist alles in Ordnung und mit dir ist definitiv auch alles in Ordnung, weil Jesus deine Sünden durch sein Blut wirksam, vollzählig und vollständig weggenommen hat. Und jetzt empfange deine Heilung.

Gnade ist für diejenigen, die sie nicht verdient haben.

Du kannst zu *allen* Verheißungen Gottes in Christus zuversichtlich »Ja« und »Amen« sagen (2Kor 1,20). Er hat dich bereits tauglich gemacht und dir das Recht gegeben, seine Heilung, seine finanzielle Versorgung, seine Gunst, seine Freude und seinen Frieden als Geschenk zu empfangen.

Von Süchten und Hepatitis C befreit

Shirley aus Texas hat meinem Team geschrieben und ich möchte ihr Zeugnis hier ausschnittweise wiedergeben, denn im Natürlichen gab es viele Dinge in ihrem Leben, die sie nach dem Glauben vieler Leute davon ausgeschlossen hätten, Gottes Heilung zu empfangen.

Zehn Jahre lang war Shirley von Drogen und Alkohol abhängig. Als Folge dieses Lebensstils bekam sie Hepatitis C, eine schwere und leider stille Lebererkrankung, die chronisch ist und manchmal tödlich verläuft. Auch nach einem Jahr Suchtfreiheit ließ sich der Hepatitis-C-Virus bei einem erneuten Test noch immer in ihrem Körper nachweisen.

Shirley schrieb, dass sie, obwohl der Herr sie von ihren Süchten befreit hatte und sie seither trocken war, trotzdem immer das Gefühl gehabt habe, als Christin zu versagen, auch wenn sie ihr Bestes gab. Sie dachte ständig, sie hätte noch mehr beten, öfter in der Bibel lesen und häufiger in die Kirche gehen können.

Dann hörte sie mich über das Evangelium und das Abendmahl sprechen. Das brachte, wie sie sagte, die »radikale Gnade Gottes« in ihre Situation. Was dann passierte, erzählte sie uns so:

Ich fing an, mir Botschaften von Joseph Prince anzuhören und die Grace Revolution Church in Dallas zu besuchen. Ich begann auch zu Hause das Abendmahl zu nehmen und stützte mich dabei immer auf das vollbrachte Werk Jesu.

Einige Zeit später suchte ich eine Fachärztin für Infektionskrankheiten auf. Eine Blutuntersuchung sollte zeigen, welchen Genotyp des Hepatitis-C-Virus ich hatte, damit ich die richtige Behandlung bekäme. Ein paar Wochen später erhielt ich einen Anruf von dieser Ärztin. Sie sagte, dass sie gute Nachrichten für mich habe: Ich sei ein ganz besonderer Fall, denn bei mir hätten sich Antikörper gegen das Virus entwickelt und ich sei nun immun dagegen. Sie sagte mir, dass mein Körper das Virus abgewehrt habe und deshalb keine Behandlung nötig sei. Gelobt sei Jesus! Alle Ehre gehört ihm! Wie Jesus ist, so bin auch ich in dieser Welt. Da er keine Hepatitis C in seinem Blut hat, habe ich auch keine!

Das ist so genial. Denn ich hatte ständig das Gefühl, nicht so viel Zeit mit Gott zu verbringen, wie ich es mir gewünscht hätte. Ich fühlte mich oft, als sei ich keine gute Christin. Ich bin auch nicht wirklich oft in die Kirche gegangen. Deshalb ist das eine starke Botschaft für mich – dass es nichts gibt, womit ich mir meine Heilung oder meine gerechte Stellung beim Vater verdienen könnte. Die Tatsache, dass ich mich während des letzten Jahres weniger geistlich gefühlt habe, aber dennoch geheilt wurde, ist ein starker Beleg für die radikale Gnade unseres Herrn Jesus Christus.

Außerdem hatte ich das ganze Jahr über nicht mal einen Schnupfen. Normalerweise werde ich in den Wintermonaten mindestens drei- bis viermal krank. Jedes Mal, wenn ich auch nur die leisesten Symptome spürte, machte ich Jesu vollbrachtes Werk für meinen Körper geltend. Und am nächsten Morgen wachte ich immer geheilt und erfrischt auf! Gelobt sei Gott!

Vielen Dank, Pastor Prince, für die erstaunliche Botschaft von Gottes Gnade, die mein Leben verändert hat. Danke, dass Sie meine Augen für die Kraft des vollbrachten Werkes Jesu geöffnet haben und für seine Agape-Liebe zu uns.

Preis dem Herrn! Ich freue mich zu wissen, dass Shirley frei von Hepatitis C ist und die Gnade und Liebe des Herrn ungehindert genießen kann.

Es gab viele Bereiche in Shirleys Leben, in denen sie gescheitert war, aber was mich besonders begeistert, ist die Art und Weise, wie die Gnade Gottes sie von einer zehn Jahre andauernden schweren Sucht befreite. Das Verlangen nach Drogen oder Alkohol hatte keine Chance auf ein Comeback, weil sie sich mit Predigten über Jesus füllte, das Geschenk der Gerechtigkeit empfing und das Abendmahl nahm, um geheilt zu werden. Es ist wirklich die Güte Gottes, die uns zur Umkehr leitet.

Hätte Shirley zu hören bekommen, dass sie ihr Leben erst mal auf die Reihe bekommen müsse, bevor Gott sie heilen könne, denkst du, sie hätte ihre Heilung von Hepatitis C empfangen oder mehr Gesundheit und Schutz für ihren Körper erfahren als je zuvor? Was du über Gott hörst, könnte für dich den Unterschied zwischen Leben und Tod bedeuten. Hörst du auf die Stimme, die dich von Gottes Segnungen ausschließen will, oder hörst du auf die Stimme der Gnade, die dich auf der Grundlage von Jesu Kreuz für berechtigt erklärt?

Was du über Gott hörst, könnte den Unterschied zwischen Leben und Tod bedeuten.

Jesus kann und will dich heilen

Du hast gesehen, wie unser Herr Jesus die Frau mit dem Blutfluss geheilt hat. Ich möchte dir noch eine andere Person zeigen, die von Jesus geheilt wurde, obwohl sie unwürdig war und dem Gesetz nach als unrein galt. Matthäus 8 schildert die Ereignisse am Berg der Seligpreisungen, kurz nachdem Jesus die Bergpredigt gehalten hat, und beginnt folgendermaßen:

> *Als er aber von dem Berg herabstieg, folgte ihm eine große Volksmenge nach. Und siehe, ein Aussätziger kam, fiel vor ihm nieder und sprach: Herr, wenn du willst, kannst du mich reinigen! Und Jesus streckte die Hand aus, rührte ihn an und sprach: Ich will; sei gereinigt! Und sogleich wurde er von seinem Aussatz rein. — Matthäus 8,1–3*

Immer wenn ich die Gelegenheit habe, mit meinen Pastoren nach Israel zu reisen, ist einer meiner Lieblingsplätze der Berg der Seligpreisungen. Vor einigen Jahren kletterten wir dort hinauf, wo Jesus gesessen haben könnte, während er zu der weiter unten versammelten Menschenmenge predigte. Ich ließ meine Pastoren, die sich noch unterhielten, dort zurück und ging einen Pfad entlang, um ein wenig Zeit allein mit dem Herrn zu verbringen. Dabei bemerkte ich, dass dieser Weg ganz bis nach Kapernaum führte.

Ich hatte mir immer vorgestellt, dass Jesus den Berg hinunter in Richtung der Menschenmenge ging. Aber an diesem Tag wurde mir erst wirklich bewusst, dass das Matthäusevangelium davon spricht, dass Jesus »eine große Menge folgte«, als er den Berg hinunterging. Hätte er sich auf die Menge zubewegt, dann ergäbe die Aussage, dass sie ihm »folgten«, keinen Sinn. Er muss sehr wahrscheinlich auf einer anderen Seite des Berges hinunter nach Kapernaum gegangen sein, damit die Menge ihm folgen konnte. Laut der Bibel heilte Jesus den Leprakranken und traf gleich im nächsten Vers in Kapernaum ein (Mt 8,5). Daraus schließe ich, dass Jesus unmittelbar nach seiner Predigt dorthin aufgebrochen war.

Auf jeden Fall folgte ich weiter diesem Pfad, bis ich auf einen riesigen Felshaufen stieß, der sich abseits des Weges türmte. Drumherum verstreut sah ich weitere Felsplatten liegen. Plötzlich spürte ich, wie der Herr mich innehalten ließ, woraufhin er mir eine Vision vor meinem inneren Auge zeigte.

Ich sah, wie sich der leprakranke Mann unter diesen Felsplatten versteckt haben könnte, damit er Jesus predigen hören konnte, ohne von der Menge gesehen zu werden. Wäre er entdeckt worden, so unrein, wie er wegen der Lepra war, hätten die Menschen ihn vielleicht vor lauter Abscheu mit Steinen beworfen, um ihn zu vertreiben.

Ich sah die Qual dieses Mannes, der nicht nur litt, weil sein Körper mit Leprageschwüren übersät war und überall rohes Fleisch zeigte, sondern auch, weil er gezwungen war, sich zu isolieren und von seiner Familie fernzuhalten, damit er sie nicht anstecken oder verunreinigen würde (3Mo 13,45–46).

Ich sah die Verzweiflung des Mannes, mit der er sich vor Jesus hinwarf und voller Verehrung zu ihm sagte: »Herr, wenn du willst, kannst du mich reinigen.«

Und ich sah, mit welcher Anmut und Erhabenheit unser Herr Jesus sich hinunterbeugte, den Leprakranken *berührte,* ihn aufrichtete und ihm sagte: »Ich will; sei gereinigt.«

In jenem Moment stellte der Herr nicht nur die Gesundheit dieses Mannes wieder her, sondern gab ihm auch seine Menschenwürde zurück.

Ich weiß nicht, ob dir klar ist, wie bemerkenswert es ist, dass Jesus einen Leprakranken berührte. Gemäß dem Gesetz wird ein Reiner, der einen Unreinen berührt, selbst unrein. Unser Herr Jesus zeigte damit, dass unter der Gnade der Reine (Jesus) den Unreinen berührt und der Unreine dadurch rein wird! Jesus wurde durch Berühren des Aussätzigen nicht verunreinigt – er verbannte die Verunreinigung vielmehr.

Unter der Gnade berührt der Reine den Unreinen und der Unreine wird rein!

Basierend auf dem, was ich im Geist gesehen habe, haben mein Team und ich ein Video über die Heilung des leprakranken Mannes vorbereitet, damit auch du das Ganze sehen kannst. Geh einfach auf JosephPrince.de/iss. Sogar die Musik, die im Video zu hören ist, kommt vom Himmel. In einem unserer Mittwochs-Gottesdienste sang ich spontan ein Lied, das mir im Geist eingegeben wurde, und wir beschlossen später, die Melodie für das Video zu verwenden. Ich wünsche dir, dass du beim Anschauen das tiefe Mitgefühl unseres Herrn und seine fürsorgliche Liebe zu dir spürbar wahrnehmen kannst. Du wirst feststellen, dass seine Heiligkeit eine Heiligkeit ist, der man sich nähern kann. Mögest du erleben, wie Jesus zu dir kommt, sich zu dir beugt und dich aus deinem Schmerz heraushebt.

Hör auf, dich selbst zu disqualifizieren

Es gibt viele Menschen, die glauben, dass Gott die Macht hat zu heilen. Aber wie der Aussätzige zweifeln sie daran, dass Gott seine Macht auch nutzen will, um sie zu heilen. Vielleicht hast auch du schon solche Zweifel gehegt. Aber höre, wie Jesus zu dir sagt: »Ich will, sei rein! Sei geheilt!« Das sollte den Zweifel in deinem Herzen für immer beseitigen. Deine Sünden und Unzulänglichkeiten stoßen Jesus nicht ab. Im Gegenteil, genau die Dinge, von denen du glaubst, dass sie dich ungeeignet machen, lassen dich für seine rettende Gnade *perfekt geeignet* sein. Bete ihn also einfach an, achte dabei nicht auf das, was dich zu disqualifizieren scheint, und lass dich von ihm anrühren und reinigen.

Sieh, wie Jesus zu dir kommt, sich zu dir beugt und dich aus deinem Schmerz heraushebt.

Heilung ist ein Gnadengeschenk. Weder kannst du dir Heilung durch deine guten Werke verdienen, noch können deine Unzulänglichkeiten dazu führen, dass sie dir verwehrt wird. Denk einfach an all die Menschen, die Jesus geheilt hat. Glaubst du nicht, dass es unter den vielen, die geheilt wurden, auch Menschen mit Sünden und Fehlern im Leben gab? Musste einer von denen, die Jesus heilte, zuerst etwas tun, um sich die Heilung zu verdienen oder sich dafür zu qualifizieren?

Mein Freund, hör auf, dich selbst zu disqualifizieren. Egal, worin du deiner Ansicht nach versagt hast, egal, für wie schmutzig und unrein du dich hältst, Gott liebt dich. So wie er den Aussätzigen reinigte und die blutflüssige Frau heilte, kann er dich heilen – und nichts will er lieber tun. Unter dem Gesetz wärst du davon ausgeschlossen. Aber Jesus kam und erfüllte jeden Buchstaben des Gesetzes bis hin zum kleinsten Punkt (Mt 5,17–18), damit wir heute das Gute, das wir nicht verdienen, ungehindert empfangen können. Unser Herr Jesus trug am Kreuz unsere Sünden und auch unsere Krankheiten. Wenn Gott dich ansieht, sieht er nicht deine Sünden und dein Versagen. Wenn du Jesus in dein Herz aufgenommen hast, bist du in Christus eine neue Schöpfung (2Kor 5,17). Komm furchtlos zu ihm und erhalte Hilfe für jede Not (Hebr 4,16)!

Ich bete, dass du heute von einem Jesus gehört hast, der mit großzügiger Hand bereitwillig Segen, Versorgung und Heilung austeilt und dabei nichts zurückhält. Ich bete, dass du einen Jesus gesehen hast, der seine Bereitschaft zeigt, deine Krankheiten und Unreinheiten zu nehmen und dir im Austausch seine göttliche Gesundheit und Gerechtigkeit zu geben.

Was gibt es Besseres, als Jesus selbst bei sich zu haben?

Aber vielleicht hast du immer noch Zweifel, was deine Heilung angeht.

Du hast gesehen, wie Jesus eine Frau von einem langjährigen chronischen Leiden heilte und einen Mann von einer unheilbaren Krankheit befreite. Vielleicht denkst du ja: *Schön und gut, aber sie haben Jesus persönlich getroffen. Wenn ich Jesus doch auch nur persönlich treffen könnte, dann könnte ich geheilt werden.*

Jesus kam und erfüllte jeden Buchstaben des Gesetzes bis hin zum kleinsten Punkt, damit wir heute das Gute, das wir nicht verdienen, ungehindert empfangen können.

Mein Freund, ich habe eine überaus gute Nachricht für dich.

Unser Herr Jesus sagte von sich selbst zu seinen Jüngern: »Es ist besser für euch, wenn ich gehe. Sonst käme der Helfer nicht, der an meiner Stelle für euch da sein wird. Wenn ich nicht mehr bei euch bin, werde ich ihn zu euch senden« (Joh 16,7 HFA). Während seiner Zeit auf der Erde war Jesus in seinen Möglichkeiten begrenzt. Er konnte immer nur einen Ort nach dem anderen aufsuchen. Aber jetzt, da er uns den Heiligen Geist gesandt hat, wirkt sich das zu unserem Vorteil aus! Denn nun ist er völlig unbegrenzt und kann zu dir und mir sagen:

»Ich bin immer bei euch bis ans Ende der Zeit.«
— Matthäus 28,20 NLB

Halleluja! Jesus ist in diesem Moment – in der Gegenwart – *bei* dir und mir. Er ist nicht irgendwo weit weg. Egal, wo wir sind, und egal, mit welchen Umständen wir konfrontiert sind, er ist immer bei uns. Unser Teil besteht darin, *mit Zuversicht* zu ihm zu kommen, um Barmherzigkeit, Gnade und Hilfe von ihm zu empfangen (Hebr 4,16). Sprich dir nicht selbst dieses Recht ab, und erlaube auch niemand anderem, dir zu sagen, dass du sein Geschenk der Heilung nicht verdienst. Komm heute – voller Zuversicht – zu ihm.

Egal, mit welchen Umständen wir konfrontiert sind, er ist immer bei uns.

Und das ist noch nicht alles. Ist dir aufgefallen, dass die blutflüssige Frau allein durch das Berühren von Jesu Kleidung geheilt wurde? Heute hast du etwas *viel* Besseres als seine Kleidung. Du kannst auf greifbare und praktische Weise am *Körper Jesu* teilhaben.

Was ich damit meine? In der Nacht, in der unser Herr Jesus verraten wurde, rief er das Abendmahl ins Leben. Er nahm den Laib Brot, und dann sagt uns die Bibel Folgendes:

> *Und nachdem er Dank gesagt hatte, brach er ihn und sprach: »**Das ist mein Leib, der für euch gebrochen wird**. Tut das zur Erinnerung an mich.« Ebenso nahm er nach dem Abendmahl den Weinkelch und sprach: »Dieser Kelch ist der neue Bund zwischen Gott und euch, besiegelt durch mein Blut. Wann immer ihr daraus trinkt, tut es zur Erinnerung an mich.« — 1. Korinther 11,24–25 NLB*

Jedes Mal, wenn wir das Abendmahl feiern, haben wir Anteil am Körper Jesu und empfangen sein Blut. Wenn schon seine Kleidung so viel Heilungskraft enthielt, kannst du dir vorstellen, welche Kraft dann im Abendmahl steckt? Es gibt noch so viel, was ich dir über die Heilkraft des Abendmahls erzählen möchte, und ich kann es kaum erwarten, dieses Thema noch weiter zu vertiefen!

7.

OFFENBARUNG FÜHRT ZU ERGEBNISSEN

Wenn du dieses Buch von Anfang an verfolgt hast, bete ich, dass du inzwischen zu verstehen beginnst, dass es Hoffnung gibt – *ungeachtet* der Art deiner Erkrankung oder der Erkrankung eines dir nahestehenden Menschen.

Es gibt Hoffnung, weil du *nicht* auf dich gestellt bist, du gehörst nicht einmal dir selbst – du gehörst einem Gott, der dich mit einer so intensiven Liebe liebt, dass du die Länge, Breite, Tiefe und Höhe seiner überaus großen Liebe zu dir niemals ergründen können wirst. Es ist eine Liebe, die über jede Erkenntnis hinausgeht, eine Liebe, die zu groß ist, um sie jemals zu begreifen (Eph 3,18–19).

Es gibt Hoffnung, weil du einem Gott gehörst, der dich nicht dem von Krankheit verursachten Leiden überlassen konnte – und der deshalb seinen geliebten Sohn sandte, damit dieser *alle* deine Schmerzen und Krankheiten auf seinem eigenen Körper tragen würde.

Es gibt Hoffnung, weil du einem Gott gehörst, der dir eine praktische Möglichkeit gegeben hat, durch die du *jederzeit* Zugang zu seiner Heilungskraft haben kannst. Du kannst ungehindert zu ihm kommen. Es gibt keine religiösen Kunststücke, die du aufführen musst, keine Voraussetzungen, die du erfüllen musst. Er *hat* dich bereits tauglich gemacht und du darfst einfach auf seine Einladung reagieren, die er dir gab, als er das Brot nahm und sagte: »*Nehmt und esst*, das ist mein Leib«, und als er den Kelch nahm und sagte: »*Trinkt davon*, jeder von euch« (Mt 26,26–27).

Es gibt keine religiösen Kunststücke, die man aufführen muss, um Zugang zu seiner Heilungskraft zu erhalten.

Ich bete, dass du eine Offenbarung darüber erhalten hast, *was* du essen sollst, damit du ein Leben voller Vitalität haben kannst und einen Körper, der gefüllt ist mit göttlicher Gesundheit und Kraft. In diesem und dem nächsten Kapitel möchte ich mit dir darüber sprechen, *wie* man vom Abendmahl isst, um Leben und Gesundheit zu empfangen. Es mag dir seltsam vorkommen, dass ich darüber reden will, *wie* man das Abendmahl nimmt. Geht es dabei nicht einfach nur ums Essen (Kauen und Schlucken) und Trinken, was ja eigentlich Dinge sind, die man nicht erst erlernen muss? Mein Freund, das Abendmahl hat sicherlich mit Essen und Trinken zu tun. Aber es unterscheidet sich völlig von jeder anderen Kost, die du vielleicht schon probiert hast.

Beim Abendmahl geht es nicht um Regeln und Rituale

Jeder Diät- und Ernährungsplan hat Regeln, die du zu befolgen hast, wenn du Ergebnisse und echte Erfolge sehen willst. Ob es darum geht, Kohlenhydrate zu reduzieren, verstärkt Proteine aufzunehmen, Portionsgrößen zu begrenzen oder zu verschiedenen Zeiten auf bestimmte Lebensmittel zu verzichten, so hat jede Ernährung ihre eigenen Empfehlungen und Vorgaben. Wenn du irgendwelche

Fortschritte machen willst, musst du diszipliniert genug sein und alle Grundsätze des jeweiligen Ernährungsplans beachten. Legst du hingegen einen »Mogeltag« zu viel ein, kommst du nur minimal oder gar nicht voran. Der Punkt ist, dass die Erfolge jeder Diät oder Ernährungsumstellung völlig von *dir* abhängig sind. Ob dein Ernährungsplan funktioniert oder nicht, hängt von der gefallenen Schöpfung ab – von *deiner* Disziplin, *deiner* Willenskraft und *deiner* Fähigkeit, die Regeln dauerhaft zu befolgen.

Beim Abendmahl verhält es sich völlig anders. Es geht dabei nicht um Dinge, die du tun musst, sondern allein darum, dass du eine Offenbarung darüber hast, was *für dich* getan wurde. Wenn du die Bibel liest, denke immer daran: Sie ist nicht nur ein historischer Text oder Bericht über das Leben unseres Herrn Jesus. Die Bibel dokumentiert seine Liebe *zu dir*! Ich bete, dass der Heilige Geist dir bereits Augen gegeben hat, mit denen du sehen kannst, dass es bei allem, was Jesus ertragen hat, *um dich* ging. *Du* und deine Gesundheit waren die Freude, die vor ihm lag. Jedes Opfer, das er brachte, galt *dir*. Der Göttliche hat gelitten, damit *du* übernatürliches Leben, Gesundheit und Wohlbefinden haben kannst!

Nimm das Abendmahl, um dich zu erinnern

Ich möchte dir zeigen, was der Apostel Paulus über das Abendmahl geschrieben hat:

> *Das Folgende hat der Herr selbst gesagt, und ich gebe es euch so weiter, wie ich es empfangen habe: In der Nacht, als er verraten wurde, nahm Jesus, der Herr, einen Laib Brot, und nachdem er Dank gesagt hatte, brach er ihn und sprach:* ***»Das ist mein Leib, der für euch gebrochen wird. Tut***

***das zur Erinnerung an mich.*«** *Ebenso nahm er nach dem Abendmahl den Weinkelch und sprach: »Dieser Kelch ist der neue Bund zwischen Gott und euch, besiegelt durch mein Blut. Wann immer ihr daraus trinkt, tut es* ***zur Erinnerung an mich.*«** *Denn jedes Mal, wenn ihr dieses Brot esst und aus diesem Kelch trinkt, verkündet ihr den Tod des Herrn, bis er wiederkommt. — 1. Korinther 11,23–26* NLB

Beim Abendmahl geht es nicht um Dinge, die du tun musst, sondern allein darum, dass du eine Offenbarung darüber hast, was für dich getan wurde.

Bei Diäten und beim Sport werden Ergebnisse durch Regeln, Routine und Reglementierung erzielt. Beim Abendmahl kommen die Ergebnisse durch Beziehung, Offenbarung und das richtige Verständnis des Erlösungswerks Christi.

Beim Abendmahl geht es um seine Liebe. Es geht um seine Kraft, dich zu heilen und dich von jeder Krankheit und jedem Leiden zu befreien. Und deshalb will unser Herr Jesus, dass wir das Abendmahl zur *Erinnerung* an ihn nehmen.

Beim Abendmahl geht es um seine Liebe und seine Kraft, dich zu heilen und zu befreien.

Wenn das jüdische Volk das Wort *Erinnerung* verwendet, ist damit nicht nur ein passives Erinnern oder ein sentimentaler Rückblick gemeint. Es ist ein viel stärkeres Wort, das in seiner Bedeutung den Gedanken einer *Wiederaufführung* trägt; das Ereignis soll neu durchlebt werden. Es geht darum, alles »nachzuspielen« und damit nachzuvollziehen, was er durchgemacht hat – seinen Körper gebrochen zu sehen, während du das Brot in deinen Händen brichst, und beim Trinken des Weins oder des Safts sein Blut für dich vergossen zu sehen. Es geht darum, das Kreuz aktiv wertzuschätzen und bewusst wahrzunehmen, wie viel Kraft es für dich heute birgt, indem du dich daran erinnerst, dass der König der Könige *für dich* gelitten hat.

Konzentriere dich auf das Kreuz, nicht auf deine Krankheit

Hast du bemerkt, dass unser Herr Jesus sagte, dass wir das Abendmahl zur Erinnerung an ihn und nicht zur Erinnerung an unsere Krankheiten nehmen sollen? Es gab eine Zeit, da starben viele der Kinder Israels in der Wüste an Schlangenbissen. Die Israeliten flehten Mose an, er solle den Herrn bitten, die Schlangen wegzunehmen. Darf ich dir zeigen, wie Gott auf den Hilferuf der Kinder Israels reagierte?

> *Da sprach der Herr zu ihm: »Fertige eine Schlange an und befestige sie oben an einer Stange. Jeder, der sie anschaut, nachdem er gebissen wurde, wird am Leben bleiben.«*
> *— 4. Mose 21,8* NLB

Gottes Reaktion war nicht, die Schlangen wegzunehmen. Stattdessen wies er Mose an, eine Nachbildung genau der Sache zu machen, die sie tötete – der Schlange –, und sie auf einer Stange zu befestigen, damit alle sie anschauen konnten. Die Bibel erzählt uns weiter, was als Nächstes geschah:

Mose fertigte eine Schlange aus Bronze an und befestigte sie an der Spitze einer Stange. Jeder, der von einer Schlange gebissen wurde und dann die bronzene Schlange anschaute, blieb am Leben. — 4. Mose 21,9 NLB

Die Wellen der Übelkeit, die dich außer Gefecht setzen, sind real. Die Krämpfe, die deinen Körper erfassen, sind real. Die Atemnot, gegen die du ankämpfst, ist real. Der Schmerz, der dir bei jeder Bewegung durch den Kopf schießt, ist real – genauso real, wie es die schmerzhaften Bisse der giftigen Schlangen für die Kinder Israels waren. Ich bete jetzt im mächtigen Namen Jesu, dass jeder Schmerz und jedes Unwohlsein aus deinem Körper entfernt werden. Unser Herr Jesus nannte Heilung »das Brot der Kinder« (Mt 15,26). Wenn du ein Kind Gottes bist, gehört dir auch Heilung.

Wenn du ein Kind Gottes bist, gehört dir auch Heilung.

Aber, mein Freund, deine Heilung wird nicht davon kommen, dass du dich auf deinen Zustand konzentrierst. Deine Heilung kommt, wenn du das tust, was die Kinder Israels getan haben – sie schauten von ihren Bisswunden weg und sahen die bronzene Schlange an, die an der aufgerichteten Stange hing.

Unser Herr Jesus selbst sprach über diese bronzene Schlange, als er sagte: »Und wie Mose in der Wüste die Schlange erhöhte, so muss der Sohn des Menschen erhöht werden« (Joh 3,14). Die Schlange an der aufgerichteten Stange ist ein Bild davon, wie unser Herr Jesus am Kreuz aufgerichtet zwischen Himmel und Erde hing. Er wurde von den Menschen zurückgewiesen, und auch von Gott wurde er verworfen. Sein eigener Vater musste sich von ihm abwenden, weil Jesus unsere ganze Sündenlast auf sich trug.

Aber das ist noch nicht alles. Es war eine bronzene Schlange, denn Bronze steht in der Bibel für Gericht. Gott ist heilig und gerecht, und Gott muss Sünde bestrafen. Er liebt dich und mich aber so sehr, dass er Jesus sandte, damit er an unsere Stelle treten und unser Urteil und unsere Strafe auf sich nehmen würde. Am Kreuz wurde Jesus für jede Sünde bestraft. Er trug jede Konsequenz und jeden Fluch der Sünde, die du und ich hätten erfahren sollen, und das schließt auch alle Krankheiten und jede körperliche Schwäche mit ein.

Nimm dir Zeit, die Person Jesu anzubeten und zu preisen, wenn du das Abendmahl nimmst.

Zwar wurden viele von ihnen durch Schlangenbisse getötet, aber diejenigen der Kinder Israels, die die bronzene Schlange *anschauten*, wurden geheilt. Das hebräische Wort, das in 4. Mose 21,9 mit »anschauen« übersetzt wird, ist *nabat*, was »hinsehen, betrachten« bedeutet.[21] Genauso verhält es sich, wenn du das Abendmahl nimmst. Konzentriere dich dabei nicht auf die Symptome in deinem Körper. Nimm das Abendmahl in Erinnerung an deinen Herrn Jesus und nicht zur Erinnerung an deine Schmerzen. Betrachte ihn aufmerksam und mit der Erwartung, dass er dich retten und heilen wird.

Sieh, wie er hoch oben am Kreuz hängt und mit deiner Krankheit geschlagen wird. Wenn du ein Nierenproblem hast, dann sieh, wie Jesu Niere am Kreuz von deiner Krankheit befallen wird. Wenn du eine Wirbelsäulendegeneration hast, sieh, wie Jesu Wirbelsäule diesen Zustand am Kreuz annimmt. Wenn du siehst, wie der Körper Jesu von deiner Krankheit befallen wird, kann diese nicht mehr in dir bleiben. Selbst wenn du eine »unheilbare« Krankheit hast, an der andere gestorben sind, schaue auf ihn und empfange deine Heilung!

Darf ich dich dazu anregen, das Abendmahl nicht einfach schnell hinter dich zu bringen? Der Herr liebt dich so sehr. Nimm dir etwas Zeit, um den Herrn anzubeten, bis du seine Gegenwart spürst. Nimm dir Zeit, ihn zu preisen, bis dir seine Güte und seine Heilkraft viel bewusster sind als das Gefühl von Schwäche in deinem Körper oder als die Symptome im Körper eines dir nahestehenden Menschen. Wenn du die Person unseres Herrn Jesus anbetest, wirst du auch alle Wohltaten aus seinem Werk erhalten, die mit seiner Person verbunden sind – dessen bin ich mir sicher. Und das ist auch der Grund, weshalb wir das Abendmahl in Erinnerung an ihn nehmen.

Zu Leben und Gesundheit ausgesondert

Manche Leute lassen sich von dem Wort *heilig* verwirren, wenn vom Abendmahl als »heiliges Abendmahl« gesprochen wird. Für sie fühlt es sich antiquiert und vielleicht sogar irrelevant an. Aber wusstest du, dass »heilig« einfach »für Gott ausgesondert« und *ungewöhnlich* oder *unüblich* zu sein bedeutet?[22] Dies zeugt von der Besonderheit des Abendmahls. Jedes Mal, wenn du das Abendmahl feierst, erlaubst du dem Herrn, dich von der Welt abzusondern und eine private Zeit der Intimität und Gemeinschaft mit dir zu haben!

Sieh dir an, was Gott für die Kinder Israels tat, als die Plagen über das Land Ägypten kamen. Er erklärte:

> *»Ich werde aber an jenem Tag das Land Goschen, in dem sich mein Volk aufhält, besonders behandeln, so dass dort keine Stechfliegen sein werden, damit du erkennst, dass ich, der HERR, mitten im Land bin. Und ich werde einen Unterschied setzen zwischen meinem Volk und deinem Volk.«*
> *— 2. Mose 8,18–19*

Das Gleiche gilt, wenn du göttliche Erkenntnisse über die Kraft und Bedeutung des Abendmahls hast. Der Herr wird dich dann anders behandeln und einen Unterschied zwischen dir und den Menschen der Welt machen. Das bedeutet, dass du *nicht* wie die Menschen der Welt bist. Es bedeutet, dass es für die Menschen der Welt üblich sein mag, sich eine »gewöhnliche Grippe« einzufangen oder ab einem bestimmten Alter die für diese Altersgruppe typischen Symptome oder Beschwerden zu entwickeln. Aber du musst die »üblichen« Beschwerden nicht akzeptieren, denn Gott hat dich ausgesondert, um unüblich zu sein.

Du musst die »üblichen« Beschwerden nicht akzeptieren, denn Gott hat dich ausgesondert.

In einer Welt, die verfällt und an Krankheiten stirbt, hat er den Preis dafür bezahlt, dass du ungewöhnlich gesund, stabil und geheilt sein kannst. Während der Rest der Welt mit zunehmendem Alter schwächer wird, erklärt die Bibel dir: »Solange du lebst, soll deine Kraft nicht nachlassen!« (5Mo 33,25). Sie sagt auch, dass dein

Körper die jugendliche Frische zurückgewinnt und du wieder wie ein junger Mensch wirst (Hiob 33,25). Ich bete und spreche das genau jetzt über dich aus: Möge mit deinem Alter auch deine Kraft und Gesundheit zunehmen, und möge der Herr dir die Tage deiner Jugend zurückbringen und dein Fleisch wieder wie das eines Kindes sein lassen. Amen!

Das Abendmahl gründet auf Offenbarung und Beziehung

Es gibt etwas, das du über das Abendmahl wissen musst: Allein das Zu-sich-Nehmen seiner Elemente wird nicht zu den gewünschten Ergebnissen führen.

Als ich anfing, in unserer Gemeinde über das Abendmahl zu lehren, erzählten manche in der Gemeinde ihren Freunden, wenn diese krank wurden, sie sollten doch einfach das Abendmahl nehmen. Ich konnte zwar verstehen, weshalb sie das taten, aber so funktioniert es nicht. Man kann das Essen des Brotes und das Trinken des Weines oder Saftes nicht von einer *Beziehung* mit unserem liebevollen Retter loslösen.

Er hat den Preis dafür bezahlt, dass du ungewöhnlich gesund, stabil und geheilt sein kannst.

Man kann die Elemente des Abendmahls nicht aus Aberglauben oder mit der Einstellung nehmen, es »mal ausprobieren« zu wollen. Du kannst sie auch nicht einfach deinen kranken Angehörigen in die Hände drücken und ihnen sagen, dass sie sie nehmen sollen.

Wie ich bereits sagte, gibt es an den Elementen des Abendmahls nichts Magisches. Wenn du keine Offenbarung über die Bedeutung des Abendmahls hast und auch Jesu Liebe in deinem Herzen nicht wahrnehmen kannst, fehlt dem Abendmahl sein eigentlicher Inhalt. Im Gegensatz zu Diäten und Fitnessplänen, die funktionieren, wenn man die vorgegebenen Regeln befolgt, basiert die Kraft des Abendmahls auf einer *Offenbarung* über das Erlösungswerk Christi und auf dem Glauben an sein vollbrachtes Werk.

Wie man an Glauben zunimmt

Wenn du keine Offenbarung oder keinen Glauben hast, fange an, Predigten zu hören oder anzuschauen, die voll von Jesus sind. Höre dir Lehren an oder lies Bücher über das Abendmahl, die enthüllen, was er für dich getan hat. Die Bibel sagt uns: »Der Glaube [kommt] durch das Hören dieser Botschaft, die Botschaft aber kommt durch das Wort Christi« (Röm 10,17 NLB). Fällt dir auf, dass es nicht heißt, der Glaube kommt, wenn man »gehört hat«? Wenn du keinen Glauben hast, kannst du den Glauben durch *wiederholtes Hören* »kommen« lassen. Also höre immer weiter zu und gib dich nicht damit zufrieden, einfach nur gehört zu *haben*.

Die hier verwendete Übersetzung dieses Verses erklärt auch, dass der Glaube kommt, wenn man »das Wort Christi« hört. Der Glaube kommt nicht, wenn man hört, was man tun muss, um sich seinen Segen zu verdienen, oder wenn einem gesagt wird, inwiefern man versagt hat. Er kommt, wenn es bei dem, was du hörst, ganz um *Jesus* und seine überwältigende Liebe zu dir geht.

Beim Abendmahl geht es um vertraute Gemeinschaft

Lass mich dir etwas erzählen, und ich bete, dass es dir richtig warm ums Herz wird, wenn du dabei gleich noch mehr von Jesus siehst. Schon das Wort *Gemeinschaft* spricht von der Beziehung, die sich unser Herr mit uns wünscht. Der Apostel Paulus schrieb:

> *Der Kelch des Segens, den wir segnen, ist er nicht die Gemeinschaft des Blutes des Christus? Das Brot, das wir brechen, ist es nicht die Gemeinschaft des Leibes des Christus? Denn ein Brot, ein Leib sind wir, die vielen, denn wir alle nehmen teil an dem einen Brot. Seht auf das Israel nach dem Fleisch! Sind nicht die, welche die Schlachtopfer essen, Teilhaber des Altars? — 1. Korinther 10,16–18 ELB*

Der Glaube kommt, wenn es bei dem, was du hörst, ganz um Jesus und seine überwältigende Liebe zu dir geht.

Das im griechischen Grundtext für »Gemeinschaft« verwendete Wort lautet *koinonia* und bedeutet neben Gemeinschaft auch »Teilhabe« und »Vereinigung«.[23] Es trägt demnach auch den Gedanken einer vertrauensvollen Teilhabe in sich, vergleichbar mit der Intimität, wie sie ein Ehepaar genießt, wenn Mann und Frau Gesten und Worte austauschen, in deren Bedeutung niemand sonst eingeweiht ist. Ist das nicht wunderschön? Wann immer du das Abendmahl nimmst, ist es eine Zeit der vertrauten Gemeinschaft zwischen dir und dem Herrn. Es ist eine Zeit, die du dir bewusst nimmst, um an deinen himmlischen Bräutigam zu denken, der dich so sehr liebt, dass er sich für dich hingegeben hat (Eph 5,25). Es ist eine Zeit, in der du zu ihm läufst und dich in seiner Gegenwart verlierst. Eine Zeit, in der du seiner vollkommenen Liebe erlaubst, jede Angst zu vertreiben, die an dir nagt.

Er kennt die geheimen Ängste deines Herzens, wenn du die Symptome in deinem Körper betrachtest. Er weiß, wie sehr es dich bedrückt, wenn die Ärzte dir von den langfristigen Komplikationen, Nebenwirkungen und finanziellen Belastungen erzählen, die eine Behandlung mit sich bringen würde. Lauf zu ihm und wirf all deine Ängste, all deine Sorgen und all deine Befürchtungen auf ihn, denn er kümmert sich mit tiefer Zuneigung um dich und wacht sehr aufmerksam über dich (1Petr 5,7 AMP).

Das Abendmahl ist eine Zeit der vertrauten Gemeinschaft zwischen dir und dem Herrn.

Weißt du, was passiert, wenn du dir Zeit nimmst, mit ihm Gemeinschaft zu haben und dich durch das Abendmahl auf ihn zu besinnen? Du wirst zu einem »vertrauten Teilhaber« der Vorzüge des Körpers Jesu und seines Blutes. So wie diejenigen, die von den Opfern aßen, »Teilhaber des Altars« wurden (1Kor 10,18 ELB), wirst du, wenn du das Brot isst und den Wein oder Saft trinkst, Teilhaber an allem, was Jesus am Kreuz vollbracht hat. Indem du trinkst, hast du Gemeinschaft mit Christus und hast teil am Blut Christi. Indem du das gebrochene Brot zu dir nimmst, hast du teil am Leib Christi, der für dich gebrochen wurde (1Kor 10,16).

Iss es frisch

Als Gott die Kinder Israels in der Wüste mit Manna versorgte, sagte Mose zum Volk: »Niemand soll etwas davon übrig lassen bis zum anderen Morgen!« (2Mo 16,19). Als einige von ihnen Moses Anweisung nicht beachteten und das Manna bis zum nächsten Morgen aufbewahrten, wimmelte es darin von Würmern und es stank. Das erinnert mich an das Gesetz, das die Kinder Israels befolgen mussten, wenn sie das Dank-Friedensopfer darbrachten: »Das Fleisch des Dank-Friedensopfers soll aber am Tag seiner Darbringung gegessen werden; *man darf nichts davon übrig lassen bis zum Morgen«* (3Mo 7,15).

Diese beiden Verse sprechen davon, dass man das Manna oder das Opferfleisch frisch essen soll. Man soll es nicht liegenlassen, sodass es verdirbt. In gleicher Weise sollten wir, wenn wir das Abendmahl feiern, den Herrn um eine frische Offenbarung dessen bitten, was er für uns am Kreuz getan hat. Das Abendmahl sollte für uns nicht zu etwas so Geläufigem werden, dass wir anfangen, es als gewöhnlich und banal anzusehen. Wir halten den zerbrochenen Körper des Sohnes Gottes in der Hand und trinken von seinem vergossenen Blut.

Lass mich dir eine weitere kraftvolle Bibelstelle zeigen, die in Hebräer 10 zu finden ist:

> *Deshalb, liebe Freunde, können wir jetzt zuversichtlich in das Allerheiligste des Himmels hineingehen, denn das Blut von Jesus hat uns den Weg geöffnet.* ***Das ist der neue, lebendige Weg*** *durch den Vorhang, den Christus durch sein Fleisch für uns eröffnet hat. — Hebräer 10,19–20 NLB*

Durch das Kreuz hat uns unser Herr Jesus einen »neuen und lebendigen Weg« eröffnet, damit wir uns Gott nicht mit Angst und Bangen nähern müssen, sondern es mit *Zuversicht* tun dürfen. Er ließ zu, dass sein eigenes Fleisch zerrissen wurde, damit wir heute freien Zugang zu unserem liebenden Vater haben. Ich möchte deine Aufmerksamkeit auf das ursprüngliche griechische Wort lenken, das hier für »neu« verwendet wird. Es ist das Wort *prosphatos* und es bedeutet »kürzlich geschlachtet, frisch getötet«.[24]

Warum hat der Heilige Geist hier dieses ungewöhnliche Wort verwendet? Weil Gott nicht will, dass du das Abendmahl in einer Weise nimmst, als würdest du eines historischen Ereignisses gedenken, das vor zweitausend Jahren stattgefunden hat. Das Kreuz überschreitet die Zeit. Wenn du das Abendmahl nimmst, sieh deinen Herrn Jesus vor dir, als wärest du dort auf Golgatha bei ihm. Sieh, wie dein Herr Jesus *frisch getötet* wird, während er deine Krankheiten und all deine Schmerzen trägt. Nimm es nicht auf rituelle Weise, sondern dränge auf eine neue Offenbarung seiner Liebe, die sich am Kreuz gezeigt hat.

Wenn du das Brot isst und den Becher trinkst, wirst du zum Teilhaber all dessen, was Jesus am Kreuz vollbracht hat.

Nach Einnahme des Abendmahls von tiefer Depression befreit

Ich möchte ein kraftvolles Zeugnis mit dir teilen, das Carey aus Kentucky (USA) mir geschickt hat. Es hat mich berührt, als ich las, wie der Herr Carey auf so persönliche Weise gedient hat und ihr dabei zeigte, dass er sie jeden Tag frisch mit Heilung versorgt:

Nach zwölf Jahren in einer von Gewalt geprägten Ehe ließ ich mich scheiden. Meine Kinder leben bei meinem Ex-Mann. Ich kann sie nur zweimal im Jahr sehen, weil ich zwölf Autostunden entfernt wohne.

Nach meinem letzten Besuch bei meinen Kindern im vergangenen Jahr verfiel ich in eine tiefe Depression. Ich kam nicht mehr aus dem Bett und schlief bis zu zwanzig Stunden am Tag. Medikamente halfen mir nicht.

Pastor Prince, ich habe Ihre Predigten über das Abendmahl an manchen Tagen buchstäblich rund um die Uhr gehört. Ich ließ sie laufen, während ich schlief, und die wenigen Stunden, in denen ich wach war, hörte ich zu.

Die Offenbarung, die ich über das Abendmahl empfing, hat mir geholfen, aus dieser tiefen Dunkelheit und Depression herauszukommen. Während ich bei Walmart in der Schlange stand und auf meine Medikamente wartete, zeigte Gott mir, dass sein tägliches Brot meine tägliche Heilung war – sie gilt für heute, nicht für gestern oder morgen, sondern für heute. So wie es auch bei dem Manna vom Himmel war, das verdarb, wenn die Kinder Israels es aufzubewahren versuchten. Gott versorgte sie täglich mit neuem Manna.

Gott sagte mir, dass es mit dem Abendmahl genauso ist. Dass er meine Heilung für heute durch das Brot und den Saft bereitstellt, diese beiden schlichten Elemente, die darstellen, was sein Sohn für mich am Kreuz getan hat. Und er sagte mir auch, dass er mir am nächsten Tag neues Brot und neue Heilung für diesen Tag geben würde. So begann ich, das Abendmahl täglich zu nehmen, vor allem, wenn ich wirklich dunkle Momente hatte.

Und hier stehe ich nun, frei von Depressionen. Gott hat mein Leben wieder mit Hoffnung erfüllt. Das Abendmahl besser zu verstehen, hat mir Hoffnung geschenkt und mir gezeigt, dass ohne Jesus Hoffnung nur ein leeres Wort ist.

Alle Ehre geht an Gott für seine Offenbarung! Und ich danke Menschen wie Ihnen, die nie davon abweichen, seine Wahrheit zu predigen.

Preis dem Herrn! Ich freue mich mit Carey, dass sie nun frei ist von der Depression, die sie gefangen gehalten hat. Und ich bete, dass auch du deinen Blick auf deinen Herrn Jesus gerichtet hältst, um dich Tag für Tag neu mit seiner Heilung versorgen zu lassen – wofür auch immer du sie benötigst.

Sieh, wie der Herr Jesus deine Krankheiten und all deine Schmerzen trägt.

Muss man Jesus nicht einfach lieben? Findest du es nicht überaus beruhigend, dass deine Gesundheit und deine Heilung nicht von Ernährungsregeln abhängen, die dir sagen, was du essen darfst und was nicht, sondern dass beides aus einer vertrauten Beziehung mit einem lebendigen Retter kommt? Gibt es dir nicht festen Boden unter den Füßen, zu wissen, dass er bereits alles für dich getan hat und deine Aufgabe nur darin besteht, dich auf ihn zu verlassen und sein vollbrachtes Werk durch das Abendmahl zu empfangen? Ich habe noch so viel mehr, was ich dir zeigen möchte. Und ich weiß, dass es dich segnen und dein Herz mit dem nötigen Glauben erfüllen wird, um von ihm zu empfangen.

Doch bevor wir zum nächsten Kapitel kommen, möchte ich dir vorschlagen, dass du eine Pause einlegst.

Eile nicht durch dieses Buch, lass dir Zeit. Wenn du damit fertig bist, sollst du nicht einfach nur besser darüber informiert sein, worum es beim Abendmahl geht. Lass dieses Buch nicht nur zu deinem Kopf sprechen. Ich bete, dass du Jesus in einer Weise kennenlernst, die dein Herz brennen lässt (Lk 24,32).

Unterbrich an dieser Stelle und nimm dir Zeit, um den König der Könige und den Herrn der Herren anzubeten. Nimm dir Zeit, ihm Psalmen, Lobgesänge und von Gottes Geist eingegebene Lieder zu singen (Eph 5,18–19). Wenn du ihn anbetest, wird er frische Kraft in dir freisetzen, die dich heilt, befreit und dir den Sieg bringt. Halleluja. Dank sei dem Herrn, denn er ist so gut und seine Liebe bleibt ewig bestehen!

Unsere Aufgabe besteht nur darin, uns auf ihn zu verlassen und sein vollbrachtes Werk zu empfangen.

8.

ALLES ABGEDECKT UND NICHTS AUSGESCHLOSSEN

Danke, dass du mir bis hierhin gefolgt bist und mir das Privileg gegeben hast, dir von einem Gott zu erzählen, der dich so sehr liebt, dass er seinen eigenen Sohn hingab, der den Preis für deine Heilung bezahlte. Inzwischen weißt du wahrscheinlich viel mehr über das Abendmahl als jemals zuvor. Möglicherweise hast du auch einige neue Bibelverse entdeckt und die Zeugnisse und Erzählungen in diesem Buch als inspirierend empfunden.

Doch vielleicht hast du dir deine Versicherungsunterlagen schon mal näher angeschaut und dabei festgestellt, dass sie eine Liste von Ausschlusskriterien und Bedingungen enthalten. Oder vielleicht kannst du wegen deiner Vorerkrankungen gar keinen Versicherungsschutz bekommen und du fragst dich, ob auch Gottes Heilungskraft gewisse Ausschlusskriterien beinhaltet. Denn was Jesus am Kreuz getan hat, geschah vor mehr als zweitausend Jahren, als es noch keine modernen Krankheiten wie Ebola oder Bluthochdruck gab. Deckt das Abendmahl auch solche Dinge ab?

In diesem Kapitel möchte ich dir die Gewissheit geben, dass es im vollbrachten Werk Christi *keinerlei* Ausschlusskriterien gibt. Als unser Herr Jesus unsere Krankheiten am Kreuz trug, ließ er nichts aus. Der »Versicherungsschutz« des vollbrachten Werks ist allumfassend und vollumfänglich, und *jede* Krankheit wird davon abgedeckt! Bitte verstehe, dass ich absolut dafür bin, dass du dich um den notwendigen Versicherungsschutz für dich und deine Familie kümmerst. Das tue ich auch für meine Familie. Dennoch werden mein Vertrauen und meine Zuversicht immer in der unerschütterlichen Kraft des Herrn verankert sein.

Als Jesus am Kreuz unsere Krankheiten trug, ließ er dabei kein einziges Leiden aus.

Vielleicht fällt es dir schwer zu glauben, dass Gott wirklich so gut ist. Ich weiß nicht, was du durchgemacht hast. Vielleicht wurdest du von Menschen in der Kirche verletzt und das hat deine Sicht von Gott geprägt. Vielleicht hast du auch das Gefühl, dass das, was ich dir geschildert habe, zu schön klingt, um wahr zu sein. Es fällt dir vielleicht schwer zu glauben, dass dieser Gott, den ich hier beschreibe, tatsächlich auch *dich* heilen will.

Oder vielleicht bist du schon einmal enttäuscht worden. Du hast so sehr für einen Durchbruch gebetet, aber es ist nichts passiert. Du oder jemand, der dir nahesteht, haben Gott vertraut, aber trotzdem ist es zur Tragödie gekommen. Und jetzt willst du nicht glauben, weil du dich *nicht traust* zu glauben. Du denkst, es sei besser für dich, die Diagnose des Arztes einfach zu akzeptieren, weil es sinnlos wäre, sich Hoffnungen zu machen. Schließlich hat die Medizin bereits festgestellt, dass deine Krankheit unheilbar ist. Inoperabel. Nicht behandelbar. Tödlich verlaufend. Schließlich ist deine Krankheit sehr selten. Schließlich lebst du schon so lange mit dieser Krankheit.

Mein Freund, allein die Tatsache, dass dieses Buch zu dir gelangt ist, sagt mir, dass Gott *dich liebt* und *nicht* will, dass du aufgibst!

Es spielt *keine* Rolle, welche Beschwerden oder welche Krankheit du oder dein Angehöriger in diesem Moment haben, Gott kann sie heilen. Auch wenn du eine sehr entmutigende Diagnose gestellt bekommen hast und deine Heilungschancen im Natürlichen verschwindend gering sind, bete ich, dass du heute beim Eintauchen in Gottes Wort neue Hoffnung und Kraft finden wirst. Gib jetzt nicht auf. Glaub weiter. Egal, was die Medizin sagt oder was dir die Ärzte mitgeteilt haben: Der Name Jesus ist höher und mächtiger als jede Krankheit, gesundheitliche Beeinträchtigung und alle Beschwerden. Nichts ist dem Herrn unmöglich (Jer 32,27).

Heilung für jeden Teil deines Körpers

Einige Kapitel zuvor habe ich dir Gottes Anweisungen für das Essen des Passahlamms gezeigt. Und ich bete, dass der Heilige Geist dir schon Einsichten geschenkt hat, die dir eine ganz neue Wertschätzung für das Abendmahl gegeben haben. Aber es gibt darin noch eine andere kraftvolle Wahrheit, die ich hier hervorheben möchte:

> *Und sie sollen das Fleisch in derselben Nacht essen: am Feuer gebraten, mit ungesäuertem Brot; mit bitteren Kräutern sollen sie es essen. Ihr sollt nichts davon roh essen, auch nicht im Wasser gekocht, sondern am Feuer gebraten,* ***sein Haupt samt seinen Schenkeln und den inneren Teilen****.* — *2. Mose 12,8–9*

Es gibt in der Bibel keine unbedeutenden Details. Warum hat Gott ausdrücklich erwähnt, dass das Lamm mit Kopf, Schenkeln und Eingeweiden am Feuer gebraten werden sollte? Ich glaube, er will, dass du siehst, dass Jesus, dein Passahlamm, *jede* Krankheit in *jedem* Teil deines Körpers getragen hat. Es gibt *keine* Krankheit,

Verletzung oder Beeinträchtigung, die er am Kreuz nicht in seinem eigenen Körper getragen hat.

Es gibt ***keine*** *Krankheit, Verletzung oder Beeinträchtigung, die er am Kreuz nicht in seinem eigenen Körper getragen hat.*

Die Israeliten hatten aufreibende, grausame Unterdrückung durch ihre Sklavenhalter und die Schrecken der Kindstötungen erlebt. Vielleicht hatten einige von ihnen posttraumatische Belastungsstörungen oder bekamen immer wieder Panikattacken. Manche hatten möglicherweise chronische Schmerzen und waren körperlich beeinträchtigt, weil sie von ihren Sklavenaufsehern brutal misshandelt worden waren. Es ist gut vorstellbar, dass ihr Immunsystem Epidemien und Infektionskrankheiten wie Tuberkulose gegenüber geschwächt war. Aber ganz gleich, wie ihr körperlicher Zustand ausgesehen haben mag, ich glaube, sie wurden geheilt, als sie den gebratenen Kopf, die gebratenen Beine und Eingeweide des Lammes aßen.

In gleicher Weise will Gott, dass du und deine Familienangehörigen von jeder Beeinträchtigung geheilt werden, egal, in welchem Teil des Körpers sie auftritt. Vielleicht leidest du oder ein Angehöriger an einer neurologischen Erkrankung wie chronischer Migräne, Enzephalitis, Meningitis, Demenz oder den Folgen eines Schlaganfalls. Dann sieh beim Nehmen des Abendmahls, wie das Gehirn deines Retters am Kreuz von dieser Krankheit befallen wird. Sinne darüber nach, dass er diese Leiden auf sich genommen hat, damit du und deine Lieben vollkommen frei davon sein können (Mt 8,17).

Eine Mutter wird nach Einnahme des Abendmahls von Alzheimer befreit

In Kapitel 5 habe ich dir erzählt, wie Marcus von der Alzheimer-Krankheit geheilt wurde. Ich möchte dir ein weiteres mächtiges Zeugnis zeigen, das mir Paula aus Texas geschickt hat. Darin geht es ebenfalls um Heilung von Alzheimer:

> *Meine Mutter wurde von der Alzheimer-Krankheit gepeinigt. Sie war so stark geschwächt, dass sie ihre Familie nicht mehr erkannte. Mein Vater sagte mir, dass sie zeitweilig sogar nicht mehr genau wusste, wer er war.*
>
> *Meine Eltern leben bei mir, sodass ich die täglichen Kämpfe und Schwierigkeiten mitbekam. Es war ein erbärmliches Leben, sowohl für sie als auch für diejenigen von uns, die versuchten, sich um sie zu kümmern. Es gab Zeiten, in denen ich meine Mama einfach vermisste, und ich wünschte mir so sehr, dass sie wieder gesund werden würde.*
>
> *Eines Tages dann erzählte mir meine Schwester ganz freudig, was sie erlebt hatte, nachdem sie Ihrer Lehre über das Abendmahl gefolgt war, also begann auch ich sofort, gemeinsam mit meiner Mutter das Abendmahl zu nehmen.*
>
> *Am dritten Abend, nachdem sie das Abendmahl genommen hatte, ging meine Mutter zu Bett – und wachte am nächsten Morgen auf und sah zehn Jahre jünger aus. Alle Dinge, von denen sie vergessen hatte, wie man sie tut, kann sie jetzt wieder ganz normal erledigen. Sie weiß auch wieder, wer wir alle sind. Sie hat aufgehört, sich ständig zu wiederholen, was sie manchmal den ganzen Tag lang getan hat, und das Zusammensein mit ihr macht wieder richtig Freude. Jesus hat ihren Verstand geheilt und sie befreit!*

Wir preisen Jesus für sein am Kreuz vollbrachtes Werk. Wir sind immer noch außer uns vor Freude, dass sie zurück ist. Ich habe sie danach gefragt, was sie während ihrer Erkrankung empfunden hat. Sie konnte es nur so beschreiben, dass sie sich verloren und gefangen fühlte. Aber das ist jetzt alles vorbei.

Ich freue mich so sehr für meine Mutter und unsere Familie. Ich schreibe Ihnen dieses Zeugnis, damit andere, die von einer Erkrankung betroffen sind, von der es keine Genesung zu geben scheint, neue Hoffnung schöpfen können. Nichts ist zu schwierig für das Werk, das Jesus Christus vollbracht hat, und dafür preise ich ihn. Jetzt fragt meine Mutter mich immer, ob ich mit ihr das Abendmahl nehmen möchte, also tun wir das jeden Tag. Danke, Pastor Prince, für Ihre Lehre über das vollbrachte Werk Christi Jesu. Es hat meine Mutter befreit!

Gott will, dass du in jedem Teil deines Körpers von jeder Beeinträchtigung geheilt wirst.

Gott gehören alle Ehre und alles Lob! Akzeptiere nicht die Lüge, dass du mit zunehmendem Alter immer vergesslicher wirst. Als der Psalmist schrieb, Gott »erquickt meine Seele« (Ps 23,3), benutzte er das Wort *napasch* für »Seele«. *Napasch* umfasst dein Leben, deine Emotionen und auch deinen Verstand.[25] Selbst wenn bei dir in diesem Bereich ein Verfall stattgefunden hat, kann der Herr dich wiederherstellen. Und wenn der Herr wiederherstellt, ist das von ihm Wiederhergestellte qualitativ immer besser als das Original.

Die Welt sagt, dass deine Kraft mit zunehmendem Alter abnimmt. Aber die Bibel erklärt: »Solange du lebst, soll deine Kraft nicht nachlassen!« (5Mo 33,25). Wessen Aussage wirst du glauben?

Nimm weiterhin das Abendmahl und sieh dich, wie du dabei am Sinn (Verstand) Christi teilhast. Ich erkläre im Namen Jesu, dass dein Verstand immer gesünder wird!

Gottes Wiederherstellung übertrumpft immer das Original.

Erlöst von Stress und stressbedingten Beschwerden

Die Bibel sagt uns in Lukas 22,44: Bevor Jesus um unserer Krankheiten willen gegeißelt wurde, stand er im Garten Gethsemane unter einem solchen Druck, dass »sein Schweiß wie große Blutstropfen wurde, die auf die Erde fielen«. Die Medizin erklärt das mit einem seltenen Phänomen namens Hämhidrose, das eine Person unter extremem Stress tatsächlich Blut schwitzen lässt.[26] Ich glaube, genau das ist mit Jesus passiert. Er schwitzte große Blutstropfen, die aus seiner Stirn traten. Das ist von Bedeutung aufgrund dessen, was in einem anderen Garten passierte – im Garten Eden.

Die Bibel sagt uns, dass Adam, der erste Mensch, in jenem Garten sündigte. Gott sagte daraufhin dies zu ihm:

> *»Verflucht ist der Erdboden wegen dir; bis an dein Lebensende wirst du dich in qualvoller Mühe davon ernähren. Er wird dir Dornen und Disteln hervorbringen, und du wirst die Pflanzen des Feldes essen.* ***Mit Schweiß auf deiner Stirn wirst du dein Brot essen.****« — 1. Mose 3,17–19 NIV*

Wegen Adams Sünde wurde der Erdboden verflucht, was dazu führte, dass Adam sich abmühen und schwitzen musste, damit auf dem Boden Nahrung wuchs. Mit anderen Worten, Arbeit wurde für den Menschen stressig. Als sich jedoch Jesu Schweiß mit seinem erlösenden Blut vermischte, befreite er uns vom Fluch des Stresses.

Als sich Jesu Schweiß mit seinem erlösenden Blut vermischte, befreite er uns vom Fluch des Stresses.

Dornen sind auch ein Bild für die Sorgen dieser Welt. Als Jesus das Gleichnis vom Sämann erklärte, bezeichnete er die Dornen als »die Sorge dieser Welt und den Betrug des Reichtums« (Mt 13,22). Kein Wunder, dass Jesus zuließ, dass man ihm die Dornenkrone auf seinen Kopf rammte. Wenn du das nächste Mal das Abendmahl feierst, lass dir Zeit. Sieh deinen Herrn Jesus nicht nur von den Nägeln, sondern auch von den Dornen durchbohrt.

Es ging bei all dem um dich. Es ging um deine Freiheit. Die Kinder Israels wurden von physischen Ketten und Fesseln befreit. Heute sage ich dir im Namen Jesu, dass du von allen Ketten des Stresses und von allen stressbedingten Beschwerden befreit bist.

Stress kann Herz-Kreislauf-Erkrankungen, Essstörungen, Menstruationsprobleme, sexuelle Dysfunktionen, Magen-Darm-Beschwerden sowie Haut- und Haarprobleme verursachen. Wenn du heute in irgendeinem dieser Bereiche herausgefordert bist, dann sollst du wissen, dass Jesu Blut dich erlöst hat und dass du durch sein Blut gerettet bist. Ich wünsche dir, dass du die ganze Fülle von allem genießt, was er dir durch seinen Tod geschenkt hat.

Heilung für Beschwerden an Augen, Nase, Hals, Ohren und Mund

Vergiss nicht, dass sich deine Augen, Nase, Hals, Ohren und Mund allesamt in und an deinem Kopf befinden. Wenn du in einem dieser Bereiche erkrankt bist, sieh dein betroffenes Organ in Jesu Körper am Kreuz. Wenn beispielsweise Augenerkrankungen wie Grüner Star, Katarakt oder ein erhöhter Augeninnendruck bei dir festgestellt wurden, dann stell dir vor, wie Jesu Augen mit diesen Krankheiten geschlagen wurden, während er am Kreuz hing, und empfange seine perfekten und gesunden Augen.

Heilung für deine Gliedmaßen

Hast du ein Leiden, das Schwäche in deinen Beinen verursacht oder deine Beweglichkeit einschränkt? Ob der Schmerz oder die Krankheit nun auf einen Unfall, auf körperlichen Verfall oder eine Verletzung zurückzuführen ist, Gott will dich auf jeden Fall davon befreien.

Sieh Jesus am Kreuz mit deiner Krankheit geschlagen und empfange seine vollkommene Gesundheit.

Wenn du das Abendmahl nimmst, sieh dich selbst, wie du die gebratenen Beine des Lammes isst und empfange Kraft. Sieh, wie Jesus alle Muskel-, Knie- oder Knöchelbeschwerden für dich auf sich nimmt, und sieh, wie seine Füße ans Kreuz genagelt sind, damit deine frei überall hingehen können, wohin du gehen möchtest.

Heilung für deine inneren Organe

Gott sagte den Israeliten auch, sie sollten von den gebratenen Eingeweiden des Lammes essen. Mittlerweile weißt du wahrscheinlich, warum – damit *ihre* Eingeweide vollständig gesund sein könnten.

Mit Eingeweide sind alle deine inneren Organe gemeint; dazu gehören auch Magen, Darm, Herz, Nieren, Leber, Prostata und Geschlechtsorgane. Welche Beschwerden du auch haben magst, sei es das Reizdarmsyndrom, ein Magengeschwür, eine Leberzirrhose, eine chronische Erkrankung der unteren Atemwege oder eine Lungenentzündung, sieh Jesus am Kreuz, wie er mit deiner Krankheit geschlagen ist, und empfange in diesen Bereichen seine vollkommene Gesundheit.

Heilung für jedes Leiden

Welche Beschwerden auch immer du in irgendeinem Teil deines Körpers hast, du sollst wissen, dass jede Erkrankung von Jesus am Kreuz getragen wurde. Gott wies die Kinder Israels zwar ausdrücklich an, den Kopf des Passahlammes zusammen mit den Beinen und Eingeweiden zu essen, jedoch wurde das Lamm *im Ganzen* gebraten. Das bedeutet, ganz gleich, gegen welche Krankheit du heute kämpfst, Jesus hat sie mit Sicherheit auf sich genommen.

Für dich bleibt nur eins zu tun, nämlich den von ihm gegebenen Kanal zu nutzen, durch den dir göttliche Gesundheit zufließt. Und das tust du so lange, bis dein Sieg sichtbar wird. Deine Aufgabe besteht einfach nur darin, deine Hände zu heben und zu sagen: »Herr Jesus, ich empfange deine Heilung. Durch die Striemen, die deinen Körper bedeckten, ist jeder Teil meines Körpers – jede Zelle, jedes

Organ – geheilt und funktioniert mit höchster Effizienz. Ich danke dir, Jesus, für deine Heilung.«

Vom Fluch des Gesetzes erlöst

Ich bete, dass du einen Blick auf die absolute Vollkommenheit seines vollbrachten Werks am Kreuz werfen konntest. Und dass du siehst, wie sehr er dich lieben muss, um jede erdenkliche Krankheit auf seinem eigenen Körper ertragen zu haben, damit du sie *nicht* erleiden musst.

Aber ich bin noch nicht fertig damit, dir zu zeigen, warum du dich bei *allen* gesundheitlichen Beschwerden und *jeder* Krankheit an das Kreuz wenden kannst. Die Bibel sagt uns, dass unser Herr Jesus uns von *jedem* Fluch des Gesetzes losgekauft, das heißt erlöst hat, damit der Segen Abrahams auf uns kommen kann:

> *Christus hat uns losgekauft von dem Fluch des Gesetzes, indem er ein Fluch wurde um unsertwillen (denn es steht geschrieben: »Verflucht ist jeder, der am Holz hängt«), damit der Segen Abrahams zu den Heiden komme in Christus Jesus, damit wir durch den Glauben den Geist empfingen, der verheißen worden war. — Galater 3,13–14*

In 5. Mose 28 finden wir eine sehr lange und detaillierte Liste von Flüchen. Ich fragte den Herrn einmal, warum er sich so viel Zeit genommen hat, die Flüche so ausführlich zu erläutern. Er zeigte mir, dass er es deshalb getan hat, damit wir nach dem Tod Jesu am Kreuz genau wissen würden, wovon er uns erlöst hat. Als ich das erst einmal verstanden hatte, empfand ich es als Segen, von den

Flüchen zu lesen, denn es erinnert mich daran, dass wir von *jedem einzelnen* der Flüche erlöst wurden.

Wir können hier unmöglich alle Flüche durchgehen, deshalb möchte ich mich auf die Flüche konzentrieren, bei denen es um Krankheiten und gesundheitliche Beschwerden geht. Lass mich dir genau zeigen, wovon Jesus dich und mich erlöst hat:

- Tuberkulose (Krankheiten, die das Lungengewebe zerstören), Fieber und Entzündungen (5Mo 28,22)
- Geschwüren, Tumoren, Skorbut, »Krätze und Grind, von denen du nicht geheilt werden kannst« (5Mo 28,27 NEÜ)
- Wahnsinn, Blindheit und Verwirrung (5Mo 28,28)
- schlimmen Geschwüren, die niemand heilen kann (5Mo 28,35)
- großen und andauernden Plagen und bösen und anhaltenden Krankheiten (5Mo 28,59)

Oha. Bist du nicht froh, dass Christus dich vom Fluch des Gesetzes erlöst hat? Er hat dich von allen Krankheiten und Beschwerden erlöst, die in 5. Mose 28 genannt werden. Und falls du dir Sorgen machst, weil deine Krankheit dort nicht namentlich erwähnt wird, erwähnt die Bibel auch »all die Krankheiten Ägyptens« (5Mo 28,60 NLB). Ägypten steht symbolisch für die Welt. Als Volk Gottes müssen wir keine Angst vor den Krankheiten haben, unter denen die Welt leidet, weil Gott uns aus der Welt herausgeführt hat, und jetzt mögen wir zwar *in* der Welt sein, aber wir sind nicht *von* dieser Welt (Joh 17,11.14).

Und nicht nur das.

Mit eingeschlossen in dieser Liste sind außerdem »alle Krankheiten und Plagen, die nicht in dem Buch dieses Gesetzes geschrieben sind« (5Mo 28,61).

Halleluja! Kannst du erkennen, dass *jede* Krankheit und *jedes* Leiden zum Fluch des Gesetzes gehört und dass Christus uns von *jeglichem* Fluch erlöst hat? Gott ist es so wichtig, dass du in deiner Gesundheit gesegnet bist, dass er nicht nur alle deine Sünden auf Jesu Körper legte, sondern auch alle deine Krankheiten. Gott liebt dich so sehr, dass er seinen eigenen Sohn *zum Fluch werden ließ*, damit du vom Fluch des Gesetzes erlöst werden kannst.

Das bedeutet nicht, dass der Feind nicht versuchen wird, die Symptome des Fluchs in deinem Leben herbeizuführen. Aber wann immer der Feind ein Symptom des Fluchs hervorzurufen versucht, kannst du es ablehnen. Weigere dich, es zu akzeptieren. Du bist – in Jesu Namen – von diesem Symptom bereits erlöst worden!

Gott kann einen Weg bahnen

Ich mag zwar kein umfassendes Bild von den Nöten haben, die du gerade durchmachst, und auch nicht wissen, wie tief die Verzweiflung ist, mit der du einem nahestehenden Menschen bei seinem Überlebenskampf zusiehst. Was ich aber weiß, ist Folgendes: Gott liebt *dich* mehr, als du jemals begreifen kannst, und er *kann* einen Weg bahnen, auch wenn es keinen Weg zu geben scheint.

In 2. Mose 14 wird von den Kindern Israels berichtet, die dachten, sie seien dem Untergang geweiht, als die mächtige ägyptische Armee sich ihnen näherte. Der Tod schien ihnen unausweichlich. Sie würden entweder von den Ägyptern abgeschlachtet werden oder im nassen Grab des Roten Meeres enden. Doch ich möchte, dass du siehst, was Mose zu ihnen sagte:

Mose aber sprach zum Volk: Fürchtet euch nicht! Steht fest und seht die Rettung des HERRN, die er euch heute bereiten wird; denn diese Ägypter, die ihr heute seht, die werdet ihr nicht wiedersehen in Ewigkeit! Der HERR wird für euch kämpfen, und ihr sollt still sein! — 2. Mose 14,13–14

Dann teilte Gott die Fluten des Meeres und die Kinder Israels »gingen trocken mitten durch das Meer« (2Mo 14,29). Aber Gott hatte noch mehr auf Lager. Während die furchterregenden Streitkräfte des Pharaos sie immer noch verfolgten, ließ Gott das Meer zur vollen Tiefe zurückfließen. Mir gefällt, wie die Bibel es formuliert: »sodass auch nicht einer von ihnen übrig blieb« (2Mo 14,28).

Wenn der Feind ein Symptom des Fluchs hervorzurufen versucht, lehne es ab.

Lieber Freund, du oder jemand aus deiner Familie ist vielleicht mit einer medizinisch beängstigenden und scheinbar ausweglosen Situation konfrontiert. Weder deine Besorgnis noch deine Tränen können die Situation ändern. Aber es gibt einen, der es kann. Hab keine Angst. Bleib stehen und sieh die Rettung des Herrn. *Er* wird für dich kämpfen. *Er* wird deine Feinde für dich überwinden. Frag dich nicht ständig, *warum* du krank bist. Nimm die Krankheit nicht an und glaube auch nicht der Lüge, dass du es verdienst, krank zu sein, weil du Fehler begangen hast. Der Herr Jesus *hat* den Preis für deine Gesundheit bereits bezahlt. Leg einfach deine Hand in seine und lass dich von ihm durch deine Situation hindurchführen.

Er wird dafür sorgen, dass du trockenen Fußes mitten durchs Meer gehen kannst. Die negativen Befunde, medizinischen Statistiken und Symptome, die du siehst, mögen eine unausweichliche Situation darstellen, aber er *wird* einen Weg bahnen, der jeden in deinem Umfeld verblüffen wird. Das Rote Meer, von dem du dachtest, dass es dich ertränken würde, wird stattdessen zum Friedhof für deine Feinde. Du magst sie heute sehen, aber du wirst diese bedrückenden Symptome *nicht wiedersehen in Ewigkeit*!

Bleib stehen und sieh die Rettung des Herrn.
Er wird für dich kämpfen.

Ich sehe deine Migräne verschwinden. Die Entzündungen in deinen Gelenken sind verschwunden. Die lähmende Müdigkeit ist verschwunden. Der negative Befund über dein ungeborenes Baby ist weg. Das Blut in deinem Urin ist weg. Nichts davon bleibt übrig!

Selbst wenn Experten gesagt haben, dass du nur noch Monate oder gar Tage zu leben habest, kann Gott einen Weg bahnen. Nimm im Angesicht des Todes die Elemente des Abendmahls in die Hand und erkläre, dass Jesu Blut dir Leben gibt. Sein Blut schenkt dir die Vergebung der Sünden. Selbst wenn die Ärzte ihr Bestes versucht haben und die Behandlung bei deinem Angehörigen noch immer nicht anschlägt, kann der Herr einen Weg bahnen. Selbst wenn du Sklave endloser Behandlungszyklen warst und, solange du dich erinnern kannst, ständig Medikamente einnehmen musstest – er kann einen Weg bahnen!

Geheilt von der Menière-Krankheit

Einer meiner Leiter erzählte mir, dass Ärzte ihm die Diagnose Menière-Krankheit stellten, als er plötzlich an wiederkehrenden starken Schwindelanfällen litt, die ihn stundenlang völlig lahmlegten.

Er wusste nicht, wodurch sie ausgelöst wurden, aber wenn ein solcher Schwindelanfall auftrat, überkam ihn eine Welle der Übelkeit, sodass er sich heftig übergeben musste. Er zeigte auch regelmäßig Symptome eines Tinnitus. Dabei wurde jedes Geräusch um ihn herum dermaßen verstärkt oder verzerrt, dass er nicht hören konnte, was die Leute zu ihm sagten.

Wie man sich vorstellen kann, war es für ihn ganz furchtbar, denn die Attacken kamen immer plötzlich und unvorhersehbar und hätten auch leicht passieren können, während er am Steuer seines Wagens saß. Seine Ärzte sagten ihm, dass sein Zustand genetisch bedingt sei, da auch bei seiner Mutter einige Jahre zuvor die Menière-Krankheit festgestellt worden war. Ihm wurde gesagt, dass man ihm zwar Medikamente zur Behandlung der Symptome verschreiben könne, es aber keine Heilung für seinen Zustand gebe. Man warnte ihn, dass sich die Symptome wahrscheinlich sogar noch verschlimmern würden.

Inzwischen war es so schlimm geworden, dass er bei jeder Attacke über der Toilettenschüssel hing und sich würgend erbrach, bis er völlig erschöpft war. Es fühlte sich für ihn an, als wäre er auf hoher See in einem heftigen Sturm gefangen, aus dem es kein Entkommen gab.

Doch eines Tages, während er Zeit im Wort Gottes verbrachte, führte ihn der Herr zu diesem Abschnitt:

»Alle, die gegen dich wüten, werden in Schimpf und Schande dastehen; alle, die dir dein Lebensrecht streitig machen, werden zugrunde gehen. ***Du wirst dich nach ihnen umsehen, aber sie nicht mehr finden; alle deine Feinde verschwinden und werden zu nichts****. Denn ich bin der Herr, dein Gott, ich fasse dich bei der Hand und sage zu dir: Fürchte dich nicht! Ich selbst, ich helfe dir!« — Jesaja 41,11–13* GNB

Er sagte: »Als Gott mir dieses Wort gab, meditierte ich immer wieder darüber und bewahrte es in meinem Geist. Die Worte ›und werden zu nichts‹ sprangen mir immer wieder ins Auge und irgendwann *wusste* ich, dass ich empfangen hatte. Ich war geheilt.«

Seine Heilung stellte sich nicht sogleich vollständig ein, aber er hatte *wegen des Wortes, das er empfangen hatte*, den Glauben, dass er bereits geheilt war. Der Glaube ist die Substanz der erhofften Dinge, »eine Überzeugung von Tatsachen, die man nicht sieht« (Hebr 11,1). Also noch bevor er die Realität sah, *wusste* er, dass er geheilt war.

Er nahm weiterhin regelmäßig das Abendmahl, aber nicht mehr aus Angst, dass die Symptome ihm immer mehr zusetzen könnten. Stattdessen nahm er es mit der Gewissheit, dass er *bereits geheilt war*, und mit der Zeit spürte er gar keine Symptome mehr. Jetzt, während ich das hier schreibe, ist er seit mehr als einem Jahr völlig symptomfrei. Alle Ehre gehört unserem wunderbaren Erlöser!

Er kann einen Weg bahnen,
auch wenn alles ausweglos erscheint.

Das ist eine enorm kraftvolle Bibelstelle, über die es sich zu meditieren lohnt, wenn dir gerade Krankheit und körperliche Schwächen als Feinde gegenüberstehen. Denkst du dabei nicht auch gleich an das, was der Herr für die Kinder Israels tat, als er das Rote Meer für sie teilte, obwohl es so aussah, als sei alles schon verloren? Gott macht keine Unterschiede zwischen den Menschen. Vertraue ihm. Er kann einen Weg bahnen, auch wenn alles ausweglos erscheint. Wenn er es für die Kinder Israels getan hat und es für den Bruder in meiner Gemeinde getan hat, dann kann er es auch für dich tun.

Gottes Wort bringt deinem ganzen Körper Leben und Heilung

Was mir an dem Zeugnis, das wir eben gehört haben, besonders gefällt, ist die Tatsache, dass dieser Bruder sich *wegen des Wortes, das er empfangen hatte*, bereits als geheilt betrachten konnte, noch bevor die Symptome in seinem Körper aufhörten. Ich bin sicher, es war für ihn nicht immer leicht, an seine Heilung zu glauben, besonders zu Zeiten, wenn er sich heftig übergeben musste. Aber in jedem Kampf, den er gegen Angst und Unglauben führte, war er mit dem Vers bewaffnet, den er vom Herrn bekommen hatte. Und genau dazu möchte ich auch dich ermutigen – finde Zusagen in der Bibel, die der Herr dir gibt, und halte an ihnen fest.

Wie Jesus ist, so bist auch du in dieser Welt

Ich habe noch viele andere Heilungszeugnisse erhalten, in denen von kostbaren Menschen berichtet wird, die an bestimmten Zusagen aus Gottes Wort festhielten und geheilt wurden. Vor einigen Jahren predigte ich über 1. Johannes 4,17. Dort heißt es: »Gleichwie Er ist, so sind auch wir in dieser Welt.« Am Kreuz trug unser Herr Jesus unsere Sünden und unsere Krankheiten in seinem Körper, aber aus dem Grab stand er *ohne sie* wieder auf. Das bedeutet: So wie Jesus völlig frei von Krankheit und bei völliger göttlicher Gesundheit ist, sind auch wir es in dieser Welt. So wie er mit Herrlichkeit und Ehre gekrönt ist, sind auch wir es in dieser Welt.

Eine Frau in meiner Gemeinde hörte diese Botschaft. In derselben Woche musste sie zu einer Mammographie. Die Untersuchung ergab, dass in ihrer Brust ein Knoten war. Ihre Ärzte waren besorgt und sagten ihr, sie solle am Abend wiederkommen, damit sie Gewebe entnehmen und eine Biopsie durchführen könnten.

Weißt du, was sie getan hat?

Sie schrieb auf ihren Arztbericht: »Wie Jesus ist, so bin auch ich in dieser Welt. Herr Jesus, hast du Knoten in deiner Brust?«

Ich habe diesen Bericht mit eigenen Augen gesehen, auch die Worte, die oben darüber geschrieben waren. Nachdem sie sie geschrieben hatte, betete sie: »Herr, wie du bist – und du bist frei von Knoten –, *so bin auch ich* in dieser Welt.« Das ist alles. Es war ein ganz schlichtes Gebet.

Als sie an jenem Abend zurückkehrte, untersuchten die Ärzte sie. Sie untersuchten sie noch einmal und gleich noch ein drittes Mal. Aber sie konnten *keinen* Knoten mehr finden!

Die Ärzte waren verblüfft und konnten sich nicht erklären, wie der Knoten einfach verschwunden sein konnte. Wir müssen nicht wissen, wie; wir müssen nur wissen, *wer* dafür verantwortlich ist. Es war unser Jesus, der sie heilte. Halleluja!

Für den Herrn ist keine Heilung zu schwierig oder zu unbedeutend.

Das Erstaunliche ist, dass ich von so vielen anderen kostbaren Menschen Zeugnisse erhalten habe, die durch das Zeugnis dieser Frau ermutigt wurden. Sie stellten sich auf dasselbe Bibelwort und sprachen es immer wieder über sich aus. So lange, bis sie ihren eigenen Durchbruch empfingen.

Wir überwinden den Feind durch das Wort unseres Zeugnisses

Ich glaube wirklich, dass noch viele weitere Menschen ihr eigenes Wunder empfingen, nachdem sie das Zeugnis dieser Frau gelesen hatten. Denn Zeugnisse zu lesen, ist für uns hilfreich. Das sieht auch Gott so, deshalb ist die Bibel mit so vielen Heilungszeugnissen gefüllt. Der Heilige Geist hat einen Heilungsbericht nach dem anderen festgehalten, viele von ihnen sehr detailliert, und das zu unserem Nutzen.

Für den Herrn ist keine Heilung zu schwierig oder zu unbedeutend. Zeugnisse über Petrus' Schwiegermutter, die vom Fieber geheilt wurde (Mt 8,14–15); über den Mann, dessen verdorrte Hand so gesund und normal wie seine andere Hand wurde (Mt 12,9–13); über die Frau, die achtzehn Jahre lang verkrümmt war und sich nicht aufrichten konnte (Lk 13,11–13) – sie alle wurden für uns aufgezeichnet. Es gibt Zeugnisse über geheilte blinde Augen (Joh 9,1–7; Mk 8,22–25; Lk 18,35–43; Mt 9,27–30), über geöffnete taube Ohren (Mk 7,32–35) und über Stumme, die wieder sprechen konnten (Mt 9,32–33). Es gibt Zeugnisse über Verstorbene, die wieder zum Leben erweckt wurden (Joh 11,1–44; Mk 5,35–42).

Auch im Alten Testament sind Berichte von Heilungen festgehalten. Naeman wurde von Lepra geheilt (2Kö 5,1–14). Hiskia hatte eine zum Tode führende Krankheit und es wurde ihm gesagt, dass er nicht genesen, sondern sterben würde. Aber Gott heilte ihn und verlängerte sein Leben um fünfzehn Jahre (2Kö 20,1–7). Und das sind nur einige von vielen Zeugnissen, die für uns im Wort Gottes festgehalten sind.

Zeugnisse von Heilungen nach Einnahme des Abendmahls

Im Laufe der Jahre habe ich unzählige Zeugnisse von Menschen erhalten, die geheilt wurden, als sie im Glauben regelmäßig das Abendmahl nahmen. Eine Frau schrieb, dass ihr Vater, der auf der Intensivstation lag, vom Rande des Todes zurückgeholt wurde. Sie gab einen detaillierten Bericht darüber, wie es ihrem Vater mit jedem Mal, wenn sie das Abendmahl für ihn nahmen, ein bisschen besser ging. Es begann damit, dass seine Nierenfunktionen teilweise wiederhergestellt wurden, dann stabilisierten sich seine Herzfrequenz und sein Blutdruck und dann konnte er wieder selbstständig atmen. Schließlich wurde er entlassen und konnte seinen 86. Geburtstag in seinem Lieblingsrestaurant feiern. Sogar sein Arzt gab zu, dass seine Genesung ein Wunder war.

Etliche Zeugnisse kamen von Menschen, die von Krebs geheilt worden waren. Ein Bruder, der eine Enzephalitis bekam und eine nur sehr geringe Überlebenschance hatte, wurde geheilt. Eine Frau bezeugte, dass sie ein gesundes Baby ohne Down-Syndrom zur Welt brachte, obwohl man ihr gesagt hatte, dass ihr Baby diese genetische Störung haben würde. Eine weitere Person, die nach einem Hüftbruch ständig Schmerzen hatte, wurde geheilt. Ein Baby, das zehn Wochen zu früh geboren wurde und mit mehreren gesundheitlichen Problemen kämpfte, wurde geheilt. Es gab Zeugnisse von Menschen, die von heftigen Panikattacken, von schweren Depressionen oder von Schlafstörungen geheilt wurden. Andere wiederum wurden von Lupus, Asthma, Hautkrankheiten, Tumoren, Magenschmerzen und vielen anderen Krankheiten geheilt.

Mein Freund, Jesus ist und bleibt derselbe, gestern, heute und für immer. Und er heilt auch heute noch.

Welches medizinische Problem du hast, spielt keine Rolle; er kann dich in jedem Fall heilen. Das Abendmahl ist keine Spielerei, es ist kein Ritual und es ist auch kein sentimentaler Brauch. Es ist der größte Ausdruck der Liebe Gottes. Wenn du das Brot mit dieser Offenbarung zu dir nimmst, setzt du deinen Glauben frei, um seine Gesundheit und sein blühendes Leben im Austausch für deine Krankheiten und körperlichen Beschwerden zu empfangen. Wenn du den Wein oder Saft trinkst, wirst du daran erinnert, dass das Blut des sündlosen Sohnes Gottes dir nicht nur Vergebung gebracht hat, sondern dich auch ewig gerecht, heilig und untadelig gemacht hat. Und somit hast du heute, dank des zerschlagenen Körpers des Herrn und seines vergossenen Blutes, eine makellose Stellung vor dem Vater, und seine Ohren sind aufmerksam auf deine leisesten Seufzer gerichtet.

Seine Ohren sind aufmerksam auf deine leisesten Seufzer gerichtet.

In diesem Buch kann ich nur eine kleine Auswahl der Zeugnisse weitergeben, aber es gibt noch sehr viele weitere Zeugnisse, aus denen du Ermutigung schöpfen kannst. Mein Team hat eine Website vorbereitet, auf der du die Zeugnisse selbst lesen kannst. Wenn du dir im Glauben einen Durchbruch erwartest, besuche bitte JosephPrince.de/iss und nimm dir etwas Zeit, um die dort veröffentlichten Zeugnisse zu lesen.

Und wenn du deinen eigenen Durchbruch empfängst, geh auf JosephPrince.de/Zeugnis und schreibe mir bitte, indem du auf den Button »Zeugnis schreiben« klickst.

Womit auch immer du heute umzugehen hast, ich wünsche mir von Herzen, dass die hier geschilderten Zeugnisse Glauben in dir entfachen werden, auch wenn es nur ein Fünkchen ist. Unser Herr Jesus sagte seinen Jüngern, dass ihnen nichts unmöglich sei, wenn ihr Glaube auch nur die Größe eines Senfkorns habe (Mt 17,20). Weißt du, wie klein ein Senfkorn ist? Es ist wirklich winzig. Aber mehr brauchst du nicht!

Vielleicht kannst du nicht glauben, dass die Krankheit in deinem Körper sofort verschwinden wird. Aber kannst du glauben, dass Gott dich wirklich liebt? Dass er wirklich so gut ist, wie es die Bibel von ihm sagt? Dann fang einfach damit an. Ich glaube, je mehr Zeugnisse du liest, die von seiner Güte und Treue berichten, und je mehr du dich darin vertiefst, alles über Jesus und sein vollbrachtes Werk zu hören, desto mehr Glaube für deine Heilung wird entstehen.

Je mehr Zeugnisse über Gottes Güte und Treue du liest, desto mehr Glaube für deine Heilung wird entstehen.

Ich freue mich schon auf dein Zeugnis. Lass uns gemeinsam den Glauben anderer entzünden, die auf ihre Durchbrüche noch warten. David benutzte dasselbe Schwert, mit dem Goliat ihn angreifen wollte, um Goliat den Kopf abzuhauen. Das Gleiche tust du, wenn du dein Zeugnis mit anderen teilst. Du gibst dem Herrn damit die Möglichkeit, das, was der Teufel zum Bösen gegen dich einsetzen wollte, zum Guten zu wenden, damit er sich verherrlichen kann. Du wirst anderen helfen, den Feind durch das Wort deines Zeugnisses zu überwinden (Offb 12,11).

9.
GIB NICHT AUF!

Ich hoffe, du hattest Gelegenheit, einige der Zeugnisse zu lesen, deren Internetadresse ich dir im letzten Kapitel genannt habe. Bist du nicht froh, dass wir einen Gott der Wunder haben, der auch heute noch heilt, rettet und befreit?

Aber vielleicht nimmst du schon seit einiger Zeit das Abendmahl, ohne dass etwas zu geschehen scheint. Vielleicht bist du es leid, von den Zeugnissen anderer zu hören, weil du nur noch denken kannst: *Was ist mit mir, Herr? Hast du mich vergessen? Wann werde ich meine Heilung bekommen? Wie lange muss ich noch warten?*

Lieber Freund, ich möchte, dass du weißt, dass es in Ordnung ist, wenn du zum Herrn rufst und fragst: »Wie lange noch, Herr?«

Das hat auch der Psalmist David getan, und wir können nachlesen, mit welchen Worten er dem Herrn in seiner Qual sein Herz ausschüttete:

Wie lange noch, Herr, willst du mich vergessen? Etwa für immer?
Wie lange noch willst du dich vor mir verbergen?
Wie lange noch muss ich unter tiefer Traurigkeit leiden
und den ganzen Tag Kummer in meinem Herzen tragen?
Wie lange noch darf mein Feind auf mich herabsehen?
— Psalm 13,2–3 NGÜ

Gott liebt dich und du bist ihm wichtig. Er weiß von der Entmutigung, die dich überwältigt, wenn du daran denkst, wie lange dein Feind, die Krankheit, schon die Oberhand über dich zu haben scheint. Und er weiß, dass du dich dann so fühlst, als wäre er Lichtjahre entfernt. Er ist nicht schockiert, wenn du solche Gedanken äußerst. Er möchte, dass du zu ihm gelaufen kommst, selbst wenn du solche Gedanken hast. Er weiß genau, was du durchmachst, und er kennt die Verzweiflung, die dich zu erdrücken scheint. Bring einfach alles zum Herrn, aber verharre nicht in diesem Zustand der Entmutigung.

Es ist in Ordnung, wenn du zum Herrn rufst und fragst: »Wie lange noch, Herr?«

Was schrieb David weiter? Psalm 13 endet folgendermaßen:

Doch ich will auf deine Güte vertrauen,
von ganzem Herzen will ich jubeln über deine Rettung!
Mit meinem Lied will ich dem Herrn danken,
weil er mir Gutes erwiesen hat. — Psalm 13,5–6 NGÜ

Doch.
Ein kleines Wort, das einen großen Unterschied macht.

Bring deine ganze Verzweiflung zum Herrn, aber verharre nicht in diesem Zustand der Entmutigung.

Vielleicht hast du das Gefühl, in Hoffnungslosigkeit zu versinken, *doch* gib nicht auf. Das Wort, das der Psalmist im hebräischen Bibeltext für »Güte« verwendet, lautet *chäsäd* (Gnade), während das Wort für »Rettung« *Jeschua* ist. Vertraue weiterhin auf seine Gnade. Halte den Blick auf deinen *Jeschua*, deinen Jesus, gerichtet. Deine Rettung – Wohlergehen, Befreiung und Sieg – ist in ihm zu finden!

Wenn du mit dem Herrn sprichst und Zeit in seiner Gegenwart verbringst, wirst du feststellen, dass er dir nicht einfach eine Antwort gibt – er *ist* die Antwort. Selbst wenn sich deine äußeren Umstände nicht zu ändern scheinen, wird dir auffallen, dass *du* dich verändert hast. Sieh dir an, was mit David geschah, als er in Psalm 3 zu Gott rief:

Ach HERR, wie zahlreich sind meine Feinde!
Viele erheben sich gegen mich;
viele sagen von meiner Seele:
»Sie hat keine Hilfe bei Gott.« (Sela)

Aber du, HERR, bist ein Schild um mich,
du bist meine Herrlichkeit und der mein Haupt emporhebt.
— Psalm 3,1–3 ELB

Hast du das Sela-Zeichen im Psalm bemerkt? Solche »Sela-Momente« findet man überall in Davids Psalmen. Das heißt, David hielt inne … und lauschte.

In diesen Momenten wandte David die Augen von seinen Problemen ab und blickte zu seinem Gott. Ich glaube, dass er sich in solchen Momenten aufs Neue bewusst wurde, dass er seine Kämpfe nicht selbst austragen musste, weil der Herr der Heerscharen für ihn kämpfte (1Sam 17,45–47). Er erinnerte sich an den Gott, der ihn aus der Klaue des Löwen und der Pranke des Bären gerettet hatte;

den Gott, der Goliat ohne Schwert und Speer überwand. Und während er zum Herrn blickte, stärkte er sich im Herrn (1Sam 30,6), und ab da begann sich die Lage zu ändern.

Etwas veränderte sich, als er sich nicht mehr auf seine leidvollen und schrecklichen Umstände fokussierte und sich stattdessen von der Gnade des Herrn auffangen ließ, indem er innehielt und sich auf das konzentrierte, womit der Herr ihn im Inneren ermutigte.

Ich glaube, dass er in diesen kurzen Momenten, in denen er über Gottes Güte und Barmherzigkeit nachdachte, den Herrn zu ihm sagen hörte: »David, warum machst du dir Sorgen, dass all diese Menschen dich bedrängen? *Ich* bin dein Schild. *Ich* bin deine Herrlichkeit. *Ich* richte dich auf und stelle deine Ehre wieder her.« Das war es, was in Davids Situation den Wendepunkt herbeiführte. Gottes Trost kam zu David, als er sich für ein *Sela* entschied.

Laufe vor den Augen deiner Feinde zum Herrn.

Scheint es, als wären deine Feinde zahlreicher geworden? Erheben sich viele von ihnen gegen dich? Bekommst du vom Arzt eine schlechte Nachricht nach der anderen? Vielleicht wurdest du wegen bestimmter Beschwerden ins Krankenhaus eingeliefert. Aber als die Ärzte dich untersuchten, fanden sie noch mehr Besorgniserregendes, von dem du vorher gar nichts wusstest. Und jetzt ist dein Herz schwer, weil es sich anfühlt, als könnte dir nicht einmal Gott mehr helfen.

Tu in solchen Zeiten, was David tat.

Sela.

Halte inne und entscheide dich, vor den Augen deiner Feinde zum Herrn zu laufen. Als David den Psalm weiterschrieb, waren seine Feinde noch immer da. Aber er konnte sich aufrichten und erklären: »Aber du, HERR, bist ein Schild um mich, du bist meine Herrlichkeit und der mein Haupt emporhebt.«

In deinen *Sela*-Momenten mit dem Herrn wirst du deinen Wendepunkt und Sieg finden. Bleibe nicht mutlos. Lauf nicht vor dem Herrn weg. Lauf *zu* ihm und bete ihn an.

Verherrliche ihn, anstatt deinen Herausforderungen Aufmerksamkeit zu schenken, und erlebe, wie er den Sieg in deine Situation hineinbringt.

Und wenn du nicht weißt, wo du anfangen sollst, darf ich dich einladen, dich uns anzuschließen? Als Gemeinde hatten wir vor einiger Zeit eine kraftvolle, innige und befreiende Lobpreiszeit mit den Psalmen Davids und wir würden uns freuen, wenn auch du sie erleben würdest. Das kannst du, indem du auf JosephPrince.de/iss gehst. Verherrliche ihn und seine *chäsäd*, anstatt deinen Herausforderungen zu viel Aufmerksamkeit zu schenken, und dann schau zu, wie er den Sieg in deine Situation hineinbringt!

Deine Heilung kann sich in einem Augenblick ereignen

Du kannst Heilung durch das Gebet des Glaubens empfangen (Mk 11,24), und schon viele Male wurden die Menschen während unserer Gottesdienste sofort geheilt, wenn die Gaben der Heilungen flossen (1Kor 12,9).

Ich liebe es, wenn Gott die Gaben des Heiligen Geistes ausgießt. Wenn er gießt, gießt er nicht aus einem Krug und auch nicht aus einem Fass. Es fühlt sich dann an, als würde der ganze Himmel über uns ausgegossen, und egal, wie groß unser Auditorium ist und wie viele andere Versammlungsorte wir haben, wir können trotzdem nicht alles auffangen, was Gott für uns hat.

In der Gemeinde zu sein, wenn der Name unseres Herrn Jesus verherrlicht wird, ist etwas sehr Machtvolles. Wenn sich die Gemeinde versammelt, ist eine gemeinschaftliche Salbung aktiv, denn Jesus hat gesagt: »Denn wo zwei oder drei in meinem Namen versammelt sind, da bin ich in ihrer Mitte« (Mt 18,20).

Wo Jesus ist, wandelt sich Tod zu Leben und Auferstehung, aus Schwäche wird Stärke und aus wenig wird viel. In der Gegenwart des Herrn gibt es ungetrübte Freude und ewiges Glück (Ps 16,11 GNB). In seiner Gegenwart wirst du Auferstehung und Leben erfahren (Joh 11,25). Deshalb sagt uns die Bibel, dass wir unsere Zusammenkünfte nicht aufgeben sollen (Hebr 10,25). Wenn wir zusammenkommen, ist er in unserer Mitte.

In dem Moment, in dem du das Abendmahl im Glauben nimmst, hat deine Heilung schon begonnen.

Nach und nach wird er deine Feinde vertreiben

Ich würde mich freuen, wenn jeder immer eine sofortige und vollständige Heilung empfangen würde. Auch wenn wir wissen, dass es Wunder gibt, bei denen die Heilung augenblicklich geschieht, möchte ich dir sagen: Es muss nicht sofort etwas Sichtbares passieren und in deinem Körper muss nichts konkret Spürbares stattfinden, bevor du dir sicher sein kannst, dass Gott dich heilt. In dem Moment, in dem du das Abendmahl im Glauben nimmst, hat deine Heilung schon begonnen. Lass dich nicht entmutigen, wenn du nicht sofort ein sichtbares Zeichen deiner Heilung erhältst.

Die meisten Menschen, die meinem Dienst ihre Heilungszeugnisse schicken, wurden nicht während einer spektakulären Gebetsversammlung geheilt oder dadurch, dass ein Mann oder eine Frau Gottes ihnen die Hände auflegten. Sie wurden allmählich und direkt vom Herrn geheilt, während sie den uns verordneten Kanal nutzten, durch den wir Jesu übernatürliches Leben und seine Gesundheit empfangen – durch das Abendmahl.

In Kapitel 1 habe ich gezeigt, was der Apostel Paulus als Grund hervorhob, weshalb viele in der Gemeinde schwach und krank waren. Der Grund war nicht: »Den Kranken wurden nicht oft genug die Hände aufgelegt« oder »es wurden nicht genügend Heilungsgottesdienste veranstaltet«. Als Grund nannte er stattdessen, dass der Leib des Herrn nicht richtig unterschieden wurde (1Kor 11,29–30).

Immer wenn du das Abendmahl nimmst, empfängst du ein Maß an Heilung.

Manchmal können Lehren über das Gebet des Glaubens Druck auf dich ausüben. Du sollst glauben, dass du in dem Moment, in dem du betest, vollständige Heilung empfangen hast. Aber seien wir doch ehrlich: Die meisten von uns haben nicht diese Art von Glauben. Was jedoch die Gaben der Heilungen betrifft, so wirken sie nach dem Willen des Geistes (1Kor 12,11) und nicht so, wie die Menschen das wollen. Beim Abendmahl gibt es keinen Druck. Jedes Mal, wenn du es im Glauben nimmst, empfängst du ein Maß an Heilung. Mit jedem Mal, wenn du es nimmst, schreitet deine Genesung ein Stück weiter voran.

Manchmal werden wir ungeduldig und wollen, dass der Herr alle unsere Feinde mit einem Schlag vertreibt. Darf ich dir eine Bibelstelle zeigen, die dich hoffentlich ermutigen wird? Dort ist zu lesen, was der Herr zu den Kindern Israels sagte, als sie sich für den Eintritt in das verheißene Land bereitmachten:

> *»Nicht in einem Jahr werde ich sie vor dir vertreiben, damit das Land nicht eine Öde wird und die wilden Tiere zu deinem Schaden überhandnehmen. Nach und nach werde ich sie vor dir vertreiben, bis du so fruchtbar geworden bist, dass du das Land in Besitz nehmen kannst.«* — *2. Mose 23,29–30* ELB

Nach und nach.

Nach und nach.

Heute sind wir nicht wie die Kinder Israels mit Hiwitern, Hethitern oder Kanaanitern konfrontiert. Unsere Feinde könnten stattdessen Nierenversagen, Leukämie oder Bluthochdruck heißen.

Welchen Namen dein Feind auch tragen mag, lass dich nicht entmutigen. Die Symptome mögen immer noch vorhanden sein, auch wenn du das Abendmahl schon seit einer Weile nimmst, aber nimm es trotzdem weiter. Deine Heilung wird sich zeigen. Der Feind wird aus deinem Leben vertrieben. Deine Heilung geschieht vielleicht nicht so schnell, wie du es dir wünschst, aber sie *geschieht.* Mein Freund, gib nicht auf!

Übernatürliche, aber unspektakuläre Heilung durch das Abendmahl

Auch beim Abendmahl kommt es vor, dass jemand am Tisch des Herrn isst und trinkt und daraufhin sofortige Heilung erlebt. Aber das ist eher die Ausnahme als die Regel. In den meisten Fällen habe ich gesehen, dass die Heilung allmählich erfolgte. Allmählich bedeutet aber nicht, dass gar keine Heilung stattfindet.

Deine Heilung geschieht. Gib nicht auf!

Vor einigen Jahren hatte ich an meinem Steißbein ein hartnäckiges Problem. Jedes Mal, wenn ich nach dem Sitzen aufstand, spürte ich einen stechenden Schmerz, auch wenn der Stuhl weich gepolstert war. Als ich einen Arzt aufsuchte, sagte er mir, es sei »altersbedingter« Verschleiß und dagegen könne man nichts machen. Als er das sagte, wurde mir klar, dass mein Körper dem natürlichen Alterungsprozess nachzugeben begann.

Aber ich weigerte mich, das zu akzeptieren, weil ich zwar in dieser Welt, aber nicht von dieser Welt bin (Joh 17,11.14). Ich *sollte nicht* dem unterworfen sein, was die Welt erleidet. Und du solltest es auch nicht. Wie wir in Kapitel 8 gesehen haben, hat uns Christus vom Fluch des Gesetzes erlöst, und das schließt alle Krankheiten mit ein, unter denen die Welt leidet.

Ich beschloss, die Vorsorge des Herrn in Anspruch zu nehmen, und begann, das Abendmahl gegen meine Steißbeinschmerzen zu nehmen. Weißt du, was unmittelbar nach Einnahme des Abendmahls passierte?

Ich stand von meinem Stuhl auf.

Und sofort schoss ein heftiger Schmerz durch meinen Körper.

Am nächsten Tag nahm ich wieder das Abendmahl. Als ich aufstand, durchfuhr mich erneut ein jäher Schmerz. Und gleich noch einmal. Ich musste einen Moment stillhalten, bevor ich überhaupt laufen konnte.

Das ging noch einige Zeit so weiter. Ich nahm das Abendmahl, aber die Schmerzen blieben.

Eines Tages wurde mir plötzlich bewusst, dass ich aufgestanden war, ohne zusammenzuzucken. Als ich darüber nachdachte, wurde mir klar, dass ich schon seit ein paar Tagen keine Schmerzen mehr gehabt hatte. Ich war geheilt!

Alles, was du von Gott brauchst,
ist dir durch das Kreuz bereits gegeben worden.

Ich weiß nicht mehr, wie lange ich wegen meiner Schmerzen im Steißbein das Abendmahl genommen habe. Ich weiß ja nicht einmal genau, wann ich geheilt wurde. Der Herr hatte mich übernatürlich geheilt. Aber die Heilung erfolgte so allmählich, während ich immer weiter das Abendmahl nahm, dass ich es gar nicht sofort bemerkte, als ich geheilt war. Ich glaube, dass die meisten Heilungen so ablaufen.

Nimm das Abendmahl so oft wie möglich

Deshalb sagte unser Herr Jesus: »dies tut, sooft ihr trinkt, zu meinem Gedächtnis« (1Kor 11,25). Man beachte, dass er »sooft« und nicht »so selten« oder »so sporadisch« sagte.

Das sagt uns, dass er von einer regelmäßigen Einnahme des Abendmahls sprach. Aber wie definieren wir »oft«? Der Herr überlässt es uns, das zu entscheiden.

Ich weiß nur eines: Die Gemeinde zur Zeit der Apostel feierte das Abendmahl *täglich*. Überall brachen sie in den Häusern das Brot (Apg 2,46). Sie müssen eine Offenbarung darüber gehabt haben, wie nützlich das Abendmahl für ihre Körper war, und haben es deshalb so oft sie konnten genommen. Ich sage nicht, dass wir das Abendmahl jeden Tag nehmen müssen. Aber wenn du dich dazu veranlasst fühlst, dann tu es bitte unbedingt.

Der Sieg gehört bereits dir

Was also solltest du tun, wenn die Symptome fortbestehen oder wenn der Feind dich immer wieder an Personen erinnert, die nicht geheilt wurden?

Nimm weiterhin das Abendmahl und danke dem Herrn für die Heilung, die er dir gegeben hat. Alles, was du von Gott brauchst, ist dir durch das Kreuz bereits gegeben worden. Die Bibel sagt uns, dass er uns vom Fluch des Gesetzes und von jeder Krankheit und allen Leiden bereits freigekauft *hat* (Gal 3,13).

Deine Aufgabe besteht einfach darin, in dem zu ruhen, was Christus getan hat.

Als Jesus den Feigenbaum verfluchte, sah dieser nicht sofort tot aus. Aber am nächsten Tag sahen die Jünger, dass er von seinen Wurzeln her vertrocknet war (Mk 11,12–14.20–21). Genauso siehst auch du nach Einnahme des Abendmahls vielleicht noch die Symptome der Krankheit. Doch als du Jesu vollbrachtes Werk empfangen hast, ist diese Krankheit bereits an den Wurzeln abgestorben – deine Aufgabe besteht also einfach darin, in dem zu ruhen, was Christus getan hat.

Als unser Herr Jesus das Abendmahl einführte, nahm er den Kelch und dankte (Mt 26,27). Das griechische Wort für »dankte« lautet *eucharisteo*, was »Dankbarkeit ausdrücken« bedeutet.[27] Deshalb wird die Abendmahlfeier auch als Eucharistie bezeichnet. Du dankst für etwas, was bereits getan ist und was du bereits erhalten hast. Auch wenn die Symptome in deinem Körper noch zu spüren oder zu sehen sind, kannst du trotzdem danken und dich als geheilt bezeichnen, denn Gottes Wort sagt: »Durch seine Striemen sind wir geheilt« (Jes 53,5).

Versuche nicht, Heilung für dich selbst oder deine Familienangehörigen zu »erlangen«. Sie gehört dir schon! Der Feind ist bereits besiegt (Kol 2,15).

Jesus *hat* dir bereits göttliche Gesundheit und Wohlbefinden gegeben. Vergiss eines nie: Als Glaubender kämpfst du nicht um den Sieg, sondern führst den Kampf als Sieger.

Sieh nicht auf deinen Körper

Mein Freund, lass uns wie Abraham sein, der überzeugt war, dass Gott in der Lage wäre, sein Versprechen einzulösen. Obwohl Abraham in fortgeschrittenem Alter war, glaubte er an Gottes Verheißung – dass Gott ihn zum Vater vieler Nationen machen würde –, *und zog seinen Körper nicht in Betracht*, genauso wenig wie den schon erstorbenen Mutterleib seiner Frau Sarah (Röm 4,19).

Und du weißt ja, wie die Geschichte weiterging: Abraham war hundert Jahre alt, als sein Sohn Isaak geboren wurde (1Mo 21,5), und Sarah war etwa neunzig. Von Natur aus war das vollkommen unmöglich, da sie beide das natürliche Fortpflanzungsalter überschritten hatten.

Als Glaubender kämpfst du nicht um den Sieg, sondern führst den Kampf als Sieger.

Abraham sah jedoch nicht auf den abgestorbenen Zustand seines Körpers; er achtete nur auf Gottes Verheißung. Römer 4,20–21 sagt uns: »Er zweifelte nicht an der Verheißung Gottes durch Unglauben, sondern wurde stark durch den Glauben, indem er Gott die Ehre gab und völlig überzeugt war, dass Er das, was Er verheißen hat, auch zu tun vermag.«

Darf ich dich ermutigen, wie Abraham zu sein, auch wenn dein Körper krank ist? *Sieh nicht* auf die Symptome in deinem Körper oder auf den negativen Befund deines Arztes. Richte deine Augen stattdessen fest auf unseren Herrn Jesus und sieh auf die Verheißung in Gottes Wort, die erklärt, dass du durch die Striemen Jesu geheilt bist. Nimm weiter im Glauben das Abendmahl und danke Jesus, dass sein Körper zerschlagen wurde, damit dein Körper heil sein kann. Und während du das Abendmahl nimmst, bereite dich wie die Kinder Israels voller Erwartung auf deine körperliche Befreiung vor.

Was zu tun ist, wenn dir der Glaube fehlt

Aber was ist, wenn du an einem Punkt bist, an dem du das Gefühl hast, keinen Glauben mehr aufbringen zu können, geschweige denn »nicht an der Verheißung Gottes zu zweifeln« wie Abraham?

Was, wenn du denkst: *»Pastor Prince, ich will das, was Sie sagen, ja gern glauben. Das tue ich wirklich. Aber ich habe es versucht und es sieht nicht so aus, als würde irgendetwas passieren. Es dauert schon so lange. Ich bin es wirklich leid, es immer weiter zu versuchen. Mir fehlt der Glaube, um noch weiterzumachen.«*

Lass mich dir zeigen, was die Bibel über Sarah sagt:

> *Durch Glauben erhielt auch Sarah selbst die Kraft, schwanger zu werden, und sie gebar, obwohl sie über das geeignete Alter hinaus war,* ***weil sie den für treu achtete, der es verheißen hatte****. — Hebräer 11,11*

Es war in der Tat Glaube im Spiel, als Sarah ein Kind empfing und gebar. Aber wenn du denkst, dass zu glauben furchtbar schwer ist und dass du einfach keinen Glauben hast, dann bete ich, dass dich das Folgende ermutigen wird.

Wie hat Sarah ihr Wunder empfangen, nach so langer Zeit, als es im Natürlichen unmöglich erschien? Sie »achtete den für treu, der es verheißen hatte«.

Vertraue der Verheißung in Gottes Wort, dass du durch Jesu Striemen geheilt bist.

Es klingt simpel, aber darin lag ihr Wunder. Der Glaubensweg ist nicht schwer. Er ist einfach und mühelos. Wenn dir der Glaube ausgeht, achte Gott als treu. Wenn du nicht mehr weißt, wie du noch weiter glauben sollst, dann rechne mit *seiner* Treue. Wenn es sogar so scheint, als hättest du gar keinen Glauben, denk daran, dass *er* treu ist. Verlasse dich auf *seine* Treue.

Gib nicht auf, nur weil du denkst, dass du nicht genug Glauben hast. Wenn Gott dir ein Versprechen gibt, besteht deine Aufgabe nicht darin, Glauben hervorzubringen. Deine Aufgabe ist es, in dem Einen zu ruhen, der dir das Versprechen gegeben hat, und zu wissen, dass er treu ist.

Es gibt einen wunderschönen Vers, mit dem du deinen Geist bereichern kannst und den du möglichst auswendig lernen solltest. Es ist ein Vers, der dich im Glaubenskampf stützen wird, wenn es scheint, als bekämst du keine Antworten:

Wenn wir untreu sind, so bleibt er doch treu; er kann sich selbst nicht verleugnen. — 2. Timotheus 2,13

Selbst wenn du treulos bist, bleibt er treu. Am Kreuz, als Jesus all unsere Sünden trug, musste sich Gott der Vater von seinem Sohn abwenden, und Jesus rief: »Mein Gott, mein Gott, warum hast du mich verlassen?« (Mt 27,46). Er bezahlte den Preis dafür, dass Gott dir und mir ständig nah sein kann, und deshalb wird Gott dich nie aufgeben oder verlassen (Hebr 13,5). Er wird dich nie fallenlassen, sondern dich sicher festhalten. Wenn du nicht glauben kannst, darfst du wissen, dass du nicht bemüht sein musst, dich an ihm festzuhalten – er ist derjenige, der dich festhält. In der Bibel steht, dass der Herr, dein Gott, deine rechte Hand hält und zu dir sagt: »Hab keine Angst. Ich bin da und helfe dir« (Jes 41,13 NLB).

Wenn du dich heute schwach fühlst, mach dir keine Sorgen und hab keine Angst. Du kannst dich in seinen liebevollen Armen ausruhen und wissen, dass er sich um dich kümmern wird.

Schau nicht auf deinen eigenen Glauben und denke dabei: *Ich habe nicht genügend Glauben für den Durchbruch, den ich so dringend brauche.* Glaube ist nichts anderes, als auf Jesus zu bauen. In den Evangelien gab es nur zwei Personen, denen Jesus »großen Glauben« zuschrieb: Der Zenturio, der fest überzeugt war, dass Jesus nur ein Wort sprechen müsse, damit sein Diener zu Hause geheilt würde (Mt 8,5–13); und die syrophönizische Frau, zu der Jesus sagte: »O Frau, groß ist dein Glaube!« (Mt 15,21–28).

Glaube ist nichts anderes, als auf Jesus zu bauen.

Und weder der eine noch die andere waren sich des eigenen Glaubens bewusst.

Willst du wissen, wessen sie sich bewusst waren? Sie waren sich Jesu bewusst. Sie sahen ihn als den Einen, der treu und mächtig ist. Sie empfanden große Wertschätzung für seine Gnade und Güte. Und wie sie ihn in seiner Gnade sahen, so sah er sie in ihrem Glauben!

Mach dir keine Gedanken darüber, ob du genug Glauben hast oder nicht. Baue einfach auf Jesus. Verbringe Zeit in seiner Gegenwart. Schaue oder höre dir Predigten an, in denen sich alles um Jesus dreht. Wenn du Jesus berührst, berührst du den Glauben, weil er der Urheber und Vollender des Glaubens ist (Hebr 12,2). Die Bibel erklärt, dass er treu ist, und er wird nicht zulassen, dass du mehr durchmachen musst, als du ertragen kannst (1Kor 10,13). Er *wird* dich durchtragen.

Wenn sich dein Kampf gegen deine Krankheit schon sehr lange hinzieht und du dich völlig ausgelaugt fühlst; wenn du keine Kraft mehr hast, überhaupt noch Glauben aufzubringen, darf ich dich ermutigen, Folgendes zu tun? Nimm dir Zeit, in die Gegenwart des Herrn zu gehen, und rede einfach mit ihm. Sag ihm:

Herr Jesus, danke für deine Treue zu mir. Du bist treu in deiner Güte mir gegenüber. Du bist treu, deine Verheißungen in meinem Leben zu verwirklichen. Du achtest treu auf das, was mit mir geschieht, und du bist treu, mich zu heilen und mir jedes kleinste bisschen Gesundheit und Wohlbefinden zurückzugeben, das ich durch diese Krankheit verloren habe. Jetzt, in diesem Moment, hältst du mich treu aufrecht, also werde ich keine Angst haben. Und weil du mich festhältst, kann ich loslassen und in dir ruhen. Es ist deine Treue, die meine Heilung sichtbar werden lässt. Danke, Herr Jesus. Amen.

Die Bibel erklärt, dass er treu ist.
Und er wird dich durchtragen.

Lieber Freund, ganz einfach so mit ihm zu reden *ist* für Gott Glaube. Du vertraust darauf, dass er bei dir ist in deiner Situation und dass er dir zuhört. Und wenn du angesichts der Symptome in deinem Körper erklärst, dass der Eine, der dir Heilung versprochen hat, treu ist, achtest du ihn für treu – und du wirst erleben, wie er in seiner Treue deine Heilung sichtbar werden lässt.

Gebärmutterzyste verschwindet

Vor einigen Jahren wurde bei der Frau eines Leiters aus meinem Team eine Gebärmutterzyste entdeckt. Sie suchte verschiedene Ärzte auf, um sich die Diagnose bestätigen zu lassen, und alle zu Rate gezogenen Ärzte kamen zu dem Schluss, dass sie sich einer Operation zur Entfernung der Zyste unterziehen müsse. Ihr wurde gesagt, dass vielleicht sogar ihre ganze Gebärmutter entfernt werden müsse. Natürlich war dieses Paar von dieser Nachricht ziemlich geschockt. Ich traf mich mit den beiden, um mit ihnen zu beten und gemeinsam das Abendmahl zu feiern.

Ehrlich gesagt spürte ich keinen Glauben, als ich für sie betete. Tatsächlich fühlte ich mich sogar ziemlich hilflos.

Aber ich hörte, wie der Herr zu mir sagte, ich solle ruhig bleiben. Ich hörte, wie er mir sagte, ich solle nicht einmal versuchen, Glauben aufzubringen, und stattdessen einfach in seinem Glauben ruhen. Also sagte ich nur: »Gewächs, ich verfluche dich im Namen Jesu bis zu deinen Wurzeln. Sei mitsamt der Wurzel herausgerissen und ins Meer geworfen.« Gleichzeitig betete ich auch, dass der Herr ihre Jugend wie die des Adlers erneuern würde.

Ein paar Tage später ging sie zu einem letzten Scan vor der angesetzten Operation. Und weißt du was? Die Ärzte konnten keine Zyste finden! Ihr Gynäkologe sagte, dass das komplette Gewächs einfach verschwunden sei und dass es ein Wunder wäre.

Aber der Herr ließ es nicht damit gut sein, die Zyste aus ihrer Gebärmutter zu entfernen. Erinnerst du dich, dass ich um Erneuerung ihrer Jugend gebetet hatte? Sie hatte schon seit längerem aufgehört zu menstruieren, aber kurz nachdem ich für sie gebetet hatte, kehrte ihre Periode zurück. Der Herr hat ihre Gebärmutter und ihre Jugend erneuert. Halleluja!

Ich spürte keinen Glauben, als ich für sie betete, daher danke ich Gott, dass ihre Heilung nicht von meinem Glauben abhing. Es zählt allein der Glaube des Einen, der treu ist – unser Herr Jesus. Deshalb ist das Abendmahl auch so wirksam. Es richtet deinen Blick auf Jesus und nur auf ihn.

Mach du es genauso – selbst wenn du keinen Glauben verspürst, während du das Abendmahl nimmst, höre trotzdem nicht damit auf. Konzentriere dich nicht auf deinen vorhandenen oder fehlenden Glauben. Manchmal verwechseln wir Glauben mit Gefühlen. Vertraue einfach auf den Einen, der nie ins Wanken gerät. Gib nicht auf!

---

*Wenn du einfach nur mit Gott redest,
ist das für ihn Glaube.*

10.

DER KAMPF UM RUHE

Ich weiß nicht, ob es dir klar ist, also möchte ich es ganz deutlich sagen: Wir befinden uns in einem Krieg.

In unserer modernen Welt haben viele von uns Zugang zu Ärzten, Krankenhäusern und verschiedenen Medikamenten und Behandlungen. Außerdem können wir uns einfach an Google wenden, um Informationen über unsere Symptome zu bekommen und alles über mögliche Erkrankungsursachen, Behandlungsmöglichkeiten und Kontraindikationen für verschiedene Medikamente herauszufinden. Dabei können wir allzu leicht vergessen, dass es ein unsichtbares Reich gibt. Wir verlieren schnell aus den Augen, dass es einen echten Feind gibt und dass geistliche Mächte involviert sein könnten, wenn unsere Körper unter Beschuss geraten.

Es gibt einen Feind, der uns zerstören will, einen Feind, der uns mit Krankheit tyrannisieren und uns daran hindern will, als Gläubige unser Erbe – Gesundheit und göttliches Leben – anzutreten. Ich sage nicht, dass alle Krankheiten von Geistern verursacht werden, aber vergessen wir nicht, dass Geister existieren. Das Lukasevangelium berichtet, dass unser Herr Jesus eine Frau heilte, die von einem »Geist der Krankheit« unterdrückt worden war (Lk 13,10–17). Achtzehn Jahre lang war sie verkrümmt und konnte sich nicht aufrichten. Unser Herr Jesus sagte selbst, sie sei in diesem Zustand, weil *Satan* sie gebunden halte.

Danken wir Gott für Ärzte und für Krankenschwestern, die ihr Leben den Kranken gewidmet haben; die helfen, Krankheiten vorzubeugen und das Leiden ihrer Patienten zu lindern. Sie sind ein großer Segen, und ich glaube fest daran, dass Gott durch sie wirken kann.

Aber es gibt Grenzen für das, was Ärzte tun können, wenn es um geistliche Mächte geht, und wir können nicht mit *natürlichen* Mitteln gegen *übernatürliche* Mächte vorgehen.

Der Apostel Paulus schrieb:

> *Denn wir haben nicht gegen Menschen aus Fleisch und Blut zu kämpfen, sondern gegen Mächte und Gewalten, gegen die Weltherrscher dieser Finsternis, gegen die bösen Geister in den himmlischen Bereichen. — Epheser 6,12* EÜ

Wir kämpfen nicht gegen Fleisch und Blut. Unser Kampf ist ein geistlicher.

Geistliche Kampfführung

Die meisten Menschen denken bei geistlicher Kampfführung sofort an grimmige Schlachten, in denen man gegen den Teufel zu Felde zieht. Vor einigen Jahren habe ich ein Buch mit dem Titel *Geistliche Kampfführung* geschrieben. Und weißt du, was ich als Bild für das Buchcover gewählt habe?

Das Bild von einem Mann, der auf einem Liegestuhl am Strand liegt und dabei die Arme lässig hinter dem Kopf verschränkt.

Wir müssen unbedingt beachten, dass dieser ganze Abschnitt über geistliche Kampfführung in Epheser 6 uns immer wieder ermahnt, zu »stehen«. Vom Kämpfen ist hingegen nur einmal die

Rede, wenn es heißt, dass wir nicht »gegen Fleisch und Blut kämpfen« (Eph 6,11–14).

Unser Kampf ist der Kampf um Ruhe. Wir kämpfen darum, ruhig zu bleiben und zu glauben, dass die Arbeit bereits getan ist. Unsere einzige Mühe ist die Bemühung darum, in die Ruhe hineinzukommen, die unser Herr Jesus am Kreuz für uns erworben hat. Unsere Aufgabe ist es, *ruhig stehen* zu bleiben und zu sehen, wie der Herr uns rettet. Lass uns in dem Sieg stehen, den Christus uns bereits gegeben hat, anstatt zu versuchen, einen Gegner zu besiegen, der am Kreuz bereits besiegt *wurde*.

Wie geistliche Kampfführung aussieht

Ich werde das Thema geistliche Kampfführung hier nicht weiter vertiefen, aber am Beispiel von Annas erstaunlicher Geschichte möchte ich dir zeigen, was es bedeutet, einen Kampf auf geistlicher Ebene zu führen.

Unser Kampf ist der Kampf um Ruhe.

Anna gehörte zu unserem Dienstteam aus Singapur, das anlässlich meiner Grace Revolution Tour in die Vereinigten Staaten reiste. Während sie in Dallas, Texas, war, durchlebte sie eine schreckliche Tortur. Hier ist ihre Schilderung:

> *Ich spürte, wie meine Beine taub wurden. Dieses Taubheitsgefühl breitete sich rasch bis zu meinem Zwerchfell aus. Da ich mich nicht mehr bewegen konnte, wurde ich schleunigst in die*

Notaufnahme gebracht, wo ich mich einer fünfstündigen Notoperation unterziehen musste. Der Grund für die Lähmungserscheinungen waren nämlich mehrere Läsionen und tumorartige Gewächse, die über die gesamte Länge meines Rückenmarks starken Druck ausübten. Mir wurde später gesagt, dass ich Krebs im Stadium vier hatte, der vom Brustbereich bis zu meinem Hals und in meine Knochen metastasiert war. Man gab mir eine Lebenserwartung von zwei bis drei Jahren.

Kannst du dir vorstellen, wie schrecklich es für Anna gewesen sein muss? Sie erzählte einem meiner Pastoren, dass sie bis zu dem Tag, als man sie auf schnellstem Wege in die Notaufnahme brachte, keine Ahnung hatte, dass sich in ihrem gesamten Rückenmark heimtückisch und leise Krebs ausgebreitet hatte. Ohne jegliche Vorwarnung war sie nach der Operation ans Bett gefesselt und sah sich plötzlich einem Kampf gegen Krebs im Stadium vier ausgesetzt. Sie lag über einen Monat lang im Krankenhaus. Während dieser Zeit und auch noch lange nach ihrer Entlassung stärkte sich Anna täglich mit dem Wort Gottes, verteidigte ihr Herz gegen alle Ängste und ließ nicht zu, dass der Feind sie in ihrem Glauben an das vollbrachte Werk Christi erschütterte. So beschrieb sie ihren Kampf:

Ich, als ein verängstigtes Schaf, konnte nichts weiter tun, als einfach ganz nah bei dem großen Hirten zu bleiben. Während meines gesamten dreiunddreißigtägigen Krankenhausaufenthalts (in Dallas und später zu Hause in Singapur) wurde Jesus zu meinem undurchdringlichen »Schutzbunker« und schützte mich vor weiteren Angriffen durch den Teufel.

Ich bat darum, dass die Besucherzahl während meines Krankenhausaufenthaltes auf ein Minimum reduziert würde, und entschied mich, die Zeit mit dem Einen zu verbringen, dessen Anwesenheit und Worte nun mein Leben und meine Heilung waren. Natürlich konnte ich die Ärzte und Krankenschwestern nicht fernhalten, und manchmal, wenn ich hörte, wie sie über meinen Krebs sprachen, ließ es das Leben und den Frieden aus mir heraussickern – ich spürte, dass ich den Tod berührt hatte.

Aber ich blieb in meinem Schutzbunker, Jesus. Und weil ich glaube, dass Gottes Wort Leben und Gesundheit für mein ganzes Fleisch ist, ernährte ich mich in meinen Wachzeiten von Gottes Wort und glitt oft in den Schlaf, während ich noch die Ohrstöpsel in den Ohren hatte und die Predigten von Pastor Prince auf meinem iPad liefen.

Jedes Mal, wenn ich meine Krebsmedikamente einnehmen musste, nahm ich gleichzeitig das Abendmahl. Das Gleiche tat ich auch nach jeder Bestrahlung. Und ich glaube, das war der Grund, warum ich während meiner fünfzehn Strahlentherapie-Zyklen keine der typischen Nebenwirkungen spürte. Momentan nehme ich noch Krebsmedikamente, aber abgesehen vom Haarausfall, der nur wenige Monate andauerte, zeigt mein Körper (insbesondere meine Blutzellen, meine Leber und die Nieren, die mein Onkologe als besonders kritisch ansah) bis heute keine weiteren Nebenwirkungen, da ich weiterhin täglich im Wort bleibe und das Abendmahl nehme.

Der Krebs war real, und die Tumore in ihrem Körper waren real. Aber Anna wusste, dass der wahre Kampf ein geistlicher war. Natürlich fürchtete sie sich. Wie könnte es auch anders sein? Aber sie war ein Kind Gottes, und sie wollte sich vom Feind nicht einschüchtern lassen. Sie wollte auch nicht einfach am Boden liegen und seine Angriffe über sich ergehen lassen. Sie wollte sich wehren, bewaffnet mit dem Schwert des Geistes (Eph 6,17), und sie wusste, dass ihr Gott sie auf dem ganzen Weg begleitete und ihr den Rücken stärkte.

Achte mehr auf deinen Gott als auf deinen Feind

Erinnert dich Anna nicht an David, den Hirtenjungen, der den Superkrieger des Philisterheeres besiegte? David lief nicht weg, als Goliat auftauchte. Er wurde *wütend* und verlangte zu wissen: »Wer ist dieser unbeschnittene Philister überhaupt, dass er das Heer des lebendigen Gottes verhöhnen darf?« (1Sam 17,26 NLB). Die anderen Soldaten wurden durch die Größe ihres Feindes eingeschüchtert. Aber David war sich nur der Größe seines Gottes bewusst. Sieh dir an, was er sagte, als er dem Riesen gegenüberstand:

> *»Du trittst mir mit Schwert, Speer und Wurfspieß entgegen,* ***ich aber komme im Namen des Herrn, des Allmächtigen – des Gottes des israelitischen Heeres****, das du verhöhnt hast.«*
> *— 1. Samuel 17,45*

Lass die Angriffe des Feindes nicht am Boden liegend über dich ergehen. Wehre dich, bewaffnet mit dem Schwert des Geistes.

Lieber Freund, ich bete, dass du etwas von Davids Kampfgeist abbekommst, wenn der Feind versucht, dich mit Symptomen anzugreifen. Hab keine Angst. Bleib standhaft und sei dir bewusst, dass der Feind bereits besiegt worden ist. Seine Waffen mögen der Welt furchteinflößend erscheinen, aber gegen deinen Gott haben sie keine Chance. Dieser Kampf ist nicht von dir zu kämpfen. Der Feind mag mit Schwert, Speer und Wurfspieß gegen dich antreten, aber wenn du ihm im Namen des Herrn der Heerscharen entgegentrittst, dann ist dieser Goliat kein Gegner für deinen Gott!

Stärke dich mit dem Wort Gottes

Um zu Annas Geschichte zurückzukehren: Die Ärzte sagten ihr, dass genau die Behandlungen, die ihrem Körper helfen sollten, die Krebszellen zu bekämpfen, andere lebenswichtige Teile ihres Körpers zerstören könnten. Solche Fakten ließen das Leben und den Frieden aus ihr »heraussickern«. Anstatt jedoch diese Fakten zu akzeptieren, legte sie die ganze Waffenrüstung Gottes an, indem sie sich entschlossen auf sein vollbrachtes Werk stellte, auch wenn ihre Situation düster erschien.

Tatsächlich denke ich, dass sie sogar darüber hinausging – sie legte nicht nur die Rüstung an, sie blieb auch im Schutz des Allerhöchsten, ließ ihn Zuflucht und Festung für sie sein und sah ihn als ihren Befreier (Ps 91,1–3). Sie machte ihn zu ihrem undurchdringlichen »Schutzbunker« und zu ihrer Arche. Er war ihr starker Turm, ihr Schild und ihr großer Hirte, der sie beschützte und sie nah an seinem Herzen trug.

Der Feind mag dich angreifen, aber gegen deinen Gott hat dieser Goliat keine Chance.

Sie wollte nicht das Stöhnen der anderen Patienten und das ständige Piepen all der medizinischen Apparate auf ihrer Station hören oder unentwegt den Tod und die Krankheit um sie herum beobachten. Also vertiefte sie sich in das Wort, hörte Predigten, sann den ganzen Tag über Bibelstellen nach und nahm täglich das Abendmahl.

Sie umgürtete sich mit der Wahrheit des Wortes Gottes, anstatt die medizinischen Fakten zu akzeptieren.

Zum Beispiel erzählte sie meinem Team, dass es eine *Tatsache* sei, wie ihre Scans zeigten, dass ihr Hals und ihre Wirbelsäule vom Krebs angegriffen waren. Dass sie sich aber auf die ewige *Wahrheit* des lebendigen Wortes stelle, das verkündet:

Eine gerechte Person erlebt viele Schwierigkeiten, aber der Herr kommt jedes Mal zur Rettung. ***Denn der Herr beschützt die Knochen des Gerechten****; nicht einer von ihnen wird gebrochen! — Psalm 34,19–20 NLT*

Und es wird geschehen an jenem Tag, da ***wird seine Last von deinen Schultern weichen und sein Joch von deinem Hals****; ja, das Joch wird zersprengt werden wegen der Salbung. — Jesaja 10,27*

Es gab noch viele andere Bibelstellen, auf die sie sich stellte, und ich möchte nur einige davon hier anführen. Ich bete, dass sie dich stärken und dir in deinen Kämpfen helfen werden:

Er schickte ihnen sein befreiendes Wort und heilte sie, er bewahrte sie vor dem sicheren Tod. — Psalm 107,20 NGÜ

Wenn aber Christus in euch ist, so ist der Leib zwar tot um der Sünde willen, der ***Geist aber ist Leben*** *um der Gerechtigkeit willen. Wenn aber der Geist dessen, der Jesus* *aus den Toten auferweckt hat, in euch wohnt,* ***so wird derselbe, der Christus aus den Toten auferweckt hat, auch eure sterblichen Leiber lebendig machen*** *durch seinen Geist, der in euch wohnt. — Römer 8,10–11*

Wenn er zu mir ruft, will ich antworten. Ich will ihm in der Not beistehen und ihn retten und zu Ehren bringen. Ich will ihm ein ***langes Leben*** *schenken und ihn meine Hilfe erfahren lassen. — Psalm 91,15–16 NLB*

Ich bin überzeugt: Während Anna sich mit Bibelvers um Bibelvers füllte, wurde das Wort Gottes für sie buchstäblich zur Medizin, und sie wurde immer stärker. Schließlich sagt das Buch der Sprüche über Gottes Worte: »Leben sind sie denen, die sie finden, und Heilung für ihr ganzes Fleisch« (Spr 4,22 ELB).

Zieh die ganze Waffenrüstung Gottes an, indem du dich entschlossen auf sein vollbrachtes Werk stellst.

Es liegt Kraft in Gottes Wort

In welcher gesundheitlichen Verfassung du auch sein magst, ich möchte dich ermutigen, das zu tun, was Anna getan hat. Sättige dich auf jede erdenkliche Weise mit dem Wort. Schreibe Bibelverse heraus, höre deine Audiobibel, höre dir Predigten über sein vollbrachtes Werk an und lies Bücher (wie dieses), die all das, was Jesus für dich getan hat, in den Fokus stellen.

Wenn du Zeit im Wort Gottes verbringst, kannst du nicht anders, als von dessen heilender Wirkung zu profitieren. Das hebräische Wort für Heilung ist *marpe*, was auch »eine Medizin« oder »ein Heilmittel« bedeutet.[28] Beachte bitte, dass in Sprüche 4,22 von »Heilung für ihr *ganzes* Fleisch« die Rede ist. Im Gegensatz zu vielen Medikamenten kommt das Wort Gottes nicht einem Teil deines Körpers zugute, während es einem anderen Teil schadet. Es ist heilsam für deine Nase, deine Knie, dein Innenohr, deinen Darm, deine Haut – für dein *ganzes* Fleisch.

Die Bibel erklärt außerdem: »Das Wort Gottes ist lebendig und wirksam und schärfer als jedes zweischneidige Schwert und durchdringend bis zur Scheidung von Seele und Geist, sowohl der Gelenke als auch des Markes« (Hebr 4,12 ELB). Es ist das Gegenteil vom Tod, und es ist *wirksam*.

Kein Wunder also, dass unser Herr Jesus im Zusammenhang mit dem Gleichnis vom Sämann sagte, dass der Sämann das Wort sät, »aber dann kommt sofort der Satan und nimmt weg, was in ihr Herz gesät wurde« (Mk 4,15 GNB).

Das Wort Gottes ist Heilung für dein ganzes Fleisch.

Ist dir aufgefallen, dass der Feind *sofort* kommt? Jesus bezog sich hier zwar auf die Samen, die »auf den Weg gefallen sind«, aber im Prinzip ist es mit deinem Herzen das gleiche – der Feind will das Wort aus deinem Herzen stehlen, weil er nicht will, dass du »glaubst und gerettet wirst« (siehe Lk 8,5.12). Der Teufel weiß, *dass du gerettet wirst*, wenn du das Wort empfangen hast und es glaubst. Deshalb wird er alles in seiner Macht Stehende tun, um zu verhindern, dass das Wort Gottes in deinem Herzen Wurzeln schlägt. Er weiß, wenn es lange genug dortbleibt, wird es dein Sieg und seine Niederlage sein!

Das griechische Wort, das hier mit »gerettet« übersetzt ist, lautet *sozo* und bedeutet »Rettung aus Gefahren und Leiden; Leidende oder Kranke vor dem Sterben bewahren; kurieren, heilen, die Gesundheit wiederherstellen«.[29]

Der Feind weiß, wie wirksam das Wort Gottes ist.

Weißt du es auch?

Egal, welchen Kanal du benutzt, um Zeit in seinem Wort zu verbringen, stelle einfach sicher, dass du gut mit dem Wort bewässert wirst. Wenn du vom Wort Gottes satt durchtränkt und bewässert bleibst, glaube ich, wirst du ganz unbewusst und mühelos immer kräftiger und gesünder werden.

Langsam, aber sicher

Annas Heilung kam nicht über Nacht. Sie war neun ganze Monate lang bettlägerig und musste langsam wieder laufen lernen. Nach der Bestrahlung unterzog sie sich auch noch einer Chemo- und Antihormontherapie. Aber sie hielt sich weiter an den Verheißungen des Herrn fest, nahm das Abendmahl und dachte dabei an alles, was er für sie getan hat.

Wenn du gut vom Wort Gottes durchwässert bleibst, wirst du immer kräftiger und gesünder.

Die Freunde, die sie auf dem Weg zur Genesung begleiteten, erzählten, dass ihre Heilung langsam, aber sicher voranschritt.

Als sie sie das erste Mal im Krankenhaus besuchten, konnte sie sich nicht einmal aufsetzen. Als sie sie das nächste Mal besuchten, konnte sie sich am Haltegriff ihres Krankenbetts nach oben ziehen.

Als sie sie nach ihrer Entlassung zum ersten Mal zu Hause besuchten, konnte sie nicht zur Tür kommen. Jemand aus ihrer Familie musste ihnen die Tür öffnen. Einige Zeit später, als sie sie wieder besuchten, konnte sie sich mit Hilfe eines Gehgestells zur Haustür bewegen. Das Gehgestell wurde bald durch einen Gehstock ersetzt.

Heute kann Anna wieder frei und ohne Hilfsmittel laufen. Es hat zwei Jahre gedauert, aber sie arbeitet jetzt wieder in meinem Dienstbüro. Und sie nutzt jede Gelegenheit, um für Kollegen zu beten, denen es nicht gut geht. Der Herr hat sie in der Tat gestärkt und ihre Tage verlängert.

Was den Krebs betrifft, so war ihr Tumormarker nach Abschluss der Strahlentherapie immer noch auf über 150. Aber er ist inzwischen weit unter den Grenzwert von < 35,0 gefallen. Der Herr benutzte medizinische Technologie für ihren Heilungsprozess, aber weil sie »täglich im Wort bleibt und das Abendmahl nimmt«, hat er sie vor den negativen Nebenwirkungen der Bestrahlung und Medikamente geschützt, die viele andere erlitten haben.

Halleluja! Alle Ehre gehört Jesus!

Es ist wichtig, dass die Gläubigen verstehen, dass der Glaube an die Heilkraft des Herrn nicht bedeutet, dass man keinen medizinischen Rat sucht oder die medizinische Behandlung abbricht. Glaube und Medizin müssen einander nicht ausschließen. Tatsächlich glaube ich, dass Gott auch Ärzte gebraucht. Deswegen lehre ich meine Gemeinde zu beten, dass der Herr die Hände ihrer Chirurgen salbt, wenn sie sich einer Operation unterziehen müssen; und dass der Herr ihren Ärzten die Weisheit gibt, genaue Diagnosen zu stellen und über die besten Behandlungen zu entscheiden.

Beim Glauben geht es nicht darum, deine Medikamente wegzuwerfen, die dir verschriebenen Behandlungen abzubrechen oder chirurgische Eingriffe zu vermeiden. Dank sei dem Herrn für alle Fortschritte, die in der Medizin gemacht werden. Sie hat so viel dazu beigetragen, unsere Lebensqualität zu verbessern und das Leben der Menschen zu verlängern. Ärzte und Mediziner kämpfen auf der gleichen Seite gegen Krankheit und Leiden wie wir, und ich empfinde einfach nur Respekt und Anerkennung für sie.

Glaube und Medizin müssen einander nicht ausschließen.

In Annas Fall sind ihre Ärzte richtigerweise ihrer Verantwortung nachgekommen, indem sie sie über die möglichen Nebenwirkungen der Behandlung informierten, die sie bei ihr anwenden würden. Aber während sie sich behandeln ließ, lag ihr Vertrauen auf vollständige Heilung und Wiederherstellung ganz auf ihrem Erlöser und dem Hirten ihrer Seele, unserem Herrn Jesus Christus. Sie glaubte, dass sie keine negativen Nebenwirkungen erfahren würde, und vertraute dabei völlig auf den Herrn und das Abendmahl. Und Preis dem Herrn, die Nebenwirkungen waren minimal. Falls du mit diesem Konflikt zwischen Glaube und Medizin kämpfen solltest, bete ich, dass Annas Geschichte eine große Quelle der Ermutigung für dich ist und dass ihr Zeugnis dir helfen wird, seinen übernatürlichen Frieden zu erfahren.

Glaube und Geduld arbeiten zusammen

Ich möchte auch, dass dir nicht entgeht, dass sich Annas Heilung über einen längeren Zeitraum hinzog. Wenn das Sichtbarwerden unserer Heilung etwas länger dauert als erhofft, kann es manchmal sein, dass der Feind versucht, uns durcheinander zu bringen.

Vielleicht nimmst du das Abendmahl schon seit einiger Zeit, hast aber noch nicht die gewünschten Ergebnisse gesehen. Und nun fängst du an, dir Gedanken darüber zu machen, ob das Abendmahl möglicherweise nur ein abergläubischer Brauch ist, ein sinnloses Ritual, das dir nichts bringt.

Darf ich dir etwas sagen? Es findet ein geistlicher Kampf statt, bei dem du dazu gebracht werden sollst, diesen besonderen Kanal des Abendmahls – durch den Gott übernatürliches Leben und Gesundheit in deinen Körper fließen lassen will – aufzugeben.

Wie ich bereits im vorigen Kapitel erwähnt habe, *können* Wunder der Sofortheilung geschehen. Aber unser Herr Jesus sagt uns auch, womit wir rechnen sollen, wenn sich der Durchbruch, den wir uns von ihm erhoffen, nicht sofort zeigt. Achte darauf, was Jesus darüber sagt, wie die Samen von Gottes Wort Frucht tragen, wenn sie auf guten Boden fallen:

> *Und die, bei denen auf das gute Erdreich gesät wurde, das sind solche, die das Wort hören und es aufnehmen und Frucht bringen, der eine* ***dreißigfältig****, der andere* ***sechzigfältig****, der dritte* ***hundertfältig****. — Markus 4,20*

Das Lukasevangelium fügt noch hinzu:

> *Aber was diesen Samen auf dem guten Boden betrifft, so sind das diejenigen, die das Wort mit einem guten und willigen*

Herzen gehört haben und ***es festhalten und mit Geduld Frucht tragen****. — Lukas 8,15 AMP*

Hast du es gesehen? Die Samen, die auf guten Boden fallen, tragen Früchte »mit Geduld«. Geduld verweist auf Beharrlichkeit und Ausdauer.

Weißt du, warum Geduld erforderlich ist?

Weil es Zeit braucht, bis die Samen Früchte tragen. Es geschieht nicht über Nacht. So wie der Bauer geduldig auf die wertvolle Frucht der Erde wartet, musst auch du geduldig sein (Jak 5,7). Deine Ernte wird schrittweise kommen – zuerst dreißigfach, dann sechzigfach, dann hundertfach.

Wenn du beginnst, das Abendmahl zu nehmen, wirst du vielleicht eine gewisse Besserung feststellen, aber die Schmerzen sind im Großen und Ganzen noch da. Das ist eine dreißigfache Ernte.

Gib an diesem Punkt nicht auf!

Nimm weiterhin das Abendmahl, bis du deine sechzigfache Ernte empfängst. Du merkst, dass es so weit ist, wenn sich dein Zustand merklich und für dich spürbar bessert. Trotzdem mag das eine oder andere Symptom noch da sein und weiter anhalten.

Deine Ernte wird schrittweise kommen – zuerst dreißigfach, dann sechzigfach, dann hundertfach.

Das ist die Zeit, in der du durchhalten und weiter vertrauen solltest – die Augen immer fest auf Jesu vollbrachtes Werk gerichtet –, bis du deine hundertfache Segensernte siehst und die volle Heilung deiner Beschwerden erlebst.

Deine hundertfache Ernte kommt

Wenn du körperliche Schmerzen leidest oder es einfach satthast, eine schlechte Nachricht nach der anderen zu hören, ist das Letzte, was du willst, auch nur einen weiteren Moment irgendwelche Symptome ertragen zu müssen. Doch auch wenn du deine Heilung nicht sofort erfährst, lass dir vom Feind bitte nicht die Lüge auftischen, dass du besser aufgeben solltest, weil sich deine Heilung sowieso nie einstellen wird.

Wässere weiterhin den Samen von Gottes Wort und warte geduldig, bis er Wurzeln schlägt. Zur rechten Zeit wirst du deine Ernte einbringen (Gal 6,9).

Die Bibel sagt uns, dass Abraham die Verheißung erhielt, indem er geduldig ausharrte (Hebr 6,15). Obwohl Gott geschworen hatte, ihn zu segnen und ihn zu einem großen Volk zu machen (1Mo 12,2), war die Verheißung mit einem Glaubenskampf verbunden. Der Segen manifestierte sich nicht gleich am nächsten Tag. Er zeigte sich auch nicht ein Jahr später. Tatsächlich dauerte es rund fünfundzwanzig Jahre, bis Abraham und Sarah Isaak bekamen (1Mo 21,5). Ich sage nicht, dass du fünfundzwanzig Jahre warten musst. Ich will dir nur das Prinzip dahinter zeigen: Es wird vielleicht eine gewisse Zeit dauern, aber du *wirst* deine Verheißung erben.

Deine Heilung zeigt sich vielleicht nicht sofort, aber glaube, dass sie auf dem Weg ist. Falls du jetzt schon längere Zeit auf deine Heilung wartest und entmutigt bist, lass dich von Gottes Zusage stärken:

Denn wie der Regen und der Schnee vom Himmel fällt und nicht dorthin zurückkehrt, ohne die Erde zu tränken und sie zum Keimen und Sprossen zu bringen, dass sie dem Sämann

Samen gibt und Brot zum Essen, so ist es auch mit dem Wort, das meinen Mund verlässt: Es kehrt nicht leer zu mir zurück, ohne zu bewirken, was ich will, und das zu erreichen, wozu ich es ausgesandt habe. — Jesaja 55,10–11 EÜ

Gottes Wort wird nicht leer zu ihm zurückkehren. Vielleicht nimmst du das Abendmahl und betest schon seit längerem, aber es scheint sich nichts zu tun. Vielleicht bist du auch schon an einem Punkt angelangt, an dem alles nur noch mechanisch abläuft, weil sich Entmutigung in dir ausgebreitet hat. Was ist in diesem Fall zu tun?

Wässere weiterhin den Samen von Gottes Wort mit dem Regen seines Wortes!

Wässere weiterhin den Samen von Gottes Wort und zur rechten Zeit wirst du die Ernte einbringen.

Wenn ein Same gesät wird, siehst du nicht sofort etwas, aber du *weißt*, dass er sprießen, Blätter bekommen und wachsen wird. Du musst nicht ständig die Erde aufgraben, um zu überprüfen, ob das Saatgut keimt. Mit dem Samen von Gottes Wort ist es genauso. Deine Aufgabe besteht einfach nur darin, auf die Kraft seines Wortes zu vertrauen. Du wartest geduldig, weil du weißt, dass seine Worte nicht leer zu ihm zurückkehren. Und so wie die Erde ihre Frucht nach und nach hervorbringt, »zuerst den Halm, dann die Ähre, dann das volle Korn in der Ähre« (Mk 4,28), verkünde ich dir jetzt, dass auch du die volle Ernte deiner Heilung einbringen wirst!

Der Boden ist bereit für deine Heilung

Ich werde dich jetzt an einer Offenbarung teilhaben lassen, die der Herr mir vor einigen Jahren gegeben hat. Ich habe noch nie jemand anderen darüber lehren hören und ich weiß, dass es dich segnen wird.

Hab Vertrauen in die Kraft seines Wortes und sei geduldig. Seine Worte werden nicht leer zu ihm zurückkehren.

Unser Herr Jesus benutzte das Gleichnis von Sämann und Samen, um uns damit das Wort Gottes zu erklären. Es gibt aber auch andere anschauliche Bilder aus dem Ackerbau, die uns helfen, die brutalen Qualen zu verstehen, die Jesus um unserer Heilung willen ertragen hat. Lies diesen Vers mit mir:

Auf meinem Rücken haben Pflüger gepflügt und ihre Furchen lang gezogen. — Psalm 129,3

Psalm 129 ist ein messianischer Psalm, und dies ist ein Bild für die Geißelung, die unser Herr Jesus durchlitten hat. Ich las diesen Vers eines Tages und merkte dabei, wie der Herr zu mir sagte: »Überfliege das hier nicht nur. Lies sorgfältig und sinne darüber nach, warum ich Begriffe aus der Landwirtschaft verwendet habe.«

Warum sagte der Herr nicht: »Sie schlugen mir auf den Rücken« oder vielleicht sogar »Sie geißelten meinen Rücken«? Warum verwendete er nicht Wörter wie *schlagen* oder *peitschen*?

Stattdessen sagte er: »Auf meinem Rücken haben Pflüger gepflügt und ihre Furchen lang gezogen.«

Pflüger ziehen einen Pflug mit scharfen Messern, die sich in den Boden graben, um die Erde aufzubrechen und tiefe Furchen zu ziehen. Auf diese Weise bereiten sie ihn auf die Aussaat von Samen vor. Ich zeige dir ein Bild, wie solche Furchen aussehen:

Die mit einem Pflug in den Boden gezogenen Furchen ermöglichen die Aussaat und Bewässerung. Die Furchen in Psalm 129 weisen auf die Geißelung hin, der sich Jesus um unserer Heilung willen auslieferte.

Ich glaube, das ist es, was mit dem Rücken unseres Herrn Jesus passierte. Als er von den römischen Soldaten ausgepeitscht wurde, war es, als wäre sein ganzer Rücken durchpflügt worden.

Opfer der römischen Geißelung wurden mit einem Flagellum oder einer neunschwänzigen Katze ausgepeitscht – einer Peitsche, die aus mehreren langen Lederbändern bestand, in die Knochensplitter, Bruchstücke von Metall sowie Haken eingearbeitet waren.

Mit jedem Hieb wickelten sich die Lederriemen um den Körper des Opfers und die Splitter blieben in seinem Fleisch stecken. Wurde die Peitsche dann wieder zurückgerissen, riss sie auch die Haut des Opfers mit ab. Zurück blieb durchfurchtes Fleisch, das in Fetzen herunterhing.[30]

Jeder dieser Peitschenhiebe zerriss das Fleisch unseres Herrn und zog tiefe, lange Furchen durch seinen Rücken. Als seine Peiniger fertig waren, hatte er, so glaube ich, keinen einzigen Fetzen Haut mehr auf seinem Rücken. Psalm 22, auch ein messianischer Psalm, sagt uns, dass sogar seine Knochen freigelegt waren und ihn anstarrten (Ps 22,17).

Und das hat mir der Herr gezeigt: Es war kein Zufall, dass die schreckliche Geißelung, die unser Herr Jesus durchmachen musste, mit Begriffen aus dem Ackerbau beschrieben wurde.

Die Furchen werden gezogen, damit Samen gesät werden können.

Vielleicht hast du das Gefühl, dir fehlt der Glaube, um wirklich auf Heilung zu vertrauen. Aber wie Gottes Wort sagt, brauchst du nur einen senfkorngroßen Glauben (Lk 17,6). Es geht also nicht darum, wie stark dein Glaube ist – säe einfach deine kleinen Samenkörner des Glaubens in den guten Boden unseres Herrn. Je mehr du siehst, was er für dich getan hat und wie er seinen Rücken für dich hat durchpflügen lassen, desto stärker wird dein Glaube wachsen und desto reichlicher wirst du eine Ernte der Heilung erleben.

Als sein Rücken von Furchen durchzogen wurde, ermöglichte er es, dass der Samen für deine Heilung von Bluthochdruck gesät werden kann. Er ermöglichte es, dass der Samen für die Heilung dieses Tumors gesät werden kann. Er ermöglichte es, dass der Samen zur Heilung des Asthmas und der Ekzeme deines Kindes gesät werden kann. Es spielt keine Rolle, welche Beschwerden du oder deine Angehörigen haben, Jesu Leiden und sein Opfer – das Pflügen und die lang gezogenen Furchen auf seinem Rücken – zeugen davon, dass der Preis für deine und ihre Heilung bereits vollständig bezahlt wurde. Strecke nun im Glauben deine Hand aus und empfange deine Heilung.

Du bist so geliebt.

So unfassbar geliebt.

Wann immer du das Abendmahl feierst, denke an ihn. Unser Herr Jesus hat an deiner Stelle jede Krankheit ertragen, damit du die Schmerzen nicht durchleiden musst. Er ertrug deine Krankheiten und Beschwerden in seinem eigenen Körper. Er trug deine körperlichen Schmerzen und deine seelischen Lasten. Er wurde um deiner Sünden und Übertretungen willen verwundet. Er wurde wegen deiner Ungerechtigkeit zerschlagen. Im Interesse deiner Gesundheit und deines Wohlbefindens fiel die Strafe auf ihn.

Und durch seine Striemen *bist du geheilt* (Jes 53,4–5).

Der Preis für deine Heilung ist voll bezahlt.

Vielleicht wartest du im Vertrauen auf Gott immer noch darauf, dass die Symptome deinen Körper verlassen, aber ich weiß jetzt schon, wie die Sache ausgehen wird. Es ist erst dann vorbei, wenn sich sein Sieg in herrlicher Weise gezeigt hat. Bleibe dir bewusst, dass der Herr selbst dich aufbaut und mit seinem Wort stärkt. Dass er jeden Angriff durch seine Wahrheit abwehrt und dein Herz vor jeder Lüge des Feindes bewahrt. Und mögest du selbst jetzt, während du noch auf deine hundertfache Ernte wartest, seine Liebe zu dir erfahren wie nie zuvor!

11.

DER GOTT DEINER TÄLER

Ich bete, dass deine Augen für die erstaunlichen Wahrheiten über das Abendmahl geöffnet wurden und dass du dich über die erhaltenen Offenbarungen freust. Wenn du gesundheitlich gerade herausgefordert bist, bete ich, dass der Herr dieses Buch schon jetzt dafür gebraucht hat, dir Hoffnung, Leben und Kraft zu vermitteln. Vielleicht hast du dir sogar schon alles besorgt, was du für das Abendmahl brauchst, und hast angefangen, es zu nehmen. Wenn es so ist, dann preise ich den Herrn! Halte durch, bis du deinen Durchbruch empfängst.

Aber vielleicht denkst du auch: *Ich habe so viele Zeugnisse gelesen und irgendwie scheinen alle anderen ihren Durchbruch zu erleben und auf dem Gipfel anzukommen. Aber wo ist Gott in meiner Situation? Werde ich für immer in diesem Tal bleiben?*

Weil er auch in deinem Tal bei dir ist, sei zuversichtlich, dass du es hindurchschaffen wirst.

Lieber Freund, du sollst wissen, dass er dich nie aufgibt oder verlässt (Hebr 13,5). Er ist allen nahe, die verzweifelt sind (Ps 34,18 NLB), und gerade jetzt zieht es ihn zu dir, weil er deinen Hilferuf hört. Er ist sowohl der Gott der Gipfel als auch der Gott der Täler (1Kö 20,28).

Er ist auch im Tal bei dir, und weil das so ist, kannst du zuversichtlich sein, dass du es hindurchschaffen *wirst* (Ps 23,4).

Ich glaube wirklich, dass es für dich und deine Lieben den Unterschied zwischen Leben und Tod bedeuten kann, wenn du die mit dem Abendmahl zusammenhängenden Wahrheiten kennst. Das sage ich nicht leichtfertig. Tatsächlich habe ich die Heilkraft des Abendmahls selbst erlebt, während ich dieses Buch schrieb.

Beschleunigte Genesung durch das Abendmahl

Mein Sohn Justin besuchte seit etwa einem Monat die erste Klasse in einer neuen Schule, als er eines Tages während der Pause im Schulhof von einem Klettergerüst fiel und sich dabei den Kopf verletzte. Seine Lehrer riefen an und informierten uns, dass Justin weinend im Schulbüro säße, weil er auf dem Spielplatz hingefallen sei. Meine Frau Wendy machte sich auf den Weg zur Schule, da sie zufällig in der Nähe war. Es ist nicht ungewöhnlich, dass Kinder beim Spielen hinfallen, also war Wendy nicht allzu besorgt.

Wir glauben beide, dass es der Herr war, der Wendy den Gedanken eingab, sich von Justin genau zeigen zu lassen, wo er hingefallen war. Als Justin Wendy zeigte, aus welcher Höhe er gefallen war, wurde es ihr ganz kalt ums Herz und sie wusste, dass sie ihn zu einer gründlichen Untersuchung ins Krankenhaus bringen musste.

Im Krankenhaus führten die Ärzte einen CT-Scan durch und entdeckten, dass er sich den Schädel gebrochen hatte.

Als er anfing, sich zu übergeben, beschlossen sie, einen detaillierteren Scan durchzuführen. Diesmal fanden sie eine weitere Fraktur in seinem Schädel, die sie vorher nicht entdeckt hatten. Sie entdeckten auch einige Blutungen rund um die Schädelfraktur, sowie Blut in seinem Mittelohr.

Für mich war es ein herzzerreißender Anblick, wie mein kleiner sechsjähriger Junge weinend seinen Kopf umklammert hielt und vergeblich versuchte, den intensiven Schmerz zu lindern, indem er sich hin und her warf. Mein normalerweise lebhafter Justin wurde plötzlich schwach und lethargisch. Dass er sich übergeben musste und appetitlos war, trug nichts zur Besserung der Situation bei. Es fiel mir auch nicht leicht, die Scans anzusehen und seinem Arzt zuzuhören, als er über die möglichen Auswirkungen der Verletzung auf Justins Gehirn redete. Die Angst schlich sich in mein Herz und ich musste wirklich darum kämpfen, in der Ruhe zu bleiben.

Abgesehen davon, dass sie ihm Schmerzmittel gaben und ihn überwachten, konnten die Ärzte nicht viel für Justin tun. Aber Wendy und ich wussten, dass Gott es konnte, und wir beschlossen, gemeinsam mit Justin das Abendmahl zu nehmen. Während der gesamten Zeit seines Krankenhausaufenthaltes nahmen wir mindestens drei- bis viermal täglich gemeinsam das Abendmahl. Das Erstaunliche dabei war, dass wir buchstäblich sehen konnten, wie es ihm mit jedem Mal ein wenig besser ging. Immer, wenn wir zusammen das Abendmahl genommen hatten, ließen seine Kopfschmerzen nach. Irgendwann sagte er uns, er wolle statt der verordneten Schmerzmittel lieber nur das Abendmahl nehmen.

Wir wissen, dass es der Herr war, der Justins Heilung beschleunigte und ihm half, in Rekordzeit gesund zu werden. Die Ärzte erwarteten, dass Justin mindestens sechs Wochen brauchen würde, um gesund zu werden, aber er erholte sich so schnell, dass sie ihm schon nach weniger als drei Wochen die Erlaubnis gaben, wieder zur Schule zu gehen.

Wir geben Jesus alle Ehre dafür!

Der Herr geht vor dir her und ist in deiner Bedrängnis bei dir

Als Justin das durchmachte, habe ich in dieser Zeit auch für mich selbst etwas erfahren. Etwas, dessen auch du dir bewusst sein solltest, wenn du gerade in Bedrängnis bist: Gott ist nicht weit weg. Er ist *bei* dir. Er liebt dich und er ist deine gegenwärtige Hilfe.

Während Justins Krankenhausaufenthalt waren Wendy und ich uns die ganze Zeit über deutlich bewusst, dass der Herr seine schützende Hand über unser Kind hielt. Seine Verletzungen hätten sehr viel schlimmer sein können. Die Frakturen gingen knapp an den Hauptblutgefäßen in seinem Kopf vorbei. Es hätte zu einem Blutgerinnsel und einer Schädigung seines Gehirns kommen können. Da war auch ein Knochenfragment, das irgendwie von seinem Gehirn weggedrückt wurde anstatt sich hineinzubohren.

---

*Gott ist nicht weit weg. Er ist **bei** dir. Er liebt dich, und er ist deine gegenwärtige Hilfe.*

Als seine Eltern können wir Justin nicht in einem Kokon halten und ihn vierundzwanzig Stunden am Tag beschützen, aber wir haben gesehen, wie der Herr höchstpersönlich ihn beschützte und ihn vor Verletzungen bewahrte, die noch viel verheerender hätten sein können.

Ich möchte, dass du weißt, dass der Herr auch dich und deine Lieben nicht aus den Augen lässt. Weil er weder schlummert noch schläft (Ps 121,4–5), kannst du beruhigt schlafen und gewiss sein, dass er auch die Nachtschicht übernimmt. Er wird dich retten und vor dem Abgrund bewahren (Ps 56,13). Alle Absichten des Feindes werden zunichte gemacht – und selbst wenn schon eine Waffe gegen dich gerichtet wurde, wird sie nicht erfolgreich sein!

Der Herr wacht über dir. Du kannst beruhigt schlafen, denn er übernimmt auch die Nachtschicht.

Du hast im vorigen Kapitel Annas Geschichte verfolgt. Aber es gibt noch mehr. Obwohl Anna eine erschütternde Erfahrung gemacht hat, war deutlich zu erkennen, dass der Herr die ganze Zeit bei ihr war. Sie schrieb:

Im Nachhinein betrachtet wäre ich ohne diese Dienstreise nicht in Dallas gewesen. Wäre ich nicht in Dallas gewesen, wäre ich nicht von einem christlichen Chirurgen operiert worden, der mir persönlich sagte, dass nicht er derjenige ist, der heilt, sondern Jesus. Und wenn ich zu diesem Zeitpunkt nicht operiert worden wäre, wären Taubheit und Lähmung bald zu weit fortgeschritten gewesen und das Ergebnis hätte ein ganz anderes sein können. Ich hätte vom Hals abwärts gelähmt sein können oder der Krebs hätte mich töten können. Mich schaudert es, wenn ich nur daran denke!

Und hätte ich nicht die 17 US-Dollar Zuzahlung auf die für diese Dienstreise vorgesehene Reiseversicherung geleistet, wäre meine enorme Krankenhausrechnung von über 200.000 US-Dollar nicht vollständig von der Reiseversicherung übernommen worden! All dies kann nur das Werk des Herrn sein, und es ist wunderbar in meinen Augen (Ps 118,23). Gott gehören alle Ehre und alles Lob! Gepriesen sei Jesus!

Ist es nicht erstaunlich, wie der Herr für Anna auf übernatürliche Weise alles so organisierte, dass sie »zufällig« in ein bestimmtes Krankenhaus gebracht wurde, wo »zufällig« ein Chirurg arbeitete, der laut ihrer Krankenschwester zu den Top Ten der Wirbelsäulenchirurgen in Amerika gehört und sogar Profisportler behandelt?

Sie sagte meinem Team, selbst wenn sie früher von ihrem Krebs erfahren hätte, wären die Kosten für eine Operation auch in Singapur für sie nicht bezahlbar gewesen. Und schon gar nicht hätte sie sich einen Top-Chirurgen in Amerika leisten können. Der Herr ist wirklich vor ihr hergegangen und hat alle Dinge zu ihrem Guten zusammenwirken lassen (Röm 8,28).

Mein Freund, was auch immer du gerade durchmachst, vertraue dem Herrn. Vielleicht fühlst du dich hilflos angesichts deiner Erkrankung oder der sich auftürmenden Arztrechnungen, aber verliere nicht die Hoffnung. So wie er in Annas Fall im Hintergrund aktiv war, um sie zur richtigen Zeit an den richtigen Ort zu bringen und sicherzustellen, dass ihre gesamten Operations- und Krankenhauskosten bezahlt werden, vertraue darauf, dass er auch für dich hinter den Kulissen alles regelt.

Vertraue darauf, dass er im Hintergrund für dich aktiv ist.

Vertraue darauf, dass dir seine Gnade genügt, weil seine *Kraft* in deiner Schwachheit zur Vollendung kommt (2Kor 12,9 ELB). Das hier verwendete griechische Wurzelwort für »Kraft« lautet *dynamis* und bezieht sich auf die Wunder wirkende Kraft Gottes.[31] Du musst nicht versuchen, aus eigener Kraft stark zu sein. Seine Wunder wirkende Kraft wird in deiner Zeit der Schwachheit zur Vollendung gebracht. Du wirst diese Prüfung überstehen. Und nicht nur das – ich glaube gemeinsam mit dir, dass du stärker daraus hervorgehen wirst, als du es vorher warst.

Jesus kommt in deinem Tal zu dir

Ich weiß nicht, in welchem Tal du dich gerade befindest, aber ich möchte dir ein wirklich kraftvolles Bild aus der Bibel zeigen, und ich bete, dass es dich ermutigen wird.

Immer wenn in der Bibel etwas zum ersten Mal erwähnt wird, hat es dort eine wichtige Bedeutung. Weißt du, wo das Abendmahl – das Brot und der Wein – zum ersten Mal zusammen erwähnt werden? Ich zeige es dir:

> *Aber Melchisedek, der König von Salem, brachte* ***Brot und Wein*** *herbei. Und er war ein Priester Gottes, des Allerhöchsten. Und er segnete ihn und sprach: Gesegnet sei Abram von Gott, dem Allerhöchsten, dem Besitzer des Himmels und der Erde! Und gelobt sei Gott, der Allerhöchste, der deine Feinde in deine Hand gegeben hat! Und [Abram] gab ihm den Zehnten von allem. — 1. Mose 14,18–20*

Wer ist Melchisedek? Die Bibel sagt uns, dass unser Herr Jesus »für immer ein Priester nach der Ordnung Melchisedeks« ist (Hebr 7,17). Viele Gelehrte glauben, dass es sich hier um eine Erscheinung Christi vor seiner Menschwerdung handelt. Auf jeden Fall verkörperte Melchisedek eindeutig das Wesen Christi.

Melchisedek war der König von Salem, was »Frieden« bedeutet. Doch Salem bedeutet noch viel mehr als nur Frieden. Es bedeutet auch »vollständig, sicher, vollkommen, unversehrt und voll«.[32]

Melchisedek traf Abram im Tal Schaweh, dem Königstal (1Mo 14,17). Ich habe die Lage dieses Tals genau studiert und festgestellt, dass es zum Kidrontal gehört. Das hebräische Wort *kidron* kommt von dem Wort *qadar*, das »sich verfinstern; verdunkeln« bedeutet.[33]

Melchisedek war nicht die einzige Person, die abgesehen von Abram anwesend war. Bera, der König von Sodom, war Abram entgegengegangen, um ihn vor der Ankunft Melchisedeks zu treffen (1Mo 14,2.17). Beras Name bedeutet im Hebräischen »Sohn des Bösen«.[34]

Beim Abendmahl geht es nicht ums Tun, sondern ums Empfangen.

Ich habe dir diese ganzen Hintergrundinformationen gegeben, weil du Folgendes sehen sollst: *Wenn du an einem dunklen Ort bist, kommt dein Herr Jesus zu dir und bringt Brot und Wein mit.*

Du fragst vielleicht: »Wird das Abendmahl nicht zu etwas Gesetzlichem werden, das ich dann tun *muss*?« Nicht, wenn du siehst, wie du das Brot und den Wein vom Herrn Jesus persönlich empfängst. Beim Abendmahl geht es nicht ums Tun, du *empfängst* es einfach, so wie Abram es getan hat.

In welchem Tal du dich auch befindest und welches Böse dir auch gegenübersteht, du bist nicht allein.

Mögen deine Augen geöffnet werden, damit du sehen kannst, dass der König des Friedens bei dir ist. Der König der Vollkommenheit, der Sicherheit und des Heilseins ist mit dir. Er kommt und bringt dir Brot und Wein. Er kommt, um dich zu erfrischen und mit seinem Schalom zu stärken.

Vergiss in deiner Zeit der Dunkelheit nicht, dass der Herr dir das Abendmahl als einen konkreten, praktischen Weg gegeben hat, damit du dich an alles erinnern kannst, was er für dich getan hat.

Glaube nicht, dass du die Situation ganz allein bewältigen musst. Der Herr ist bei dir und er will, dass du ihm alle Ängste und Sorgen bringst. Sprich mit ihm. In meinen eigenen bangen Momenten singe ich gerne die Worte aus den Psalmen Davids, um mich im Herrn zu stärken. Mögest du mit seiner Kraft erfüllt werden, während du über ihn nachsinnst und ihn mit den folgenden Worten des Psalmisten anbetest:

Du bist mein Schutz,
du behütest mich vor Bedrängnis,
du umgibst mich mit Rettungsjubel!

Wenn mir angst ist,
vertraue ich auf dich! — Psalm 32,7 und 56,4

Jeder von uns geht durch Täler

Unmittelbar nachdem er einen großen Sieg errungen hatte, fand sich Abram in einem Tal wieder. Vielleicht hast auch du gerade einen Sieg erlangt – möglicherweise hast du alle Umsatzziele übertroffen oder gerade einen echten Durchbruch erlebt –, doch sehr schnell kannst du dich in einem Tal wiederfinden. Deshalb können wir nicht auf zeitliche Dinge vertrauen. Alle Menschen werden irgendwann im Leben in dunkle Zeiten geraten – egal, welche Erfolge sie schon gefeiert haben mögen.

Das gilt auch für mich, denn nur weil ich Pastor bin und über das Abendmahl lehre, heißt das noch lange nicht, dass ich keinen

Herausforderungen begegne. Ich weiß, dass das Gleiche auch für andere Pastoren gilt. Deshalb bleibe bitte für deine Pastoren und Leiter im Gebet, wenn du kannst – du weißt nicht, was sie möglicherweise alles durchmachen.

Ein paar Jahre nachdem wir unsere Tochter Jessica bekommen hatten, haben Wendy und ich eine schwierige Zeit durchlebt. Wendy wurde mit unserem zweiten Kind schwanger und wir freuten uns schon sehr auf unser Baby. Dann, in der neunten Schwangerschaftswoche, sagte uns der Arzt, dass das Baby keinen Herzschlag habe. Ich habe Wendy noch nie zuvor so weinen sehen wie in jenem Moment und ich bete, dass ich es auch nie wieder muss. Es brach uns beiden das Herz. Wir konnten nur noch weinen.

Wir haben nicht auf alles eine Antwort, aber wir wissen, dass Gott gut ist

Vielleicht gehst du selbst gerade durch ein beschwerliches Tal. Vielleicht bist du von Gott enttäuscht, weil du einen geliebten Menschen verloren hast oder weil du schon seit Jahren mit deinem Gesundheitszustand zu kämpfen hast.

Ich möchte dich ermutigen, nicht »Warum?« zu fragen. Die Frage nach dem Warum wird dich nur auf einer Abwärtsspirale in eine Depression führen. Frag nicht: »Warum ist mir das passiert?« Frag nicht: »Warum wird mein Kind nicht geheilt, obwohl ich dir seit Jahren vertraue, Gott?« oder »Warum macht dieser Mensch, der mir so wichtig ist, eine Tragödie nach der anderen durch?«

Tatsache ist, dass wir in dieser gefallenen Welt nicht auf alles eine Antwort haben. Eines Tages werden wir unsere neuen Körper empfangen. Dann wird das Verwesliche die Unverweslichkeit anziehen und das Sterbliche die Unsterblichkeit (1Kor 15,53). Aber bis dahin muss ich mir eingestehen, dass manchmal schlimme Dinge passieren und ich nicht weiß, *warum*.

Was ich aber weiß, ist: Gott ist ein guter Gott. Er liebt uns und *nie* steckt er dahinter, wenn wir etwas Schmerzliches durchmachen. Unser Glaube an ihn basiert nicht auf unseren Erfahrungen, sondern auf dem unveränderlichen, ewigen Wort Gottes, das nicht lügen kann.

Gott entschädigt immer auf großartige Weise

Als Wendy und ich gerade unser Baby verloren hatten, war unser Kummer fast übermächtig, und ehrlich gesagt, fiel es uns schwer, in unseren Gefühlen so etwas wie Glauben zu empfinden. Aber wie ich immer sage, beim Glauben geht es nicht um Emotionen. Obwohl wir am Boden zerstört waren, vertrauten wir ihm weiterhin.

Gott liebt dich und er ist nicht der Urheber deiner Schmerzen.

Im Glauben sagten wir zum Herrn: »Wir verstehen nicht alles, was passiert ist, aber wir wissen, dass du ein guter Gott bist. Wir wissen, dass dieser Verlust nicht von dir verursacht wurde, und wir vertrauen auf dich. Wir werden deine Verheißungen nicht aufgeben. Du liebst uns, und wir wissen, dass du ein Kind für uns bereithältst, und dieses Kind wird ein Champion sein.« Wir begannen gemeinsam das Abendmahl zu nehmen und glaubten, dass Gott uns ein Baby schenken würde. Ich beschloss sogar, den Herrn um einen kleinen Jungen zu bitten.

Heute kann ich dir sagen, dass Wendy und ich zwar unser Baby verloren haben, wir aber auch Wiederherstellung erfahren haben. Es dauerte seine Zeit, aber dann hießen wir Justin David Prince willkommen – und was für eine großartige Wiederherstellung er ist!

Was auch immer du verloren hast, wir glauben mit dir an deine Wiederherstellung.

Deine Lieben im Himmel sind vollkommen gesund und unversehrt

Wenn du wie wir ein Kind verloren hast, sollst du wissen, dass dein Kind im Himmel aufwächst. Als Davids Kind starb, sagte er: »Eines Tages werde ich zu ihm gehen, aber es kann nicht zu mir zurückkehren« (2Sam 12,23 NLB). Was Wendy und mich betrifft, haben wir demnach drei Kinder. Zwei sind hier auf der Erde und eines ist im Himmel.

Und wenn geliebte Menschen in deinem Leben gestorben sind, sei nicht entmutigt. Wenn sie gläubig sind, wirst du sie wiedersehen. Sie sind umgezogen an einen Ort, an dem es keine Krankheit, keine Schmerzen und kein Unglück gibt, und sie sind lebendiger als irgendeiner von uns.

Gott kann sogar die gestohlenen Jahre zurückerstatten

Auch wenn die Dinge nicht so gelaufen sind, wie du es dir vorgestellt hast, halte nicht an deiner Enttäuschung fest. Der Teufel will, dass du auf Gott wütend wirst und seine Verheißungen verwirfst.

Aber glaube weiter, dass Gott *für* dich und nicht gegen dich ist. Selbst wenn der Feind etwas in deinem Leben zerstört hat – wenn Jahre verloren gegangen sind, während du auf das Sichtbarwerden deiner Heilung gewartet hast, oder wenn dir die Tage deiner Jugend gestohlen wurden –, glaube weiter daran, dass Gott dir das Verlorene wiedergeben kann (Joel 2,25; Hiob 33,25).

Gott ist für dich und nicht gegen dich.

Deshalb, mein Freund, »wollen wir weiter an der Hoffnung festhalten, die wir bekennen, denn Gott steht treu zu seinen Zusagen« (Hebr 10,23 NLB). Halte dich weiter an den Herrn und erwarte *von ihm* deinen Durchbruch. Und falls du feststellst, dass du zu müde bist, um noch zu glauben, dann bete ich, dass diese Zusage dich durchtragen wird:

> *Aber alle, die ihre Hoffnung auf den HERRN setzen, bekommen neue Kraft. Sie sind wie Adler, denen mächtige Schwingen wachsen. Sie gehen und werden nicht müde, sie laufen und sind nicht erschöpft. — Jesaja 40,31* HFA

Finde Freunde, die dich tragen können, wenn dein Glaube schwach ist

Manchmal fällt es uns schwer, Glauben zu haben, wenn wir auf uns allein gestellt sind. Wenn du keine Kraft und keinen Glauben hast, brauchst du andere, die dir durchhelfen. Diese Erfahrung hat auch Audrey gemacht, eine Leiterin in meiner Gemeinde. Ich möchte dich an ihrem kostbaren Zeugnis teilhaben lassen, von dem ich einen Teil hier wiedergebe:

In der neunundzwanzigsten Schwangerschaftswoche platzte meine Fruchtblase aufgrund einer Infektion und ich wurde zur Bettruhe ins Krankenhaus eingeliefert.

Jeder Tag in dieser Woche, der ohne ein Anzeichen von Wehen verging, war ein Wunder. Freunde, die von unserer Situation wussten, beteten mit uns, ermutigten uns und glaubten mit uns an die Geburt eines gesunden Babys. Mein Mann und ich nahmen zudem so oft wie möglich das Abendmahl.

In der dreißigsten Woche bekam ich Wehen und Blutungen. Baby Jenna wurde geboren und wog 1,5 kg. Wir danken Gott, dass sie keine größeren Komplikationen hatte. Sie konnte ohne Sauerstoffunterstützung selbstständig atmen. Alle ihre Organe waren intakt und funktionierten trotz ihrer Frühgeburt ordnungsgemäß.

Sie blieb sieben Tage auf der neonatalen Intensivstation und anschließend weitere fünf Wochen auf der Spezialstation für Frühgeborene. Während dieser Zeit sahen wir, wie sie sich allmählich von einem winzigen Frühchen, das durch Schläuche und Kanülen am Leben erhalten wurde, zu einem Baby entwickelte, das zuerst noch über eine Sonde ernährt werden musste und schließlich ganz normal gefüttert werden konnte.

Aber um ehrlich zu sein, die tägliche Pendelfahrt zum Krankenhaus war sehr anstrengend. Ich war dankbar für gläubige Freunde, die für uns im Gebet blieben. Viele nahmen auch selbst das Abendmahl, während sie für uns beteten. Unsere Erstgeborene erinnerte uns daran, das Abendmahl auch stellvertretend für ihre kleine Schwester zu empfangen.

Preis dem Herrn; obwohl Baby Jenna etwa zwei Monate zu früh geboren wurde, gab es keine größeren gesundheitlichen Probleme, und nach vierzig Tagen im Krankenhaus durfte die Kleine endlich nach Hause.

Leider war Audreys Freude, ihr Baby nach Hause bringen zu dürfen, nur von kurzer Dauer. Sie erzählte, dass ihr zu Hause auffiel, wie schläfrig Jenna war, und dass sie überhaupt nicht nach Milch schrie. Sie beschlossen, sie zurück ins Krankenhaus zu bringen, wo sie einige Tage später auf die Intensivstation verlegt wurde, da ihre Herzfrequenz plötzlich auf einen kritischen Wert fiel – aufgrund eines Virus, der ihr Herz angegriffen hatte.

Audrey schrieb:

Ich war am Boden zerstört. Wie viel mehr musste ihr kleiner, nur zwei Kilogramm leichter Körper noch durchmachen? Ich schrie zum Herrn. Aber ich konnte nicht mehr beten und nicht mehr glauben. Mein Mann ermutigte mich jedoch immer wieder, auf Jesus zu schauen und zu sehen, dass er den Preis für Jennas Heilung bereits bezahlt hatte. Heilung ist das Brot für die Kinder Gottes, wie er mich erinnerte. Auch unsere Leiter und engen Freunde in der Gemeinde hörten zu keiner Zeit auf, für Jenna zu beten.

Danken wir Gott für Audreys Mann, ihre gläubigen Freunde und die Leiter unserer Gemeinde, die sich um sie scharten, mit ihr beteten und für Baby Jenna das Abendmahl nahmen, als Audrey »nicht mehr beten und nicht mehr glauben« konnte. Jeder dieser Freunde trug zu dem Sieg bei, den sie erlebten, und der Herr gebrauchte ihre Freunde, um Audrey und ihren Mann mit einer Atmosphäre des Glaubens zu umgeben, auch wenn sie immer wieder Rückschläge erlebten. Ich bete, dass auch du eine Gemeinschaft von Freunden aus dem Reich Gottes hast, die dich zu Jesus bringen können, wenn du keine Kraft hast, weiterzumachen.

Audrey erzählte, dass ich der Gemeinde zu der Zeit eine neue Botschaft über das Abendmahl predigte. Und nachdem sie sie gehört hatte, beschlossen sie und ihr Ehemann, dass sie nicht aufgeben würden, das Abendmahl zu nehmen und Anspruch auf Jennas Wiederherstellung zu erheben.

Freunde aus dem Reich Gottes können dich zu Jesus bringen, wenn du keine Kraft hast, weiterzumachen.

In den Tagen nach Jennas zweitem Krankenhausaufenthalt folgten weitere Herausforderungen: Von kritisch niedrig stieg ihre Herzfrequenz auf einen viel zu hohen Wert. Aber Audrey und ihr Mann hielten durch und nahmen für Baby Jenna weiter das Abendmahl, bis sie schließlich außer Gefahr war. Es war für alle Beteiligten ein anstrengender Weg, aber schließlich durfte ihr Baby gesund und kräftig nach Hause zurückkehren. Halleluja!

Audrey erzählte:

> *Wenn ich daran denke, wie Jesus den Gelähmten geheilt hat, weil seine vier Freunde glaubten und ihn durch das Dach hinunterließen, dann danke ich Gott, dass wir auch solche »vier Freunde« hatten. Unsere Freunde beteten ständig für Jenna und ermutigten uns, dranzubleiben und Gottes Heilung zu beanspruchen und weiter das Abendmahl zu nehmen.*
>
> *Und wenn ich an die zwei Monate voller böser Tage denke, die wir im Krankenhaus verbracht haben, bin ich sicher, dass Gott uns in der Zukunft noch viele, viele gute Tage geben wird.*

Er wird uns alles zurückerstatten, was uns während dieser dunklen Tage gestohlen wurde!

Amen und amen. Preis dem Herrn!

Wenn du schon lange Zeit erkrankt bist, wenn du chronische Beschwerden hast oder durch die Langzeitpflege eines Angehörigen erschöpft bist, kann es sein, dass du depressiv wirst, weil die Last einfach zu schwer wird. Mein Freund, bring deine Sorgen und deine Lasten zu ihm. Er kümmert sich mit tiefster Zuneigung um dich und wacht aufmerksam über dich (1Petr 5,7 AMP). Ich möchte, dass du gleichzeitig weißt, dass Gott dich nicht dazu bestimmt hat, auf Dauer in einem Vakuum zu leben. Er möchte, dass du in einer Ortsgemeinde Wurzeln schlägst. Die Bibel ermutigt uns, »unsere Zusammenkünfte nicht [zu] versäumen«, sondern einander zu ermutigen und zu ermahnen, besonders jetzt, da der Tag seiner Wiederkehr näher rückt! (Hebr 10,25 NLB).

Er neigt sich dir zu und wacht über dich.

Wenn du nicht in einer Ortsgemeinde bist, darf ich dich ermutigen, dir eine Gemeinde zu suchen? Eine der Taktiken des Feindes ist die, dich von der Gemeinde Jesu möglichst zu trennen und dich zu isolieren. Das hat er auch dem von Dämonen besessenen Gerasener angetan, der sich aus der Gesellschaft zurückgezogen hatte, um inmitten der Gräber zu leben (Mk 5,1–5). Lass nicht zu, dass er dir das antut. Komm nach Hause in die Kirche. Die Kirche ist keineswegs perfekt. Aber wir haben einen perfekten Erlöser, der ein perfektes Werk am Kreuz vollbracht hat. Und du findest Sicherheit, Heilung und Versorgung im Haus Gottes.

12.

STREBE NACH DEM HEILER

Mir gefällt es sehr, dass Gott von allen Wörtern, die er für dieses wunderbare Mahl hätte wählen können, das Wort *Gemeinschaft* wählte. Es zeigt, welche Art von Beziehung Gott mit uns haben möchte – eine Beziehung, die von Nähe und Vertrautheit geprägt ist. Ich weiß, dass man dies leicht aus den Augen verlieren kann und dieses Gemeinschafts- oder Abendmahl vielleicht sogar als Mittel zum Zweck sieht, besonders wenn man mit körperlichen Symptomen kämpft. Komm trotzdem weiter zum Tisch des Herrn, aber konzentriere dich dabei nicht so auf Heilung, dass du den Einen übersiehst, der den Tisch für dich gedeckt hat. Strebe nach dem Heiler und nicht nur nach Heilung. Sieh nicht nur den Segen, sondern besinne dich auf den, der dir den Segen schenkt. Wenn du ihn hast, dann hast du mit ihm auch alles andere.

Strebe nach dem Heiler und nicht nur nach Heilung. Denn mit ihm hast du auch alles andere.

Ich möchte dich mit einer meiner Lieblingsgeschichten im Neuen Testament ermutigen. Wir kommen langsam ans Ende dieses Buches und ich bete, dass du daraus nicht nur *Informationen* über das Abendmahl gezogen hast, sondern dass du wirklich das erlebt hast, was auch die beiden Jünger auf dem Weg nach Emmaus erlebten, als »*Jesus selbst sich ihnen nahte* und mit ihnen ging« (Lk 24,15).

Diese Fußreise nach Emmaus fand am selben Tag statt, an dem unser Herr Jesus leibhaftig aus dem Grab auferstand. Was war dem Herrn an diesem Zusammentreffen so wichtig, dass er den Tag seiner Auferstehung dafür wählen sollte?

Der auferstandene Christus tat Folgendes:

> *Und* ***er legte ihnen dar****, ausgehend von Mose und allen Propheten,* ***was in der gesamten Schrift über ihn geschrieben steht****. — Lukas 24,27 EÜ*

Später sagten die beiden Jünger zueinander: »*Brannte nicht unser Herz in uns*, als er mit uns redete auf dem Weg, und als er uns die Schriften öffnete?« (Lk 24,32 EÜ).

Als Pastor bemühe ich mich, genau das jeden Sonntag zu tun. Und ich bete, dass ich es auch durch den Inhalt dieses Buches erreicht habe. Ich bete, dass ich dir durch Gottes Gnade anhand der Bibel die Dinge darlegen konnte, die sich auf *ihn* beziehen – und nicht eine Liste von Regeln und Vorschriften und auch nicht Wissen, das bloß den Verstand aufbläht.

Ich bete, dass dein Herz in dir brannte, als du Jesus in der Bibel gesehen hast, und dass du seine tiefe, persönliche Liebe zu dir wie nie zuvor erfahren hast. Ich bete, dass du gespürt hast, wie *Jesus selbst* sich dir nähert, dich mit seiner Liebe überschüttet und dir alles gibt, was du brauchst. Und ich bete, dass du nicht nur erfahren hast, was er für dich oder dir nahestehende Menschen tun kann; dass du nicht nur gesehen hast, dass er dich von deiner Krankheit heilen kann; sondern dass du eine Begegnung mit dem Herrn Jesus *selbst* hattest.

Der Fluch wurde aufgehoben

Es gab viele wichtige Personen, denen unser Herr hätte erscheinen können, aber noch bevor er Petrus, Jakobus und Johannes erschien, entschied er sich, diesen beiden Jüngern auf dem Weg nach Emmaus zu erscheinen. Warum?

Ich glaube, der Herr war im Begriff, sich auf eine Reise der Wiederherstellung zu begeben. Ich bin darüber so begeistert, dass ich mich kaum beherrschen kann. Lass dir das, was jetzt gleich kommt, nicht entgehen, denn ich glaube, dass es dich förmlich umhauen wird und obendrein deinen Körper heilt. Ich möchte, dass du Zeuge davon wirst, wie diese Wiederherstellung stattfand. Bist du dabei?

Sieh dir mit mir an, was im Garten Eden geschah, wo der Herr mit *zwei* Menschen unterwegs war – mit Adam und Eva (1Mo 3,8):

> *Und die Frau sah, dass von dem Baum gut zu essen wäre, und dass er eine Lust für die Augen und ein begehrenswerter Baum wäre, weil er weise macht; und* ***sie nahm von seiner Frucht und aß****, und sie gab davon auch ihrem Mann, der bei ihr war, und er aß.* ***Da wurden ihnen beiden die Augen geöffnet, und sie erkannten, dass sie nackt waren****. — 1. Mose 3,6–7*

Sie aßen vom Baum der Erkenntnis von Gut und Böse. Und ihre Augen wurden geöffnet – für ihre Nacktheit.

Indem sie von diesem einen Baum aßen, kamen Sünde und Tod in die Welt (Röm 5,12). Der Mensch war nie dazu bestimmt, Krankheiten, Beschwerden oder Schmerzen zu haben. Der Mensch war nie dazu bestimmt, alt zu werden und zu sterben. Gott hasst den Tod. Deshalb nannte er den Tod einen Feind (1Kor 15,26). Unser Herr Jesus weinte sogar über den Tod von Lazarus (Joh 11,35).

Aber sieh dir an, wie Gott alles rückgängig machte.

Erkenne ihn durch das Abendmahl

Die meisten Leute gehen davon aus, dass die beiden Jünger, mit denen Jesus den Weg nach Emmaus ging, Männer waren, obwohl nur ein Mann – Kleopas – genannt wird. Ich habe viele Gründe zu glauben, dass der andere Jünger eine Frau war, und die beiden wahrscheinlich ein Ehepaar waren. Zum Beispiel sagten sie zueinander: »Brannte nicht *unser Herz* in uns, als er mit uns redete auf dem Weg, und als er uns die Schriften öffnete?« (Lk 24,32 EÜ). Sollte es nicht »unsere Herzen« statt »unser Herz« heißen, wenn es doch zwei Personen waren? Ich behaupte, dass sie miteinander verheiratet waren und sich als Einheit wahrnahmen (1Mo 2,24).

Gott hasst den Tod.
Deshalb nennt er den Tod einen Feind.

Wie dem auch sei, sieh dir an, was mit den beiden Jüngern nach der Ankunft in Emmaus geschah. Sünde und Tod kamen durch einen Akt des Essens in die Welt, und wir werden gleich sehen, wie Jesus durch einen weiteren Akt des Essens alles wiederherstellte, was im Garten Eden verloren gegangen war:

> *Und es geschah, als er mit ihnen zu Tisch saß,* ***nahm er das Brot, sprach den Segen, brach es und gab es ihnen.*** *Da wurden ihnen die Augen geöffnet, und sie erkannten ihn.*
> *— Lukas 24,30–31*

Während die beiden Jünger mit Jesus nach Emmaus unterwegs waren, wurden ihre Augen daran gehindert, ihn zu erkennen

(Lk 24,16). Aber in dem Moment, als sie das Brot von Jesus entgegennahmen, sagt uns die Bibel, »wurden ihnen die Augen geöffnet«. Aber anders als bei Adam und Eva, wurden ihre Augen nicht für ihre Nacktheit geöffnet. Ihre Augen wurden geöffnet, sodass »sie [ihn] erkannten«.

Das griechische Wort für das hier verwendete »erkennen« lautet *epiginosko* und bedeutet »genau oder ganz erkennen, voll mit etwas vertraut werden«.[35] Mit anderen Worten, als sie das Brot nahmen und es aßen, wurden ihre Augen geöffnet, um zu erkennen, wer da wirklich in ihrer Mitte war – der Messias, dem sie gefolgt waren, der so vielen Menschen Heilung, Wiederherstellung und Leben gebracht hatte und der den Tod besiegt hatte! Später erzählten die beiden Jünger von den Dingen, die unterwegs geschehen waren, insbesondere erwähnten sie, »wie sie ihn erkannt hatten, als er das Brot brach« (Lk 24,33–35 NLB).

Was ist das für ein Brot, das die beiden Jünger dazu bringen konnte, Jesus zu *erkennen*?

Nimm vom Baum des Lebens

Wie Lukas 24,30 vermerkt, »nahm er das Brot, sprach den Segen, brach es und gab es ihnen«.

Erinnert dich das nicht an einen anderen Moment, als Jesus das Brot nahm, es segnete, es brach und es den Jüngern mit den Worten gab: »Nehmt, esst; dies ist mein Leib« (Mt 26,26; Mk 14,22)?

Der auferstandene Christus nahm gemeinsam mit den beiden Jüngern das *Abendmahl*! Wie hoch doch unser Herr Jesus das Brotbrechen schätzte, dieses wunderbare Sakrament, das er der Gemeinde gegeben hat.

Pastoren und Leiter, ich glaube, der Herr zeigte uns damit, was jeden Sonntag in unseren Gemeinden geschehen muss. Zuerst zeigte er uns, wie wir aus »allen Schriften« – einschließlich Mose und aller Propheten – lehren müssen, was sich auf *ihn* bezieht (Lk 24,27). Ich glaube, die Augen der beiden Jünger wurden daran *gehindert*, ihn physisch zu erkennen (Lk 24,16), weil es dem Herrn wichtiger war, dass sie ihn in den Schriften (der Bibel) erkannten, als dass sie ihn persönlich sahen.

Zweitens stellte der Herr das Abendmahl auf ein göttliches Podest und machte es zu einem zentralen Element. Deshalb feiern wir in meiner Gemeinde jede Woche das Abendmahl. Das hat auch die Gemeinde zur Zeit der Apostel getan. Die Apostelgeschichte sagt uns, dass die Jünger »am ersten Tag der Woche« zusammenkamen, um das »Brot zu brechen« (Apg 20,7). Sollten nicht auch wir besonderen Wert auf das legen, worauf unser Herr Jesus besonderen Wert legte?

Der Herr stellte das Abendmahl auf ein göttliches Podest und machte es zu einem zentralen Element. Sollten nicht auch wir besonderen Wert auf das legen, worauf unser Herr Jesus besonderen Wert legte?

Als Gott Adam und Eva schuf, vollendete er sie bis auf eine Sache: Ihre geistlichen Augen wurden nicht geöffnet. Gott wollte, dass ihre geistlichen Augen durch den Baum des Lebens geöffnet würden. Stattdessen aßen sie vom Baum der Erkenntnis von Gut und Böse und ihre Augen wurden für ihre Nacktheit geöffnet. Ihre Augen wurden für ihr Unvermögen und ihre Defizite geöffnet. Sie sahen nun ihren Mangel und ihre Unzulänglichkeiten, ihre Sünde und ihre Scham.

Aber unser Herr Jesus stellte alles wieder her, was in jenem Garten verloren ging. Ich glaube, als er das Brot für die beiden Jünger brach, ließ er sie vom Baum des Lebens essen, dem Baum, den Gott von Anfang an für die Menschen vorgesehen hatte. Unser Herr Jesus *ist* der Baum des Lebens, und wenn wir von seinem gebrochenen Körper nehmen, essen wir vom Baum des Lebens. Deshalb wurden den beiden Jüngern *die Augen geöffnet*, als sie das Brot nahmen, und sie erkannten den Herrn Jesus.

Auch der Apostel Paulus betete, dass unsere Augen geöffnet würden, dass wir Jesus sehen und eine echte Offenbarung seiner Liebe haben könnten (Eph 1,17–18; 3,18–19). Jahrelang durchforstete ich die Bibel, um mehr über den Baum des Lebens herauszufinden, und war ganz aus dem Häuschen, als der Herr mir das Folgende zeigte.

Sein Auferstehungsleben fließt jedes Mal, wenn wir das Abendmahl nehmen, in unseren Körper hinein.

Nachdem die beiden Jünger vom Baum des Lebens genommen hatten, ist, wie ich glaube, etwas mit ihren Körpern passiert: Sie wurden vom Auferstehungsleben Christi durchdrungen und mit Energie versorgt. Deshalb konnten sie sofort aufbrechen und nach Jerusalem zurückkehren (Lk 24,33) – und dabei an einem Tag 22 Kilometer zurücklegen (Lk 24,13). Heute können wir uns freuen, weil dasselbe Auferstehungsleben jedes Mal, wenn wir das Abendmahl nehmen, auch in unseren Körper hineinfließt.

Adam und Eva aßen sich zum Fluch und damit zu Leiden, Stress, Krankheiten, Schmerz und Tod. Du und ich dürfen durch das Abendmahl immer wieder vom Baum des Lebens essen und *uns zu Gesundheit und Leben essen*!

Übrigens, nachdem Adam und Eva gesündigt hatten, kroch die kalte Angst in ihre Herzen und sie versteckten sich, als sie die Stimme Gottes im Garten hörten (1Mo 3,10). Als aber der auferstandene Christus mit den beiden Jüngern den Weg nach Emmaus ging, brannte ihr Herz vor Liebe zu Jesus (Lk 24,32), und sie wollten noch mehr Zeit in seiner Gegenwart verbringen (Lk 24,29). Unser Herr Jesus hat die Beziehung zu Gott wiederhergestellt, die zerbrach und verloren ging, als Adam und Eva in Sünde fielen. Deshalb müssen wir heute nie Angst vor dem Herrn haben. Vor welcher Herausforderung wir auch stehen mögen, wir dürfen stets darauf vertrauen, dass er *für* uns ist (Röm 8,31), und können deshalb zuversichtlich zu seinem Thron der Gnade kommen (Hebr 4,16).

Mögen jedes Mal, wenn du das Brot brichst, deine Augen geöffnet werden, um *Jesus zu sehen* und ihn zu *erkennen*. Mögest du ihn immer besser kennenlernen und eine immer tiefere Offenbarung seiner Herrlichkeit und Vollkommenheit bekommen. Beim Abendmahl geht es darum, an ihn zu denken – nicht an die Heilungen, nicht an seine Wunder, nur an Jesus *selbst*.

Alles dreht sich um Jesus

Inzwischen bist du wahrscheinlich mit Jesaja 53,4 vertraut, wo es heißt:

> *Fürwahr, er hat unsere Leiden getragen und unsere Schmerzen auf sich geladen.*

Als der Autor des Matthäusevangeliums diese Bibelstelle zitierte, sagte er:

»Er ***selbst*** *nahm unsere Schwachheiten und trug unsere Krankheiten.« — Matthäus 8,17* ELB

Ich liebe das Wort »selbst« an dieser Stelle, weil es so persönlich und innig klingt.

Er hat in der Tat unsere Krankheiten und unsere Leiden auf sich *selbst* genommen. Das hat kein Engel getan. Deine Gesundheit und dein Heilsein waren ihm zu wichtig – also trug er *selbst* jede deiner Krankheiten und jedes deiner Leiden.

Nimm dir etwas Zeit, um über das Wort »selbst« zu meditieren. Nimm dir etwas Zeit, um dich an den Einen zu erinnern, der für dich gelitten hat und gestorben ist, denjenigen, der deine Leiden weggenommen und deine Krankheiten getragen hat, damit du sie nicht ertragen musst. Jesus *selbst* hat es getan, weil du so kostbar für ihn bist.

Erinnere dich an den Einen, der deine Leiden weggenommen und deine Krankheiten getragen hat, damit du sie nicht ertragen musst.

Welche körperlichen Beschwerden die Ärzte bei dir auch festgestellt haben mögen, Jesus selbst hat sie auf seinen eigenen Körper genommen. Konzentriere dich nicht auf die Heilung, sondern auf den Herrn Jesus selbst. Konzentriere dich auf den Einen, »der unsere Sünden an seinem Leib *selbst* an das Holz hinaufgetragen hat, damit wir, den Sünden abgestorben, der Gerechtigkeit leben; durch dessen Striemen ihr geheilt worden seid« (1Petr 2,24 ELB).

Oft ist es so, dass deine Ängste und Sorgen sich ganz von allein auflösen, wenn du dich auf ihn ausrichtest und einfach nur Zeit in seiner Gegenwart verbringst. Du stellst dann fest, dass in seiner Gegenwart Schalom-Frieden zu finden ist. Es gibt dort Heilung. Es gibt Wiederherstellung. Und wenn du nach deinen Symptomen suchst, findest du sie *nicht mehr.*

Warum?

Weil du in der Gegenwart des Heilers bist.

Als Gott den Kindern Israels sagte: »Ich bin der Herr, der dich heilt« (2Mo 15,26), stellte er sich als *Jahwe Rapha* vor. Er sagte nicht: »Ich werde dir Heilung geben« oder »Ich werde dir Gesundheit geben.« Er sagte, ICH BIN deine Heilung und ICH BIN deine Gesundheit. Wenn du Jesus berührst, berührst du Heilung. Er gibt dir keine Heilung, als wäre sie eine Sache. Er gibt sich selbst.

Wenn du Jesus berührst, berührst du Heilung.

Es gibt viele Studien, die behaupten, das Geheimnis von Langlebigkeit und Gesundheit gefunden zu haben. Dabei werden all die Dinge aufgelistet, die man essen und die man tun muss, wenn man lange leben und dabei gesund bleiben will. Ich habe nichts gegen solche Studien und stimme völlig zu, dass du gesunde Entscheidungen bezüglich deiner Ernährung und deines Lebensstils treffen *solltest.* Aber wenn dein Wohlbefinden von Dingen abhängt, die du *tun* musst, wirst du dir nie sicher sein können. Gründe deine Heilung und Sicherheit stattdessen auf jemanden, der nie versagt, auf jemanden, der allmächtig, allwissend und vor allem allliebend ist.

Dann kannst du unerschütterliche Sicherheit und unsagbaren Frieden haben.

Du musst nicht nach Heilung, Versorgung und Schutz suchen. Wenn du Jesus hast, hast du alles, was du brauchst. Wenn in einem Bereich deines Körpers der Tod herrscht, sagt der Herr zu dir: »*Ich* bin die Auferstehung und das Leben« (Joh 11,25). Wenn dir die Ärzte gesagt haben, dass du jung sterben wirst, spricht der Herr zu dir: »*Ich* bin dein Leben und die Verlängerung deiner Tage« (5Mo 30,20). Wenn du eine negative Diagnose erhalten hast und dich fürchtest, sagt der Herr zu dir: »Fürchte dich nicht. *Ich* bin dein Schild« (1Mo 15,1). Wenn du mit einem Rückfall nach dem anderen kämpfst und von Entmutigung überwältigt bist, erklärt der Herr dir: »*Ich* bin deine Stärke und dein Loblied« (2Mo 15,2)!

Wenn du Jesus hast, dann hast du alles,
was du brauchst.

Lebe in der Liebe des Hirten

Was auch immer dir in deinem Leben begegnet, du musst nicht durch die Gegend laufen und versuchen, deine Bedürfnisse irgendwie selbst zu stillen. Du musst nur Jesus *selbst* suchen. Wenn du Jesus persönlich hast, dann hast du auch alle Wohltaten, die in seiner Person inbegriffen sind.

Hier kommt eine besondere Seite am Herrn, auf die ich deine Aufmerksamkeit lenken möchte.

Überall in der Bibel sehen wir Bilder von Gott. Wir sehen ihn personifiziert als unser Bollwerk, unsere Festung und unseren Turm.

Aber von allen Bildern, die im Alten und Neuen Testament verwendet werden, ist dieses eines der häufigsten: Gott als unser Hirte.

Und oft ist es so, dass die bildliche Darstellung vom Hirten und seinen Schafen im Zusammenhang mit Heilung verwendet wird.

Zum Beispiel heißt es in Hesekiel:

> *»Ich selbst will meine Schafe weiden, und ich selbst will sie lagern, spricht der Herr, HERR. Das Verlorene will ich suchen und das Versprengte zurückbringen, und* ***das Gebrochene will ich verbinden, und das Kranke will ich stärken.****«*
> *— Hesekiel 34,15–16* ELB

Ich liebe Bibeln mit breitem Rand, weil ich dort meine eigenen Kommentare notieren kann. Überall in meiner Bibel stehen solche Notizen, und neben Jesaja 53,5–6 und 1. Petrus 2,24–25 habe ich geschrieben: »Diese Symbolik von Hirte und Herde begünstigt Heilung.«

Wenn du die beiden folgenden Bibelabschnitte miteinander vergleichst, wirst du etwas wirklich Gewaltiges entdecken:

> *Doch er wurde um unserer Übertretungen willen durchbohrt, wegen unserer Missetaten zerschlagen; die Strafe lag auf ihm, damit wir Frieden hätten,* ***und durch seine Wunden sind wir geheilt worden. Wir alle gingen in die Irre wie Schafe****, jeder wandte sich auf seinen Weg; aber der HERR warf unser aller Schuld auf ihn. — Jesaja 53,5–6*

> *An seinem eigenen Körper hat er unsere Sünden an das Kreuz hinaufgetragen, damit wir für die Sünde tot sind und für die Gerechtigkeit leben können.* ***Durch seine Wunden seid ihr geheilt worden! Früher seid ihr umhergeirrt wie verlorene***

Schafe. Aber nun seid ihr zu eurem Hirten zurückgekehrt, dem Beschützer eurer Seelen. — *1. Petrus 2,24–25* NLB

Während ich das studierte, vernahm ich, wie der Herr zu mir sagte: »An dem Tag, an dem mein Volk mich als seinen Hirten sieht – und das nicht nur mit dem Verstand, sondern wenn die Menschen mich wirklich als Hirten begreifen und erleben –, sind ihre Tage der Krankheit vorbei.«

Wir waren wie Schafe, die sich verirrt hatten, und deshalb waren wir krank. Aber jetzt sind wir nicht mehr wie verirrte Schafe. Wir sind *nun zu unserem Hirten und dem Beschützer unserer Seelen zurückgekehrt.* Und deshalb können wir die volle Sicherheit haben, dass wir durch seine Wunden geheilt sind.

Unsere Aufgabe als Schafe besteht einfach nur darin, seine Liebe zu uns zuzulassen, uns von ihm auf seinen Schultern tragen zu lassen und in seiner Kraft zu ruhen.

Übrigens steht das Wort für »zurückgekehrt« im griechischen Grundtext hier im Passiv.[36] Das bedeutet, dass nicht du hier die handelnde Person bist. Der Heilige Geist ist derjenige, der dich geholt und zurückgebracht hat. Erinnerst du dich an das Gleichnis, das unser Herr Jesus über den Hirten erzählt hat, der die neunundneunzig Schafe zurückließ, um nach dem einen zu suchen, das sich verirrt hatte (Lk 15,1–7)? Der Hirte ist derjenige, der nach dem verlorenen Schaf sucht, es findet und es sich voller Freude auf die Schultern legt. Unsere Aufgabe als Schafe besteht einfach nur darin, *seine Liebe zu uns zuzulassen*, uns von ihm auf seinen Schultern tragen zu lassen und in seiner Kraft zu ruhen.

Wenn man sich dieses Gleichnis genauer ansieht, stellt man übrigens fest, dass unser Herr Jesus hier im Grunde erläutert, was *Buße* ist. Am Ende des Gleichnisses sagte er: »Ich sage euch, so wird auch Freude sein im Himmel über einen Sünder, der Buße tut, mehr als über neunundneunzig Gerechte, die keine Buße brauchen!« (Lk 15,7). Aber lass mich dir eine Frage stellen: Was genau hat das Schaf getan, um »Buße zu tun«? Hat nicht der Hirte alles getan?

Ganz genau. Viele Menschen denken, dass es bei Buße darum geht, sich selbst runterzumachen und sich für begangene Taten zu verurteilen. Es gibt in der Tat so etwas wie äußerlich zum Ausdruck gebrachte Reue und Jesus sprach von einer solchen Buße, als er sagte: »Wehe dir, Chorazin! Wehe dir, Bethsaida! Denn wenn in Tyrus und Zidon die Wundertaten geschehen wären, die bei euch geschehen sind, so hätten sie längst in Sack und Asche Buße getan« (Mt 11,21).

Doch das griechische Wort für Buße ist *metanoia* und es bedeutet eigentlich »Änderung der Gesinnung; Sinneswandel«.[37] Das bedeutet, dass Buße im Stillen – ohne äußeres Bekunden – stattfinden kann, und ich glaube, dass sie bereits voll im Gang ist, während du in diesem Buch die Wahrheit darüber erfährst, wie sehr Gott dich liebt und dass er *für* dich ist. Im Gleichnis vom verlorenen Schaf hat das Schaf nichts *getan*, um »Buße zu tun«. Es ließ sich einfach vom Hirten finden und erlaubte ihm, es auf seine Schultern zu nehmen. Und so definiert unser Herr Jesus Buße unter dem neuen Bund. Buße ist die Reaktion auf seine Liebe. Du stimmst zu, gerettet zu werden. Du willigst ein, geliebt zu werden. Du lässt es zu, auf seinen starken Schultern getragen und von seinen Armen der Liebe umarmt zu werden. Das ist Buße.

Wenn du bisher geglaubt hast, Gott würde Krankheit benutzen, um dich zu züchtigen oder dir eine Lektion zu erteilen, oder wenn du dachtest, du hättest kein Anrecht auf Heilung, dann bete ich, dass du über solche irrigen Ansichten *Buße getan* hast – deine Gesinnung geändert hast – und jetzt weißt, dass du einen Hirten hast, der will, dass du in seiner Liebe und Stärke ruhst, einen Hirten, der dir nachgeht, wenn du dich verirrt hast, und sich freut, wenn du gefunden wirst!

Buße bedeutet, dass du auf seine Liebe reagierst und zustimmst, gerettet zu werden.

Dein liebevoller Hirte versorgt dich mit allem, was du brauchst

Ein weiteres bekanntes Bild von Gott als unserem Hirten wird im wunderbaren Psalm 23 zum Ausdruck gebracht. David hat ihn verfasst – ein Hirte, der den Herrn als seinen Hirten sah:

Der HERR ist mein Hirte,
mir wird nichts mangeln.
Er lagert mich auf grünen Auen,
er führt mich zu stillen Wassern.
Er erquickt meine Seele.
Er leitet mich in Pfaden der Gerechtigkeit
um seines Namens willen.
Auch wenn ich wandere im Tal des Todesschattens,
fürchte ich kein Unheil,
denn du bist bei mir;
dein Stecken und dein Stab, sie trösten mich.

Du bereitest vor mir einen Tisch angesichts meiner Feinde;
du hast mein Haupt mit Öl gesalbt,
mein Becher fließt über.
Nur Güte und Gnade werden mir folgen
alle Tage meines Lebens;
und ich kehre zurück ins Haus des HERRN
lebenslang. — Psalm 23 ELB

Wenn du den Herrn als deinen Hirten betrachtest, wird es dir an nichts fehlen, und dazu gehört auch, dass es dir nicht an Gesundheit mangelt. Was immer du brauchst, du wirst nicht ohne es auskommen müssen, denn dein guter Hirte wird dich damit versorgen. Du musst dich nicht selbst abstrampeln und versuchen, dich um alles zu kümmern. Du musst nicht so leben, als hättest du keinen Gott. Ganz gleich, wie dein gesundheitlicher Zustand aussieht oder welche schlechte Nachricht du erhalten hast, bleib dicht bei deinem Hirten und lass ihn für dich sorgen.

Bleib dicht bei deinem Hirten
und lass ihn für dich sorgen.

Ruhe in seinem vollbrachten Werk

Ist dir aufgefallen, was der Hirte als Erstes tut? Der Psalmist schrieb: »Er lagert mich auf grünen Auen« (Ps 23,2). Wenn du zulässt, dass er dein guter Hirte ist, wird er dich auf grüne Weiden bringen und dich dort *lagern*. Du kannst dich entspannen und ausruhen, weil er für dich sorgt. Er wird dich zu stillen Wassern führen, wo du trinken und dich erfrischen kannst. Das hebräische Wort für »still« ist *menuhah*, was »Ruhe« bedeutet.[38] Er möchte, dass du in dem ruhst, was er für dich getan hat, dass du in dem Sieg ausruhst, den er am Kreuz bereits errungen hat.

Es ist kein Zufall, dass viele der Heilungswunder Jesu am Sabbat stattfanden. Er heilte einen Mann mit einer verkümmerten Hand (Mt 12,10–13), eine Frau, die achtzehn Jahre lang verkrümmt gewesen war (Lk 13,10–13), einen Mann mit Wassersucht (Lk 14,2–4) und am Teich Betesda einen anderen Mann, der 38 Jahre lang krank gewesen war (Joh 5,2–9) – alle am Sabbat. Gott sagte seinem Volk, dass es den Sabbat als Ruhetag einhalten solle (2Mo 20,8–11). Wenn wir ruhen, wirkt Gott; wenn wir arbeiten, ruht Gott. Ich weiß nicht, wie es dir geht, aber ich kann es mir nicht leisten, dass Gott nicht in jedem Bereich meines Lebens aktiv ist!

Ruhe ist keine Inaktivität;
Ruhe ist geistgeleitete Aktivität.

Vielleicht musst du oder muss ein Angehöriger mit einer chronischen Erkrankung umgehen. Erlaube mir in dem Fall die Erklärung, dass »Ruhe« nicht bedeutet, dass du einfach nichts tust. Es bedeutet nicht, dass du nicht tust, was deine Ärzte dir geraten haben, dass du die verschriebenen Physiotherapie-Übungen nicht ausführst und dass du einfach zu Hause sitzt und die Augen vor den Tatsachen verschließt. Ruhe ist *keine* Inaktivität; sie ist geistgeleitete Aktivität, bei der du dem Heiligen Geist erlaubst, dich in deinem Tun anzuleiten. Dann wirst du dir bei deinem Tun keine Sorgen machen, weil du weißt, dass er die Kontrolle hat.

Möchtest du wissen, was das Ergebnis ist, wenn wir uns vom Herrn Ruhe geben lassen? Ich will dir zeigen, was König Salomo sagte:

Aber jetzt hat mir der Herr, mein Gott, auf allen Seiten Ruhe gegeben; es gibt weder Gegner noch schlimme Vorkommnisse.
— 1. Könige 5,4 NKJV

Ist das nicht einfach grandios? Ich bete, dass du das in Jesu Namen erleben wirst – an einen Punkt zu kommen, an dem es weder Gegner noch schlimme Vorkommnisse in deinem Leben gibt. Amen!

Lieber Freund, ich bete heute, dass du das erleben wirst. Du musst nicht versuchen, mit allem fertigzuwerden und alles in deinem Leben unter Kontrolle zu halten. Gott wollte nie, dass du dein eigener Retter bist. Gott ist unser guter Hirte und er will, dass du in seiner Liebe lebst und weißt, dass er über dich wacht. Du musst nicht ständig auf dich selbst aufpassen und so leben, als hättest du keinen Gott.

Lebe in der Liebe deines guten Hirten, weil du weißt, dass er über dich wacht.

Auch wenn du durch das Tal des Todesschattens wanderst, musst du kein Unglück fürchten, denn dein guter Hirte ist bei dir. Vor einigen Jahren habe ich selbst gesehen, wie der Herr jemanden durch das Tal des Todesschattens hindurch gebracht hat und ihn durch das Abendmahl buchstäblich vom Tod ins Leben zurückgeholt hat.

Ins Leben zurückgebracht

Seit Jahren organisieren wir für die Leute in unserer Gemeinde Reisen nach Israel. Eines Tages wurden wir informiert, dass es einen Notfall gegeben habe. Eine Frau aus unserer Gemeinde war gerade in Tel Aviv gelandet. Als sie aus dem Flugzeug stieg, brach sie plötzlich mit Schaum vor dem Mund zusammen. Sofort wurde ein Krankenwagen gerufen, aber auf dem Weg zum Assaf Harofeh Medical Center bekam sie Kammerflimmern und erlitt einen Herzstillstand. Im Krankenhaus versuchten die Ärzte, sie zu retten, aber sie zeigte keine Reaktion, weshalb sie fast aufgegeben hätten. Glücklicherweise konnte sie dann doch wiederbelebt werden. Man schloss sie aber an eine Herz-Lungen-Maschine an, weil ihr Zustand kritisch blieb.

Ihre Ärzte diagnostizierten bei ihr eine tiefe Venenthrombose, verursacht von einem Blutgerinnsel. Während des Fluges hatte sich in ihrem Bein ein solches Gerinnsel gebildet und war zu ihrem Herzen und schließlich in einen der Lungenflügel gewandert. Die Ärzte gaben ihr kaum eine Überlebenschance. Und selbst wenn sie überleben sollte, hatte ihr Gehirn zu lange unter Sauerstoffmangel gelitten. Sie wurde medizinisch sehr intensiv überwacht, weil man damit rechnete, dass sich ihr Zustand weiter verschlechtern würde.

Der Ehemann dieser Frau und einige ihrer Familienmitglieder, die bei ihr waren, beteten für sie und nahmen das Abendmahl. Dabei sprachen sie Gesundheit und Wiederherstellung über sie aus. Auch die Gemeindeleiter, die für ihre Reisegruppe verantwortlich waren, beteten für sie.

Währenddessen waren meine Pastoren und ich an einem anderen Ort in Israel unterwegs. Als wir schließlich ins Krankenhaus kamen, war ihr Gesicht ganz aufgedunsen und sie war an verschiedene Schläuche und medizinische Apparate angeschlossen. Einer meiner Pastoren vertraute mir später an, dass sie sich in einem derart trostlosen Zustand befunden habe, dass er sie kaum ansehen konnte. Er musste die Augen schließen, während er für sie betete. Rein menschlich betrachtet war es wirklich schwer, die Hoffnung aufzubringen, dass sie sich erholen würde. Doch im Glauben nahmen wir auf der Intensivstation gemeinsam mit ihrer Familie das Abendmahl und erklärten, dass durch den zerschlagenen Körper unseres Herrn Jesus sein Leben in sie hineinfließen würde.

Schon am nächsten Tag kam sie wieder zu sich. Und ihre Ärzte konnten keine Spur von einem Gerinnsel finden.

Sie konnten nicht verstehen, wohin das Gerinnsel verschwunden war. Sie nannten ihre Genesung ein »Wunder« und bestanden darauf, sie für ein paar weitere Tage unter Beobachtung zu halten. Aber wir wussten, was passiert war. Unser Herr Jesus hatte sie geheilt und das Gerinnsel entfernt!

Und rate mal, was diese Frau tat, als sie entlassen wurde? Sie schloss sich der nächsten Reisegruppe aus unserer Gemeinde an, und der erste Ort, den sie besuchte, war das Gartengrab, der Ort, an dem unser Herr Jesus von den Toten auferweckt wurde. Halleluja!

Bist du in eine Grube gefallen?

Unser Herr Jesus ging am Sabbat in eine Synagoge und traf dort auf einen Mann mit einer verkümmerten Hand. Die Pharisäer suchten nach Gelegenheiten, Jesus eines Fehlverhaltens zu beschuldigen, also forderten sie ihn heraus und sagten: »Ist es erlaubt, am Sabbat zu heilen?« Unser Herr antwortete: »Welcher Mensch ist unter euch, der ein Schaf hat und, wenn es am Sabbat in eine Grube fällt, es nicht ergreift und herauszieht? Wie viel mehr ist nun ein Mensch wert als ein Schaf! Darum darf man am Sabbat wohl Gutes tun.«

Dann sagte er zu dem Mann: »Strecke deine Hand aus.« Und er streckte sie aus, und sie wurde gesund wie die andere (Mt 12,9–13).

Folgendes sollst du wissen: Wenn jemand krank ist, kritisiert und verurteilt der Herr denjenigen nie. Er sieht den Menschen wie ein Schaf, das in eine Grube gefallen ist, ein Schaf, das gerettet werden muss. Wenn du erkrankt bist, lass nicht zu, dass der Ankläger dich davon ausschließt, deine Heilung zu empfangen, indem er dir Dinge sagt wie: »Du hättest auf deine Ernährung achten sollen« oder »Du hättest mehr Sport treiben müssen.« Auch wenn du für deinen Zustand verantwortlich bist, kann der Herr Jesus dich trotzdem heilen, und er ist mehr als bereit dazu.

Jesus verurteilt dich nie, wenn du krank bist; er sieht dich als rettungsbedürftig an.

Das bedeutet nicht, dass du achtlos handelst, wenn es um deine Gesundheit geht. Wenn du es ihm gestattest, kann der Herr dich auch in praktischen Dingen anleiten. Er kann dir zeigen, was du essen solltest und wie du dir Bewegung verschaffst. Der Schlüssel hierbei ist, nicht auf die Stimme der Scham, Verurteilung und Anklage zu hören. Höre stattdessen auf die Stimme deines Hirten, der kommt, um dich zu retten!

Der gute Hirte lässt sein Leben für seine Schafe

Die Bibel sagt uns, dass der gute Hirte sein Leben für die Schafe lässt (Joh 10,11). Aber kennst du den Kontext dieses Verses? Ich zeige ihn dir:

Der Dieb kommt nur, um zu stehlen, zu töten und zu verderben; ich bin gekommen, damit sie das Leben haben und es im Überfluss haben. Ich bin der gute Hirte; der gute Hirte lässt sein Leben für die Schafe. — Johannes 10,10–11

Obwohl er unser Hirte ist, hat er sein Leben als das Lamm Gottes gegeben. Offenbarung 5,12 erklärt: »Würdig ist das *Lamm*, das geschlachtet worden ist.« Warum verwendet Gott für das Opfer das Bild des Lammes und nicht des Hirten? Weil Gott dir zeigen will, dass Jesus an *deiner* Stelle gestorben ist. Er, der gute Hirte, wurde für dich zum Lamm Gottes. Du kannst nicht deshalb Leben im Überfluss haben, weil du es verdienst, sondern weil er sein Leben für deines gegeben hat. Er nahm deine Krankheiten und deine Schmerzen und gab dir seine Unversehrtheit und Gesundheit.

Du kannst Leben im Überfluss haben,
weil er sein Leben für deines gegeben hat.

Deshalb »fürchte dich nicht, du kleine Herde; denn es hat eurem Vater gefallen, euch das Reich zu geben« (Lk 12,32). Hab keine Angst. Wie auch immer dein Zustand gerade ist, du darfst glauben, dass du erleben wirst, wie deine Heilung vollständig sichtbar wird. Iss weiterhin vom Baum des Lebens. Und jedes Mal, wenn du davon isst, lass deinen Körper von seinem im Überfluss vorhandenen Leben durchfluten. Gott hat dir bereits das Beste gegeben, was der Himmel zu bieten hat – den Herrn Jesus selbst. Wie sollte er dir mit Jesus nicht *auch alles andere schenken* (Röm 8,32)? Womit du auch konfrontiert sein magst, verliere nicht den Mut. Du *wirst* »die Güte des Herrn im Land der Lebendigen sehen« (Ps 27,13)!

SCHLUSSWORT

Ich bete, dass dieses Buch dich gestärkt und ermutigt hat und dass du jetzt ohne den geringsten Zweifel weißt, dass Gott dich und deine Lieben geheilt und wohlauf sehen will.

Ich hoffe, du konntest auch erfahren, dass du zuversichtlich an seinen Tisch kommen kannst und durch das Abendmahl von der übernatürlichen Heilung, Gesundheit, Unversehrtheit und dem Leben des Herrn essen und trinken darfst.

Du kannst das Abendmahl für dich allein feiern. Aber ich möchte dich ermutigen, es gemeinsam mit deiner Familie zu nehmen oder mit gleichgesinnten Gläubigen, die dich mit Glauben umgeben können. Besonders dann, wenn du keine Kraft hast, selbst zu glauben. Wenn ihr euch in seinem Namen versammelt, ist er in eurer Mitte, wie er in seinem Wort versprochen hat (Mt 18,20). Unternimm diese Reise nicht allein.

Würdest du fürs Erste eventuell mir die Ehre erweisen, das Abendmahl mit dir zu feiern? Bitte bereite die Elemente des Abendmahls vor, und wenn du bereit bist, fahre hier fort.

Lass uns nun das Brot in unseren Händen halten und mit unserem Heiler sprechen, der den Preis für unsere Gesundheit und unser Heilsein am Kreuz von Golgatha bezahlt hat:

Lieber Herr Jesus, wir kommen jetzt zu dir und erinnern uns an all das, was du am Kreuz für uns getan hast. Danke, dass du uns so sehr liebst, dass du den Himmel für uns aufgegeben hast. Danke, dass du deinen Körper hast zerschlagen lassen, damit unserer heil sein kann. Indem wir an dir teilhaben, erhalten wir dein Auferstehungsleben, deine Gesundheit und deine Kraft. Durch deine Gnade werden wir alle Tage unseres Lebens voller Kraft und völlig gesund sein. Unsere Augen werden nicht schwach und unsere Kraft wird nicht nachlassen. Keine Krankheit kann in unserem Körper bleiben, denn dieselbe Kraft, die dich aus dem Grab erweckt hat, fließt durch uns. Durch deine Striemen sind wir geheilt.

Essen wir nun das Brot.
Nimm jetzt den Becher in deine Hände und sage:

Herr Jesus, danke für dein kostbares Blut. Wir danken dir, dass du uns von all unseren Sünden reingewaschen hast. Wir stehen vor dir, völlig gerecht und freigesprochen. Dein Blut hat uns von jedem Fluch erlöst, und heute können wir uneingeschränkt alle Segnungen empfangen, die das Haupt des Gerechten krönen!

Trinken wir jetzt.
Ich glaube, dass du schon jetzt, in diesem Moment, stärker und gesünder bist. Halleluja!

Ich freue mich darauf, von dir zu hören, wenn du deinen Durchbruch empfängst. Wenn es so weit ist, würdest du dann auf JosephPrince.de/Zeugnis gehen und mir schreiben, damit wir gemeinsam andere ermutigen können, die im Vertrauen auf Gott noch darauf warten, dass ihre Heilung sichtbar wird?

Mein Freund, du bist so geliebt.

Ich bete, dass der Herr schon jetzt, während du ans Ende dieses Buches kommst, etwas Unauslöschliches in deinem Herzen hinterlassen hat und dass du seine persönliche Liebe zu dir auf eine Weise erlebt hast, die du nie für möglich hieltest. Ich wünsche dir, dass du auch weiterhin überall in der Bibel die Dinge siehst, bei denen es um Jesus geht. Komm so oft du kannst an seinen Tisch und nutze jede Gelegenheit, um dich an alles zu erinnern, was er für dich getan hat, und um sein vollbrachtes Werk zu proklamieren. Ich erkläre hiermit, dass deine gesündesten, robustesten und energiereichsten Tage noch vor dir liegen, in Jesu Namen! Amen.

HÄUFIG GESTELLTE FRAGEN ZUM ABENDMAHL

Ich bete, dass das, was ich dir in den vorangegangenen Kapiteln mitgeteilt habe, dein Herz zunehmend in der Liebe des Herrn zu dir verankert hat. Ich bete, dass dir bewusst geworden ist, wie sehr er will, dass du geheilt und wohlauf bist, und wie viel er erlitten hat, um für deine Heilung zu bezahlen. Und ich bete, dass du das Abendmahl als einfachen, aber wirkungsvollen Weg schätzen gelernt hast, um in den Genuss seiner Heilung, seines Wohlbefindens und seines überfließenden Lebens zu kommen.

Mein Freund, Heilung ist ein Gnadengeschenk. Das bedeutet, dass alles Nötige von Gott getan wurde. Du brauchst ihm nur dafür zu danken und es zu empfangen. Und darum geht es beim Abendmahl – das zu empfangen, was er bereits für dich getan hat.

Falls du bisher Fragen hattest, die dich davon abgehalten haben, in der Weise Gebrauch vom Abendmahl zu machen, wie es der Apostel Paulus und die Gemeinde zu seiner Zeit taten, hoffe ich, dass ich sie beantworten konnte. Wenn nicht, kann ich sie vielleicht jetzt noch ansprechen. Ich wünsche mir, dass die folgenden Antworten Ruhe in dein Herz bringen und dich dazu bewegen, diese Gnadengabe wirklich in Anspruch zu nehmen. Mögen sie dich auf eine wunderbare Reise schicken, auf der du erlebst, wie seine Heilung in deinem Leben und dem deiner Lieben Wirklichkeit wird.

1. Wie oft kann ich das Abendmahl nehmen?

Du kannst das Abendmahl nehmen und den vollen Nutzen des vollbrachten Werkes Christi empfangen, sooft du willst. Unser Herr Jesus sagte: »dies tut, sooft ihr ihn trinkt, zu meinem Gedächtnis« (1Kor 11,25). Beachte, dass er »sooft« sagte, nicht »so selten«!

Unser Herr Jesus begrenzt nicht, wie oft du aus ihm schöpfen kannst. Seine Versorgung ist unerschöpflich und ich bete, dass er dir in immer größerem Maß offenbart, wie sehr er dich liebt, und dass du immer mehr von ihm empfangen kannst. Als er fünf Brote und zwei Fische vermehrte, um damit fünftausend Menschen zu speisen, hörte sein Nachschub nicht auf, bis alle genommen hatten, »so viel sie wollten« (Joh 6,11). Die Versorgung wurde nicht etwa unterbrochen, weil ihm das Brot und der Fisch ausgegangen wären. Sie hörte auf, weil die Leute genug gegessen hatten. Und trotzdem blieben noch »zwölf Handkörbe« mit Resten übrig (Joh 6,13 ELB).

Kannst du sehen, wie verschwenderisch der Herr dir gegenüber ist und wie sehr er dich von Herzen segnen und heilen will? Er will nicht, dass du nur zaghaft von ihm nimmst, obwohl sein Herz dir gegenüber doch so freigebig ist. Er möchte seinen Segen über dich ausgießen und er will, dass du auch mit Gesundheit, Wohlbefinden, langem Leben und allem, was dazugehört, gesegnet bist. Denn er ist gestorben, damit du all das empfangen kannst.

Wenn du den ganzen Tag über von Symptomen befallen wirst, möchte ich dich ermutigen, den ganzen Tag über immer wieder das Abendmahl zu nehmen. Wenn der Feind dich Tag und Nacht attackiert, dann hebe das Brot und den Becher Tag und Nacht empor und nimm Tag und Nacht von Jesu vollbrachtem Werk. Wenn dir Medikamente verschrieben wurden, die bestimmte Nebenwirkungen haben, nimm nicht nur die Medikamente. Nimm jedes Mal auch das Abendmahl, wenn du deine Medikamente einnimmst, und vertraue ihm, dass er dich vor den Nebenwirkungen der Medikamente schützt.

Ob deine Medikamente ein- oder dreimal täglich eingenommen werden, nimm im Glauben gleichzeitig auch immer die Elemente des Abendmahls und danke ihm jedes Mal. Erkläre dabei immer, dass du durch seine Striemen geheilt bist (Jes 53,5). Erkläre, dass er dich mit langem Leben sättigen und dir sein Heil zeigen wird (Ps 91,16). Sprich ungehemmt: »Der Herr vergibt alle meine Verfehlungen und heilt alle meine Krankheiten. Ich werde nicht sterben, sondern leben und verkünden, wie gut er zu mir ist!« (siehe Ps 103,3; 118,17).

2. Dürfen nur ungesäuertes Matzenbrot und Traubensaft verwendet werden? Kann ich normales Brot und sogar Wasser verwenden? Wie sieht es mit der Verwendung von Wein aus?

Beim Abendmahl geht es nicht darum, eine bestimmte Art von Brot in den Mund zu nehmen oder ein bestimmtes Getränk hinunterzuschlucken. Die Kraft des Abendmahls liegt nicht in den physischen Bestandteilen des Brotes oder des Getränks. Es gibt keine spezielle Rezeptur, an die man sich halten muss. Bei den Elementen geht es nicht darum, welches Mehl oder welche Flüssigkeit verwendet wurde, und auch nicht darum, wie viele Kalorien sie enthalten oder welchen Nährwert sie bieten.

Wenn du irgendwo jüdisches Matzenbrot findest, von dem ich in Kapitel 2 gesprochen habe, dann kannst du das verwenden. Aber das bedeutet ganz sicher nicht, dass du kein Abendmahl nehmen kannst, nur weil du kein Matzenbrot hast. Du kannst jedes Brot und jeden Cracker verwenden, die du zu Hause hast. Es gibt sogar

Cracker, die wie echtes Matzenbrot bei der Herstellung gelocht, mit Streifen versehen und verbrannt werden. Durch ihr Aussehen können sie dir helfen, dich daran zu erinnern, was der Herr Jesus für dich getan hat.

Was den Inhalt des Bechers betrifft, nimm, wenn du kannst, Traubensaft aus dem »Gewächs des Weinstocks« (Lk 22,18), um dich an das kostbare Blut deines Erlösers zu erinnern, das für dich vergossen wurde.

Einige Leute haben geschrieben, um wegen der Verwendung von Wein zu fragen. In unserer Gemeinde und bei den Gruppentreffen verwenden wir keinen Wein, da der eine oder andere möglicherweise Probleme mit Alkohol hat. Wie vom Apostel Paulus gelehrt, wollen wir niemanden zu Fall bringen (1Kor 8,13). Und in dem Wissen, dass die Verträglichkeit von Alkohol bei jedem anders ausgeprägt ist, wollen wir vermeiden, dass jemand womöglich betrunken wird, wenn er das Abendmahl mehrmals täglich nimmt.

Gott ist eindeutig gegen Trunkenheit (Röm 13,13; Eph 5,18). Das war auch einer der Gründe, warum Paulus die Christen in Korinth korrigieren musste, die sich während des Abendmahls am Wein berauschten (1Kor 11,21). Wenn du also eine Schwäche für Alkohol hast oder alkoholabhängig warst, würde ich dir in vorausschauender Weisheit raten, ein alkoholfreies Getränk wie Traubensaft zu verwenden.

Wenn du vorhast, das Abendmahl regelmäßig zu nehmen (zum Beispiel täglich), dann könntest du die benötigten Bestandteile auch schon im Vorfeld in größeren Mengen besorgen und griffbereit halten. Wenn du nicht vorgesorgt hast, dich aber trotzdem geleitet fühlst, das Abendmahl zu nehmen, kannst du jedes Brot, jeden Keks und jedes einfache Wasser verwenden. Es geht nicht darum, eine bestimmte Art von Brot oder Getränk zu verwenden; es geht darum, sich an das vollbrachte Werk unseres Herrn und Erlösers Jesus Christus zu erinnern.

Wir haben viele Zeugnisse von Leuten erhalten, die Heilung erlebten, als sie im Glauben das Abendmahl nahmen, obwohl sie nur Kekse und einfaches Wasser verwendeten. Viele dieser kostbaren Menschen fühlten sich dazu veranlasst, das Abendmahl zu nehmen, während sie im Krankenhaus waren. Einige hatten gerade ihre Kinder in die Notaufnahme gebracht, andere warteten dort auf weiterführende Untersuchungen durch Spezialisten. Bewaffnet mit einer Offenbarung über das Abendmahl, verwendeten sie einfach die Art von Brot oder Cracker, die sie gerade in die Finger bekommen konnten. Genauso verwendeten sie einfaches Wasser, wenn sie keinen Traubensaft finden konnten.

Sie nahmen das Abendmahl mithilfe dieser einfachen Elemente und erinnerten sich so an das am Kreuz vollbrachte Werk des Herrn. Später schrieben sie an meinen Dienst und erzählten, wie sie erlebten, dass der Herr sie oder Angehörige von hohem Fieber und sogar von Tumoren befreite. Manche berichteten davon, dass der Herr ihre Genesung von Schlaganfällen oder sonstigen Erkrankungen beschleunigte.

Ist der Herr nicht unfassbar gut? Mein Freund, beim Abendmahl dreht sich alles um ihn und sein *vollbrachtes* Werk. Das bedeutet, dass es nichts gibt, was du in eigener Anstrengung tun kannst, um das Abendmahl heiliger oder wirksamer zu machen. Du musst nichts weiter tun, als an den Tisch des Herrn zu kommen und es zu nehmen. Und selbst wenn du nur gewöhnliches Brot und Wasser zur Verfügung hast, kannst du das Abendmahl trotzdem im Glauben nehmen und Heilung vom Herrn empfangen.

3. Ist es in Ordnung, wenn ich das Abendmahl allein zu Hause nehme statt in einer Kirche, wo ich es von einem ordinierten Pastor oder Gemeindeleiter ausgeteilt bekomme?

Viele Menschen fürchten sich davor, das Abendmahl eigenständig zu Hause zu nehmen, weil sie gelehrt wurden, oder nach der Abendmahlfeier in der Kirche davon ausgingen, dass nur ein erfahrener Pastor zur Austeilung der Elemente berechtigt ist und dass das auch nur im Rahmen eines Gottesdienstes stattfinden sollte. Vielleicht wurde ihnen sogar beigebracht, dass es Gottes Strafe nach sich zieht, wenn sie es eigenmächtig nehmen.

Nirgendwo in der Bibel finden sich solche Bedingungen und Einschränkungen.

Was du jedoch finden wirst, sind die Worte, die Jesus in der Nacht, in der er das Abendmahl einführte, *direkt* an seine geliebten Jünger richtete: »Tut dies, sooft ihr es tut, zum Gedenken an mich« (1Kor 11,24–25). Und er fügte nicht hinzu: »Aber sorgt dafür, dass ihr einen geeigneten Pastor findet, der es für euch übernimmt, und zwar in einer Kirche.« Wenn Jesus diese Bedingungen nicht stellte, warum sollten wir seinen Worten dann etwas hinzufügen wollen?

Wenn du dir immer noch Sorgen darüber machst, nicht »geeignet« zu sein, dann lass mich dir zeigen, wie perfekt geeignet du bist – nicht durch etwas, was du getan hast, sondern durch das, was der Herr Jesus für dich getan hat.

Die Bibel sagt, dass Jesus »uns geliebt hat und uns von unseren Sünden gewaschen hat durch sein Blut, und *uns zu Königen und Priestern gemacht hat* für seinen Gott und Vater« (Offb 1,5–6 und 5,10).

Lieber Freund, du bist ein Priester Gottes, voll qualifiziert durch den Herrn Jesus, der alle deine Sünden mit seinem eigenen Blut von dir abgewaschen hat. Wenn Jesus höchstpersönlich dich qualifiziert hat, ein Priester Gottes zu sein, hast du unbestreitbar auch das bluterkaufte Recht, das Abendmahl allein zu feiern.

Du bist auch ein Priester für deine Familie, für deine Kinder. Du hast die gottgegebene Salbung und Autorität, für sie zu beten und deine Kinder mit Weisheit zum Weg Gottes zu erziehen (Spr 22,6). Dazu gehört auch, ihnen mit dem Abendmahl zu dienen. Jesus hat einen hohen Preis dafür bezahlt, dass du diese Position der Autorität und des Einflusses hast, also entschuldige dich nie dafür und nimm sie ernst.

Und wie sieht es damit aus, das Abendmahl in den eigenen vier Wänden zu feiern?

Die Bibel sagt uns, sie »*trafen sich zur Mahlfeier in den Häusern* und nahmen gemeinsam die Mahlzeiten ein, bei denen es fröhlich zuging und großzügig geteilt wurde« (Apg 2,46 NLB). Sie feierten das Abendmahl in ihren eigenen Häusern. Wenn man darüber nachdenkt, wie sonst hätten sie es nach Weisung des Herrn *oft* nehmen können?

Heute feiern viele Kirchen das Abendmahl nur noch ein- bis zweimal im Monat oder zu besonderen Anlässen wie dem Karfreitag. Aber wie kann man es oft nehmen, wenn man es nur zu diesen Zeiten und auch nur in einer Kirche nehmen darf? Natürlich kannst du deinen Pastor zu dir einladen, damit er dir das Abendmahl verabreicht, besonders wenn du zu krank bist, um an den Versammlungen teilzunehmen. Wenn du jedoch, sagen wir mal, zwei- bis dreimal täglich das Abendmahl zu deinen Medikamenten nehmen möchtest, wirst du bestimmt einsehen, wie unpraktisch es wäre, wenn dein Pastor oder Gemeindeleiter jedes Mal vor Ort sein müsste, um es dir zu verabreichen.

Mein Freund, unser Gott ist ein liebevoller und praktischer Gott, und wenn er dich an seinen Tisch einlädt, stellt er dir keine Hindernisse in den Weg. Sein Tisch der Gnade ist nicht mit Einschränkungen belastet. Christus hat dich berechtigt, das Abendmahl auch allein zu feiern. Und es kommt dabei nicht so sehr darauf an, *wo* du es feierst, sondern mit *wem* du es feierst – mit Jesus.

Das Abendmahl ist ein besonderes Mahl, bei dem du die innige Gemeinschaft mit deinem Erlöser pflegst und dich mit Dankbarkeit an alles erinnerst, was er für dich getan hat. Und das kannst du beileibe nicht nur in der Kirche am Sonntag, sondern auch zu Hause, in deinem Hotelzimmer oder sogar in deinem Krankenhauszimmer tun – zu jeder Tageszeit und an jedem Wochentag.

4. »Funktioniert« das Abendmahl auch, wenn derjenige, der es nimmt, nicht an Jesus glaubt?

Wir müssen verstehen, dass die bloße Einnahme der Elemente des Abendmahls zu keinem Ergebnis führt. An und für sich ist an den Abendmahls-Elementen nichts Besonderes oder Magisches.

Das Abendmahl ist eine Zeit, in der du dem Herrn ganz nahe bist, eine Zeit, in der du dich an seine Liebe zu dir erinnerst. Wenn du die Elemente mit der nötigen *Offenbarung* nimmst – wenn du beim Brechen des Brotes siehst, wie sein Körper für dich gebrochen wurde, und beim Trinken des Weins oder Safts sein für dich vergossenes Blut wahrnimmst –, dann, und nur dann, wird seine Kraft freigesetzt, um dich zu heilen und von deinen Beschwerden zu befreien. Deshalb laden wir während der Gottesdienste in unserer Gemeinde nur Gläubige dazu ein, an der Abendmahlfeier teilzunehmen. Ohne die entsprechende Offenbarung und Beziehung wäre das Abendmahl für Nichtgläubige nur ein leeres Ritual.

Ich habe diesen Punkt in Kapitel 7 ausführlich behandelt und möchte dich dazu anregen, dieses Kapitel noch einmal durchzugehen, um zu verstehen, warum die Kraft des Abendmahls auf einer persönlichen *Offenbarung* seiner Liebe und dem Glauben an sein vollbrachtes Werk beruht.

Aber wenn du ungläubige Verwandte, Freunde, Kollegen oder Nachbarn hast, die gesundheitliche Probleme haben, scheue dich nicht, für sie zu beten. Und lass sie wissen, dass du für sie mit dem Herrn redest. In deiner eigenen Zeit mit dem Herrn kannst du stellvertretend für sie das Abendmahl nehmen und mit ihnen darauf vertrauen, dass es ihnen besser gehen wird. Du bist die Gerechtigkeit Gottes in Christus und Gott hört deine Gebete (2Kor 5,21; Spr 15,29). Die Bibel sagt sogar, »das Gebet eines gerechten Menschen hat große Macht und kann viel bewirken« (Jak 5,16 NLB).

Du kannst ihnen ruhig vom Evangelium erzählen, wenn der Herr dir die Tür dafür öffnet – doch während du für sie das Abendmahl nimmst, mach dir keine Gedanken darüber, ob sie gläubig sind oder nicht. Lass sie aber auf jeden Fall wissen, dass du für sie betest, damit sie – wenn sie geheilt werden – erkennen, dass ihre Heilung vom Herrn kommt!

Erzähle ihnen von den Zeugnissen in diesem Buch und sage ihnen, dass es einen Gott der Wunder gibt, der sie heilen kann und es auch sehr gerne tun möchte. Sag ihnen, dass sie ihre Herausforderungen nicht allein bewältigen müssen, weil Gott sie liebt und ihnen in ihren Notzeiten helfen will.

Sie müssen Christus *nicht* als ihren Herrn und Retter annehmen, damit Gott sie heilen kann. Ist dir bewusst, dass die Menschen, die Jesus während seines irdischen Wirkens heilte, allesamt noch keine »Christen« waren? Denn schließlich war er ja noch nicht ans Kreuz gegangen. Und in der allerersten biblischen Erwähnung einer Heilung betete der gerechte Abraham interessanterweise für den heidnischen König Abimelech, »und Gott heilte Abimelech«, und nicht nur ihn, sondern auch »seine Frau und seine Dienerinnen« (1Mo 20,17).

Und so ist es auch mit deinen Freunden: Dass sie nicht gläubig sind, schließt sie nicht von der Heilung durch den Herrn aus. Es ist die Güte und Freundlichkeit Gottes, die unsere Herzen erweicht und uns zur Umkehr führt (Röm 2,4). Es ist nicht unsere Buße, die uns zur Güte Gottes führt. Wenn deine Freunde seine Güte und seine Heilungskraft am eigenen Leib erfahren, glaube ich, werden sie ihn besser kennenlernen wollen.

In Apostelgeschichte 16,31 (HFA) wird uns Folgendes versprochen: »Glaube an den Herrn Jesus, dann werden *du und alle, die in deinem Haus leben*, gerettet.« Was bedeutet das?

Gott liebt auch deine ungläubigen Familienangehörigen und er will, dass jeder von ihnen gerettet wird. Schon unter dem alten Bund wies Gott die Kinder Israels an, ein Lamm für den ganzen Haushalt zu nehmen (2Mo 12,3). Das bedeutet nicht, dass in dem Moment, wenn du zum Glauben an Jesus kommst, automatisch auch der Rest deiner Familie gerettet ist. Aber als du Jesus, das Lamm Gottes, als deinen Herrn und Retter empfangen hast, hast du ihm auch die Tür zu deinen Angehörigen weit geöffnet, sodass er in ihr Leben kommen und sie berühren kann.

Das Wort »gerettet« ist eine Übersetzung des griechischen Wortes *sozo*, was »retten, heilen, bewahren und befreien« bedeutet.[39] Der größte Segen für deine Familienmitglieder ist es, Jesus als ihren Herrn und Retter in ihr Leben einzuladen und für alle Zeit zu wissen, dass ihre Sünden weggewaschen wurden und der Himmel ihre Heimat ist.

Aber am Kreuz trug Jesus nicht nur ihre Sünden, sondern auch ihre Krankheiten. Wenn du Angehörige hast, die sich gerade im Krankenhaus befinden oder gegen eine Krankheit ankämpfen, bete ich, dass der Herr dir die Möglichkeit gibt, für sie zu beten und ihnen von allem zu erzählen, was Jesus für sie getan hat. Mach dich darauf gefasst, dass sie gerettet, geheilt, bewahrt und befreit werden!

5. Kann mein Kind das Abendmahl nehmen, auch wenn es noch zu klein ist, um völlig zu verstehen, worum es geht?

Ich bin selbst Vater und deshalb sehr froh zu wissen, dass unsere Kinder einen besonderen Platz im Herzen des Herrn haben. Als er uns rettete, hatte er auch unsere Kinder im Sinn (Apg 16,31).

Was meine ich damit? Der Segen des Herrn auf einer Person beinhaltet immer auch den Segen für die Kinder und das Familienleben dieser Person (5Mo 11,21; 28,4; Jes 54,13; Ps 127,1–5; 128,3–5). In Kapitel 3 haben wir gesehen, dass das Blut des Passahlammes, das die Israeliten auf die Türpfosten und den Sturz auftrugen, die *ganze Familie* im Haus bedeckte. Dazu gehörten auch Kinder und sonstige Mitglieder des Haushalts.

Mein Freund, Gott möchte, dass du dich entspannst und keine Zweifel daran hast, dass sein vollbrachtes Werk und seine Zusagen der Heilung und Bewahrung auch für deine Kinder gelten (Ps 91,10).

Darf ich dir noch eine Sache zeigen? Ich möchte, dass du Gottes Herzenshaltung gegenüber Kindern siehst. Im Lukasevangelium ist zu lesen, dass einige Eltern ihre kleinen Kinder zu Jesus brachten, damit er ihnen die Hände auflege. Als seine Jünger das mitbekamen, fuhren sie die Eltern an und wollten sie wegschicken (Lk 18,15). Doch unser Herr Jesus bremste seine Jünger, dann rief er die Kinder zu sich und sagte: »*Lasst die Kinder doch zu mir kommen. Hindert sie nicht daran!* Denn solchen gehört das Reich Gottes« (Lk 18,16 NLB). Ist das nicht wunderschön?

Eine wunderbare Möglichkeit, deine kleinen Kinder zu Jesus zu bringen, bietet sich, wenn *du* das Abendmahl feierst – bring sie dann einfach mit an den Tisch des Herrn. Sie müssen nicht krank sein, um mit dir das Abendmahl zu nehmen. Aber falls sie es sind, wäre es großartig, wenn sie das Abendmahl gemeinsam mit dir nehmen könnten.

Halte es schlicht und für sie nachvollziehbar, indem du zum Beispiel sagst: »Weißt du, wie lieb Papa (oder Mama) dich hat? Jesus hat dich genauso lieb. Komm, lass uns ›Danke‹ zu ihm sagen, in Ordnung?«

Dann kannst du das Brot nehmen, es deinem Kind geben und sagen: »Lass uns mit Jesus reden, okay? Danke, Jesus, dass du ... (nenne jedes teilnehmende Familienmitglied) liebst. Danke, dass du uns gesund und heil sein lässt. Wenn wir krank sind, bist du unser Heiler. Du hast uns lieb und willst, dass wir uns immer freuen. Danke, dass du das, was in unserem Körper wehtut, in Ordnung bringst. Danke, dass du es uns gutgehen lässt. Amen.« Dann sag ihnen, dass sie jetzt das Brot essen können.

Nimm anschließend den Becher und bete: »Herr Jesus, danke, dass du uns immer liebst und für uns sorgst. Danke, dass du unser bester Freund bist. Danke, dass du uns vergeben hast. Mit dir zusammen müssen wir nie Angst haben. Egal, was wir brauchen, du verstehst uns. Weil du ans Kreuz gegangen und für uns gestorben bist, haben wir alles, was wir brauchen, um glücklich, gesund und heil zu sein. Danke, Jesus. Amen.« Dann sag ihnen, dass sie jetzt den Saft trinken können.

Es ist wirklich ganz einfach. Ich bin überzeugt: Wenn du deine Kinder auf diese Weise bewusst in die Gegenwart des Herrn bringst, werden du und sie erleben, dass sich der Herr euren Gebeten gegenüber als treu erweist. Du wirst sehen, wie der Herr persönlich mit seinem allumfassenden Schalom-Frieden über ihren Körper, ihren Geist und ihre Gedanken und Gefühle wacht (Jes 54,13).

Als Eltern habt ihr die geistliche Autorität im Leben eurer Kinder, und ihr habt das Privileg, sie zum Herrn zu bringen und sie auf seine Liebe zu ihnen hinzuweisen. In 5. Mose 11,19 (NLB) ermahnt der Herr uns als Eltern, sein Wort an unsere Kinder weiterzugeben. Er sagt: »Bringt sie [meine Worte] euren Kindern bei und redet über sie, ob ihr zu Hause oder unterwegs seid, ob ihr euch hinlegt oder aufsteht.« Warum?

Damit sie durch Gottes Wort seine vollkommene Liebe zu ihnen entdecken und du und deine Kinder ein erfülltes, langes Leben führen und Tage des Himmels auf Erden erleben könnt (5Mo 11,21). Und wenn du mit ihnen gemeinsam das Abendmahl nimmst, tust du doch genau das, nicht wahr? Du machst sie mit dem Herrn vertraut und weist sie auf seine Liebe zu ihnen hin. Und das hat zur Folge – wie sein Wort in 5. Mose 11,21 verspricht –, dass du und deine Kinder hier auf Erden Tage des Himmels (in dem es keine Krankheit gibt) und ein langes Leben genießt.

Lieber Freund, der Herr hat es für dich und deine Lieben so leicht gemacht, seine göttliche Heilung, seine Kraft und sein Leben zu empfangen, und ich bete, dass du jede Gelegenheit nutzen wirst, um an den Tisch des Herrn zu kommen und mit ihm das Abendmahl zu feiern. Ich glaube mit dir, dass du dabei immer kräftiger und gesünder wirst. Ich erkläre hiermit in Übereinstimmung mit seinem Wort, dass du *nicht* krank bleiben oder sterben wirst, sondern leben und die Güte des Herrn im Land der Lebendigen erfahren wirst (Ps 27,13). Du und deine Familie, ihr *werdet* das lange und erfüllte Leben haben, das dir und ihnen in Christus gehört!

ANHANG

Die wichtigsten in 1. Korinther 11,28–32 verwendeten griechischen Wörter und ihre Bedeutungen

Wie schon in Kapitel 1 angekündigt, möchte ich dir die in 1. Korinther 11,28–32 verwendeten griechischen Schlüsselwörter nun im Detail erläutern. Ich glaube, dass das richtige Verständnis hiervon alle Zweifel und Ängste beseitigen wird, die du möglicherweise im Hinblick darauf hast, dass Gott Gläubige mit Krankheit oder gar dem Tod bestraft, wenn sie das Abendmahl auf »falsche« Weise nehmen.

Inwiefern hilft es uns, wenn wir verstehen, welche Wörter im griechischen Grundtext verwendet wurden? Griechisch ist eine derart reiche Sprache, dass ein Wort zahlreiche Bedeutungen haben kann. Zum Beispiel werden für die Wörter »richten« und »Gericht« (die in diesem Abschnitt oft vorkommen und bei Gläubigen viel Angst auslösen) verschiedene griechische Begriffe verwendet, die wiederum jeweils mehrere Bedeutungen haben. Tatsächlich hat *krino*, das griechische Wort für »richten«, sieben verschiedene Bedeutungen. Damit ist es dem Wort »Liebe« nicht unähnlich, das Zuneigung, Anziehung, Bewunderung, Hingabe, Leidenschaft, Verbundenheit oder auch Loyalität bedeuten kann (und im Englischen sogar für null Punkte beim Tennis steht!). Liebe ist ein Wort, das sowohl auf Menschen als auch auf physische Objekte angewendet werden kann. An diesem Beispiel wird deutlich, warum es so wichtig ist, genau zu wissen, welches ursprüngliche griechische

Wort verwendet wurde und welche jeweilige Wortbedeutung vom Autor beabsichtigt war. Nur so gelangen wir zu einem genauen und umfassenden Verständnis des jeweiligen Bibelabschnitts.

Lass mich dir also die Bedeutungen der griechischen Schlüsselwörter aus 1. Korinther 11,29–32 (ELB) zeigen. Sie geben klar zu erkennen, dass Gott seine Kinder *nicht* mit Krankheit und Tod bestraft, richtet oder züchtigt. Du wirst gleich sehen, wie du als Gläubiger sie tatsächlich verstehen solltest.

Beginnen wir mit Vers 28: »Der Mensch aber prüfe sich selbst.« Das Wort »prüfe« ist das griechische Wort *dokimazo*.[40] *Vine's Expository Dictionary of Biblical Words* definiert es als »prüfen mit dem Ziel der Bestätigung« oder »gutheißen, als würdig anerkennen«. Sich selbst zu prüfen bedeutet hier demnach, zu bekräftigen, dass Gott es gutheißt, dass du an dem, was Jesus durch sein Leiden für dich erworben hat, teilhast und dass du es rechtmäßig empfängst. Im Zusammenhang mit dem Abendmahl prüfst du dich auf richtige Weise, wenn du sagst: »Ich kenne den Zweck des Abendmahls. Ich weiß, dass Jesu Körper um meiner Krankheiten willen zerschlagen wurde, und indem ich es nehme, empfange ich seine Gesundheit. Ich stimme dem zu, was er bereits bestätigt hat.«

Erkennst du es? Sich selbst zu prüfen bedeutet nicht, sich auf begangene Sünden hin zu überprüfen. Beachte bitte, dass es in Vers 28 heißt: »Der Mensch aber prüfe sich selbst, und so esse er von dem Brot und trinke von dem Kelch.« Dort steht nicht: »Der Mensch aber überprüfe sich auf Sünde, und so enthalte er sich des Brotes und des Kelchs.« Tatsächlich ist es so, dass wir das Abendmahl »in unwürdiger Weise« nehmen, wenn wir nach allem, was der Herr getan hat, um unsere Vergebung und Heilung zu sichern, beim Abendmahl immer noch an unsere Sünden denken und schuldbewusst sind. Ein solcher Gläubiger »isst und trinkt sich selbst Gericht« (gemäß Vers 29).

Das Wort »Gericht« entspricht dem griechischen Wort *krima*,[41] welches »Verurteilung von Unrecht« bedeutet. Das verstärkte Reflexivpronomen »sich selbst« zeigt an, dass nicht Gott über den Gläubigen Gericht hält, sondern dass *dieser Gläubige* über sich selbst Gericht hält. *Er* verurteilt sich selbst, wenn er das Abendmahl mit Selbstverdammung und einem Bewusstsein von Sünde nimmt. Es so zu nehmen, bedeutet, es unwürdig zu nehmen, denn obwohl der Kelch der Beweis dafür ist, dass das Blut Christi die Sünden des Gläubigen erlassen hat, sieht er sie immer noch auf sich selbst liegen.

Das Abendmahl mit einem Bewusstsein von Sünde zu nehmen, bedeutet auch, dass man »den Leib des Herrn nicht richtig unterscheidet« (Vers 29). Das Wort »unterscheiden« ist im Griechischen das Wort *diakrino*[42] und bedeutet »trennen, einen Unterschied machen«. Hier spricht der Apostel Paulus von dem Gläubigen, der es versäumt, eine klare Trennung zu vollziehen. Er erkennt nicht, dass seine Sünden und Krankheiten an Christi eigenem Körper getragen wurden, damit er als Christ nicht das erleiden muss, was die Welt (Nichtchristen) erleidet – Verurteilung, Schwäche, Krankheit und vorzeitigen Tod –, weil er von der Welt ausgesondert wurde.

Viele Gläubige machen keinen Unterschied zwischen dem Brot und dem Kelch. Sie werfen beides in einen Topf, wenn sie das Abendmahl feiern – sehr wahrscheinlich, weil ihnen nicht beigebracht wurde, dass der Körper des Herrn zerschlagen wurde, damit ihr Körper heil sein kann, und ihnen auch nicht erklärt wurde, wie sie seinen Leib richtig unterscheiden. Wie ich in Kapitel 1 schon sagte, führt der Apostel Paulus das Versäumnis, den Körper des Herrn in dieser Weise zu erkennen, als einzigen Grund an, weshalb viele in der Gemeinde schwach und krank sind und vorzeitig sterben (Vers 30).

Paulus fügt hinzu: Wenn wir uns selbst »unterschieden« – uns anders als die Menschen der Welt sähen, dazu ausgesondert, den Nutzen aus dem zerbrochenen Körper unseres Herrn zu empfangen –, dann würden wir nicht von Gott »gerichtet« (Vers 31). Viele Gläubige verstehen dies sofort als von Gott verurteilt zu werden. Hier ist es jedoch nützlich zu wissen, dass das griechische Wort für »gerichtet« *krino*[43] lautet und sieben verschiedene Bedeutungen hat, wie in *Vine's Expository Dictionary of Biblical Words* nachzulesen ist.

Zwar kann *krino* definitiv auch ewige Verdammung durch den Gerichtshof des Himmels bedeuten, aber das kann hier unmöglich gemeint sein, denn die Bibel sagt deutlich, »wer an ihn glaubt, wird nicht gerichtet [*krino*]« (Joh 3,18). Tatsächlich soll das Wort *krino* in Vers 31 etwas anderes ausdrücken, nämlich »der Zurechtweisung unterwerfen«. Mit anderen Worten, wenn wir die richtige Meinung von uns selbst hätten, wenn wir uns dank des vollbrachten Werkes unseres Herrn Jesus als schuldbefreit, gerecht und geheilt sähen, würden wir nicht Gottes Zurechtweisung erfahren. Wir müssten von unserem himmlischen Vater nicht korrigiert, ermahnt oder unterwiesen werden.

Dies steht im Einklang mit dem, was Paulus im nächsten Vers sagt: »Wenn wir aber vom Herrn gerichtet [*krino*] werden, so werden wir gezüchtigt« (Vers 32). Das griechische Wort für »gezüchtigt« lautet an dieser Stelle *paideuo*[44] und bedeutet »Kinder erziehen«. Wie unterweist oder erzieht Gott, unser himmlischer Vater, uns als seine Kinder? Tut er es, indem er uns krank macht oder uns Unfälle zustoßen lässt? Ganz sicher nicht. Gott unterweist uns durch seinen Geist und sein Wort (Hebr 12,9–10).

Paulus sagt uns in 2. Timotheus 3,16: Gottes Wort ist nützlich »zur Lehre, zur Überführung, zur Zurechtweisung und zur Unterweisung in der Gerechtigkeit«. Wir ziehen einen Nutzen aus seiner

Erziehung und Korrektur, weil sie bedeutet, dass wir leben und Anteil an seiner Heiligkeit erhalten (Hebr 12,9–10). *Leben* zu können, wäre nicht möglich, wenn seine Zurechtweisung in Krankheit oder tödlichen Unfällen bestünde. Übrigens tadelte Paulus die korinthischen Gläubigen wegen ihres ungebührlichen Verhaltens bei der Abendmahlfeier, indem er sie neu an die eigentliche Botschaft des Abendmahls erinnerte.

Gott erzieht uns, weil wir seine Kinder sind und er uns liebt (Hebr 12,6). Er will nicht, dass wir »mit der Welt verurteilt werden« (1Kor 11,32), sondern dass wir den Unterschied, den das Kreuz Jesu in unserem Leben gemacht hat, wirklich verstehen, damit es eine klare Unterscheidung zwischen seinem Volk und den Menschen der Welt gibt – wie es auch der Fall war, als er einen Unterschied zwischen den Israeliten und den Ägyptern machte (2Mo 8,23; 11,7).

Mit der Bereitstellung des Abendmahls hat er dafür gesorgt, dass seine Kinder sich von der Welt unterscheiden können und nicht »mit der Welt verurteilt« werden. Das Wort »verurteilt« ist im Griechischen das Wort *katakrino* und bedeutet »eine Verurteilung gegen jemanden aussprechen«.[45] In diesem Zusammenhang bezieht sich *katakrino* auf das göttliche Urteil der Schwäche, Krankheit und des Todes, das über die Welt verhängt wurde, als Adam sündigte.

Die gegenwärtige Welt, in der wir leben, ist eine gefallene Welt, in der alle Menschen sowohl körperlichen als auch geistigen Schwächen, Krankheiten und Leiden ausgesetzt sind. Aber als Kinder Gottes unterliegen wir nicht zwangsläufig dem gleichen Urteil wie die Welt. Wir können uns von den Ungläubigen der Welt unterscheiden und ein starkes, gesundes und langes Leben führen, wenn wir den Körper des Herrn richtig beurteilen und erkennen, dass wir *in ihm* sind. In ihm sind wir freigesprochen, gerecht gemacht und absolut berechtigt, das Abendmahl zu nehmen und auf diese

Weise an der Heilung und Gesundheit teilzuhaben, die er für uns am Kreuz erkauft hat.

Ich bete, dass das, was du hier gelesen hast, dazu beitragen konnte, deine Zweifel in Bezug auf das Abendmahl auszuräumen. Doch ob du nun alle griechischen Wörter verstehst oder nicht – du kannst das Abendmahl *trotzdem* ohne Schuldempfinden oder Angst feiern, einfach weil du an Christus Jesus glaubst. Du kannst das Abendmahl voller Vertrauen und Zuversicht nehmen. Dank seines vollbrachten Werkes kannst du durch das Abendmahl ohne Einschränkung jeden Segen empfangen, den der Herr Jesus durch seinen Tod für dich erworben hat. Dazu gehören auch Heilung, Gesundheit und Unversehrtheit.

ANMERKUNGEN

1. Lisa Rabasca Roepe, »The Diet Industry«, *SAGE Business Researcher*, 5. März 2018, http://businessresearcher.sagepub.com/sbr-1946-105904-2881576/20180305/the-diet-industry.
2. Elberfelder Studienbibel, NT 1243 *diakrino*, Witten: SCM R.Brockhaus 2013.
3. »Obesity and Overweight«, Centers for Disease Control and Prevention, zuletzt geprüft 13. Juni 2016, https://www.cdc.gov/nchs/fastats/obesity-overweight.htm.
4. »What Are the Consequences?«, PublicHealth, aufgerufen am 7. Februar 2019, https://www.publichealth.org/public-awareness/obesity/consequences/.
5. Dan Ledger and Daniel McCaffrey, »Inside Wearables: How the Science of Human Behavior Change Offers the Secret to Long-Term Engagement«, Endeavour Partners Archive, Januar 2014, https://medium.com/@endeavourprtnrs/inside-wearable-how-the-science-of-human-behavior-change-offers-the-secret-to-long-term-engagement-a15b3c7d4cf3.
6. Elberfelder Studienbibel, NT 2203 *zoe*, Witten: SCM R.Brockhaus 2013.
7. NT: 5315, James Strong, *Biblesoft's New Exhaustive Strong's Numbers and Concordance of the Bible with Expanded Greek-Hebrew Dictionary.* Copyright © 1994, 2003, 2006 Biblesoft, Inc. and International Bible Translators, Inc.
8. NT: 5176, Joseph Henry Thayer, *Thayer's Greek Lexicon* (elektronische Datenbank). Copyright © 2000, 2003, 2006 by Biblesoft, Inc. All rights reserved.
9. »A Guide to Shechita«, Shechita UK, Mai 2009, https://www.shechitauk .org/wp-content/uploads/2016/02/A_Guide_to_Shechita_2009__01.pdf.
10. T. J. McCrossan, *Bodily Healing and the Atonement*, (Tulsa, OK: Kenneth Hagin Ministries, Inc., 1989), http://www.schoolofgreatness.net /wp-content/uploads/2018/08/Kenneth-E-Hagin-Bodily-Healing-and-Atonement.pdf.
11. Flavius Josephus, *The Wars of the Jews* (Overland Park: Digireads Publishing, 2010).
12. OT: 7291: James Strong, *Biblesoft's New Exhaustive Strong's Numbers and Concordance.*
13. Steve Rudd, »The Exodus Route, The Population of the Exodus Jews, The Number of the Exodus, How Many Hebrews Were in the Exodus«, aufgerufen am 14. Februar 2019, http://www.bible.ca/archeology/bible-archeology-exodus-route-population-of-jews-hebrews.htm.
14. Elberfelder Studienbibel, NT 2203 *zoe*, Witten: SCM R.Brockhaus 2013.
15. Elberfelder Studienbibel, AT 3524 *Jeschua*, Witten: SCM R.Brockhaus 2013.

16. Zu ermutigenden Zeugnissen in deutscher und englischer Sprache gelangst du über *josephprince.de/zeugnisse.*

17. Kathryn Watson, »Routine Hair Shedding: Why It Happens and How Much to Expect«, Healthline, aufgerufen am 4. Januar 2019, https://www .healthline.com/health/how-much-hair-loss-is-normal.

18. »Treatments«, Alzheimer's Association, aufgerufen am 4. Januar 2019, https://www.alz.org/alzheimers-dementia/treatments.

19. Irene Papanicolas, Liana R. Woskie, and Ashish K. Jha, »Health Care Spending in the United States and Other High-Income Countries«, *Journal of the American Medical Association*, 319, no. 10 (2018): 1024–1039, https: //doi.org/10.1001/jama.2018.1150.

20. »National Health Expenditure Data: Historical«, Centers for Medicare & Medicaid Services, aufgerufen am 7. Januar 2019, https://www.cms.gov/Research-Statistics-Data-and-Systems/Statistics-Trends-and-Reports/NationalHealthExpendData/NationalHealthAccountsHistorical.html.

21. Elberfelder Studienbibel, AT 5104 *nabat*, Witten: SCM R.Brockhaus 2013.

22. Elberfelder Studienbibel, NT 41 *hagios*, Witten: SCM R.Brockhaus 2013.

23. Elberfelder Studienbibel, NT 2816 *koinonia*, Witten: SCM R.Brockhaus 2013.

24. NT: 4372, Joseph Henry Thayer, *Thayer's Greek Lexicon.*

25. Elberfelder Studienbibel, AT 5401 *napas*, Witten: SCM R.Brockhaus 2013.

26. »What Is Hermatidrosis?«, WebMD, zuletzt geprüft 15. Februar 2018, https://www.webmd.com/a-to-z-guides/hematidrosis-hematohidrosis#1.

27. Elberfelder Studienbibel, NT 2149 *eucharisteo*, Witten: SCM R.Brockhaus 2013.

28. OT: 4832, James Strong, *Biblesoft's New Exhaustive Strong's Numbers and Concordance of the Bible with Expanded Greek-Hebrew Dictionary.*

29. Elberfelder Studienbibel, NT 4816 *sozo*, Witten: SCM R.Brockhaus 2013. NT: 4982, Joseph Henry Thayer, *Thayer's Greek Lexicon* (elektronische Datenbank). Copyright © 2000, 2003, 2006 by Biblesoft, Inc. All rights reserved.

30. »The Roman Scourge«, Bible History Online, aufgerufen am 4. März 2019, https://www.bible-history.com/past/flagrum.html.

31. Elberfelder Studienbibel, NT 1406 *dynamis*, Witten: SCM R.Brockhaus 2013.

32. »Shalem«, The NAS Old Testament Hebrew Lexicon, aufgerufen am 11. März 2019, https://www.biblestudytools.com/lexicons/hebrew/nas/shalem .html.

33. Elberfelder Studienbibel, AT 7091 *qadar* & AT 7093 *Kidron*, Witten: SCM R.Brockhaus 2013.

34. OT: 1298, Joseph Henry Thayer, Francis Brown, Samuel Rolles Driver, and Charles Augustus Briggs, *The Online Bible Thayer's Greek Lexicon and Brown Driver & Briggs Hebrew Lexicon.* Copyright © 1993, Woodside Bible Fellowship, Ontario, Canada. Licensed from the Institute for Creation Research.

35. Elberfelder Studienbibel, NT 1904 *epiginosko*, Witten: SCM R.Brockhaus 2013.

36. »1. Peter 2,25«, BibleHub, aufgerufen am 18. März 2019, https://biblehub.com/text/1_peter/2-25.htm.

37. Elberfelder Studienbibel, NT 3206 *metanoia*, Witten: SCM R.Brockhaus 2013.

38. Elberfelder Studienbibel, AT 4570 *menuhah*, Witten: SCM R.Brockhaus 2013.

39. NT: 4982, Blue Letter Bible, aufgerufen am 27. März 2019, https://www.blueletterbible.org/lang/lexicon/lexicon.cfm?Strongs=G4982&t=NKJV Elberfelder Studienbibel, NT 4816 *sozo*, Witten: SCM R.Brockhaus 2013.

40. Elberfelder Studienbibel, NT 1375 *dokimazo*, Witten: SCM R.Brockhaus 2013.

41. Elberfelder Studienbibel, NT 2891 *krima*, Witten: SCM R.Brockhaus 2013.

42. Elberfelder Studienbibel, NT 1243 *diakrino*, Witten: SCM R.Brockhaus 2013.

43. Elberfelder Studienbibel, NT 2893 *krino*, Witten: SCM R.Brockhaus 2013.

44. Elberfelder Studienbibel, NT 2662 *paideuo*, Witten: SCM R.Brockhaus 2013.

45. Elberfelder Studienbibel, NT 2607 *katakrino*, Witten: SCM R.Brockhaus 2013.

DANKSAGUNG

Besonderer Dank und Anerkennung gilt allen, die uns ihre Zeugnisse geschickt haben. Beachte bitte, dass alle Zeugnisse in gutem Glauben empfangen und nur mit Zustimmung der Urheber weitergegeben wurden. Jedes Zeugnis wurde nur der Kürze und Verständlichkeit halber bearbeitet. Alle Namen wurden geändert, um die Privatsphäre der Verfasser zu schützen.

MEDIZINISCHER HAFTUNGSAUSSCHLUSS

Dieses Buch soll den ärztlichen Rat nicht ersetzen. Bei gesundheitlichen Beschwerden oder einer konkreten Erkrankung, die dich oder einen Familienangehörigen betreffen, sollten du bzw. dein Angehöriger einen qualifizierten ärztlichen Rat einholen. Wir empfehlen dir aber, bei gesundheitlichen Fragen und medizinischen Problemen stets auch den Herrn um seine Weisheit und Führung zu bitten und göttliche Weisheit walten zu lassen, wenn es um dein eigenes körperliches, emotionales und geistiges Wohlbefinden geht. Missachte oder ignoriere nicht eigenständig einen professionellen medizinischen Rat oder eine gestellte Diagnose. Bitte verstehe das, was in diesem Buch erläutert wird, auch nicht als Billigung oder Ermutigung, auf die Einnahme deiner Medikamente zu verzichten oder die medizinische Behandlung abzubrechen. Wir geben keine Garantien und weisen darauf hin, dass sich die erzielten Ergebnisse von Person zu Person stark unterscheiden können. Dennoch stehen wir weiterhin fest im Vertrauen und bekräftigen gemeinsam mit allen, die glauben, die Gültigkeit von Gottes Wort und seinen Heilungszusagen.

ZUSÄTZLICHE AUDIOBOTSCHAFTEN

In zusätzlichen Audiobotschaften (auf Englisch) kannst du Joseph Prince über die biblischen Prinzipien und Wahrheiten predigen hören, die in den einzelnen Kapiteln dieses Buchs angesprochen werden. Besuche dazu **JosephPrince.com/eat**.

Kapitel 1: Komm an den Tisch

1. Keys to Divine Health #3—Health and Wholeness Through the Holy Communion
2. Eat Your Way to Divine Health
3. Nothing Shall by Any Means Hurt You

Kapitel 2: Nicht schon wieder eine neue Diät

1. The Health-Giving Power of the Holy Communion
2. The Holy Communion Brings Life in Your Darkest Hour
3. Have a Throne Attitude—Rest Until God Makes Your Enemies Your Footstool
4. Increasing Your Faith to Receive from the Lord

Kapitel 3: Keine Schwachen, keine Kranken

1. Supernatural Health Through the Roasted Lamb
2. Just a Groan Will Reach the Throne
3. Seeing Christ in the Passover

Kapitel 4: Nicht gegen dich, sondern für dich

1. Rest and Wholeness Through Your Perfect High Priest
2. Live Life Loved by the Shepherd
3. Experience the Grace Revolution

Kapitel 5: Kein Platz für Furcht

1. Live Life Loved by the Shepherd
2. Experience the Grace Revolution
3. Experiencing Love That Casts Out Fear
4. As Christ Is, So Are We in This World
5. Walk in Constant Victory over Fear
6. Experience God's Sure Kindness Toward You
7. Find Protection Under His Wings
8. Believe in a God Who Freely Gives
9. »Daddy, God!«—The Heart of the Father Revealed

Kapitel 6: Er hat die Rechnung bezahlt

1. Come As You Are and Receive Your Miracle
2. Being Christ-Occupied and Not Self-Occupied
3. The Ministry of the Holy Spirit Under the New Covenant

Kapitel 7: Offenbarung führt zu Ergebnissen

1. Supernatural Health Through the Roasted Lamb
2. Eat Your Way to Divine Health—Part 2
3. Live Undefeated in Christ

Kapitel 8: Alles abgedeckt und nichts ausgeschlossen

1. The Power of Right Believing
2. As Jesus Is, So Are You
3. Keys to Divine Health
4. Redeemed from the Curse of Sickness
5. Live the Let-Go Life
6. *Schluss mit negativen Gedanken – Besiege Entmutigung und Depression* (Buch)

Kapitel 9: Gib nicht auf!

1. Rest in Jesus' Faith for Miracles
2. Eat Your Way to Divine Health
3. Pursue the Healer and Be Healed
4. Judge God Faithful and Receive Your Miracle
5. Receiving Healing with Faith and Patience

Kapitel 10: Der Kampf um Ruhe

1. Change How You See and Change Your Life
2. *Geistliche Kampfführung* (Buch)
3. Under Attack? Put on the Armor of God!
4. Receiving Healing with Faith and Patience
5. A Fresh Revelation of the Communion Brings Healing

Kapitel 11: Der Gott deiner Täler

1. Grace—The Key to Spiritual Warfare
2. Spiritual Warfare Myths and Truths #1
3. Eat Your Way to Divine Health—Part 2
4. The Holy Communion Brings Life in Your Darkest Hour
5. God Is a Gracious Rewarder
6. The Year of His Restoration
7. Restoration for Your Losses

Kapitel 12: Strebe nach dem Heiler

1. Reversing the Curse Through the Holy Communion
2. Receive Restoration as You Walk with Jesus
3. Your Every Blessing Is Found in the Person of Jesus
4. Pursue the Healer and Be Healed
5. Live Life Loved by the Shepherd
6. Shepherd and Sheep—the Secret to the Abundant Life
7. His Healing Is for the Undeserving
8. Discerning the Lord's Body Makes a Difference to Your Health
9. The Holy Communion Brings Life in Your Darkest Hour

GEBET FÜR DEINE ERRETTUNG

Wenn du alles empfangen willst, was Jesus für dich getan hat, und ihn zu deinem Herrn und Retter machen möchtest, sprich bitte folgendes Gebet:

Herr Jesus, danke, dass du mich liebst und am Kreuz für mich gestorben bist. Dein kostbares Blut wäscht mich von jeder Sünde rein. Du bist jetzt und für immer mein Herr und mein Retter. Ich glaube, dass du von den Toten auferstanden bist und heute lebst. Durch dein vollbrachtes Werk bin ich nun ein geliebtes Kind Gottes und mein Zuhause ist der Himmel. Danke, dass du mir das ewige Leben schenkst und mein Herz mit deinem Frieden und deiner Freude erfüllst. Amen.

WIR WÜRDEN UNS FREUEN, VON DIR ZU HÖREN

Wenn du das Gebet für deine Errettung gebetet hast oder uns nach dem Lesen dieses Buches gern dein Zeugnis erzählen möchtest, schreib uns: **www.JosephPrince.de/Zeugnis**

BLEIB MIT JOSEPH IN KONTAKT

Über die folgenden Social-Media-Kanäle kannst du mit Joseph in Kontakt bleiben und täglich inspirierende Impulse (in englischer Sprache) erhalten:

Facebook.com/JosephPrince
Twitter.com/JosephPrince
Youtube.com/JosephPrinceOnline
Instagram: @JosephPrince

KOSTENLOSE TÄGLICHE E-MAIL-ANDACHTEN

Trage dich unter **JosephPrince.de/Andachten** in den Verteiler für Josephs kostenlose E-Mail-Andachten ein und erhalte jeden Tag kurze Botschaften, die dir helfen, in der Gnade zu wachsen.

BIBELSTELLEN

Heilungszusagen

Heilungszusagen nimmt dich mit in das Herz deines Herrn Jesus und zeigt dir Seite für Seite seine Barmherzigkeit und Bereitschaft, dich zu heilen. Erkenne anhand von Gottes Wort, dass es nicht darum geht, was du tun musst, um geheilt zu werden – es geht allein darum, in der Gnade unseres Herrn zu ruhen, der alles für dich getan hat, damit du geheilt werden kannst. Lass dich ermutigen – und lebe von heute an in mehr Gesundheit!

248 Seiten, gebunden, ISBN 978-3-95933-010-7
Auch als E-Book erhältlich.

Schluss mit negativen Gedanken

Finde Hoffnung und Kraft, um aus lähmenden Depressionen, Selbstmordgedanken und Mutlosigkeit auszubrechen. Entdecke, dass du nicht allein und hilflos bist, sondern dass Gott dich liebt und sich um dich kümmert. Erfahre, wer deine zuverlässige Hilfe und dein Retter ist. Gib nicht auf. Lass den Herrn für dich kämpfen und erlebe, wie er für dich siegt!

126 Seiten, Taschenbuch, ISBN 978-3-95933-105-0
Auch als E-Book erhältlich.

Schluss mit negativen Gedanken
Hörbuch

Gelesen von Philipp Schepmann

135 Min. – ungekürzte Lesung

1 MP3-CD: ISBN 978-3-95933-107-4
2 Audio-CDs: ISBN 978-3-95933-108-1
Auch als Download erhältlich.

Verankert—Andachten für 28 Tage

Die Stürme des Lebens können heftig sein, aber die Stürme, die in uns wüten, sind die, die uns wirklich runterziehen können. Lies in diesem Andachtsbuch 28 Gedanken und lass sie zu einem Anker für dich werden. Es kann allein oder gemeinsam mit Freunden gelesen werden. Nach jeder Woche gibt es Platz für eigene Gedanken und Fragen zum Weiterdenken.

160 Seiten, Paperback, durchgehend farbig, ISBN 978-3-95933-100-5
Auch als E-Book erhältlich.

Verankert—Andachten für 28 Tage
Hörbuch

Gelesen von Philipp Schepmann
103 Min. – ungekürzte Lesung

1 MP3-CD: ISBN 978-3-95933-102-9
2 Audio-CDs: ISBN 978-3-95933-103-6
Auch als Download erhältlich.

Die Kraft des richtigen Glaubens

Was du glaubst, hat Macht! Wenn du ändern kannst, was du glaubst, kannst du dein Leben verändern; du kannst frei werden von Ängsten, Schuldgefühlen und Abhängigkeiten. Darum ist es so wichtig, das Richtige zu glauben. Sieben einfache Prinzipien helfen dabei, dies im Alltag umzusetzen.

393 Seiten, gebunden, ISBN 978-3-943597-80-6
Auch als E-Book erhältlich.

Die Kraft des richtigen Glaubens Hörbuch

Gelesen von Philipp Schepmann
626 Min. – ungekürzte Lesung

1 MP3-CD: ISBN 978-3-95933-092-3
8 Audio-CDs: ISBN 978-3-95933-093-0
Auch als Download erhältlich.

Lass los und lebe

Finde heraus, dass du nicht dazu geschaffen bist, besorgt und gestresst zu leben. Vielmehr beruft dich Gott dazu, ein Leben der Ruhe zu führen. Erfahre, wie du von Stress frei wirst und Gottes Gnade in den sorgenfreien Bereichen deines Lebens unvermindert fließen sehen kannst.

347 Seiten, gebunden, ISBN 978-3-95933-070-1
Auch als E-Book erhältlich.

Lass los und lebe
Hörbuch

Gelesen von Philipp Schepmann
567 Min. – ungekürzte Lesung

1 MP3-CD: ISBN 978-3-95933-072-5
8 Audio-CDs: ISBN 978-3-95933-073-2
Auch als Download erhältlich.